Menschen, die
Geschichte schrieben

.

Christine Strobl
Michael Neumann (Hrsg.)

Menschen, die Geschichte schrieben

Die Renaissance

marixverlag

Bibliografische Information der Deutschen Nationalbibliothek
Die Deutsche Nationalbibliothek verzeichnet diese Publikation in der
Deutschen Nationalbibliografie; detaillierte bibliografische Daten sind im
Internet über
http://dnb.d-nb.de abrufbar.

Genehmigte Lizenzausgabe
für marixverlag GmbH, Wiesbaden 2014
© by Verlag Friedrich Pustet, Regensburg, 2004
Bildnachweis: Bildnis eines italienischen Condottiere
(früher als Bildnis Cesare Borgias gedeutet).
Gemälde von Altobello Meloni, um 1520;
akg-images GmbH, Berlin
Satz und Bearbeitung: Medienservice Feiß, Burgwitz
Gesetzt in der Palatino
Gesamtherstellung: CPI books GmbH, Ulm
Printed in Germany

ISBN: 978-3-86539-982-3

www.marixverlag.de

INHALT

Editorische Vorbemerkung

Die mittlerweile rund 80 Bände umfassende Buchreihe marixwissen, in der nun *Menschen, die Geschichte schrieben – Die Renaissance* vorliegt, steht seit vielen Jahren für Publikationen, die aus kompetenter Hand komplexe Zusammenhänge einer breiten Leserschaft zugänglich macht. Aus diesem besonderen Grund legen wir nun eine siebenbändige Reihe wieder auf, die vormals im Pustet Verlag erschienen ist und seinerzeit leider nur einem kleinen Publikum zugänglich war. Die diesen Bänden zugrundeliegende Ringvorlesung *Die Mythen Europas* fasziniert durch ihre thematische Breite und löst darüber hinaus das Ziel unserer marixwissen-Reihe ein, humanistische Bildung und das Wissen Europas lebendig zu halten. Die zentralen Begriffe „Mythen", „Europa" und „Schlüsselfiguren" sind heute von einer ebenso großen, wenn nicht noch größeren Bedeutung getragen. Wir legen Ihnen die Bände in ihrer Textgestalt unverändert vor, lediglich die Titel wurden der Reihe marixwissen angepasst.

„O Jahrhundert, o Wissenschaften!
Es ist eine Lust zu leben, …
Die Studien blühen, die Geister regen sich.
Barbarei nimm dir einen Strick
und mache dich auf Verbannung gefasst."

Ulrich von Hutten (In einem
Brief vom 25. Oktober 1518 an
Willibald Pirckheimer)

Einleitung

von Christine Strobl

Auf der wunderlichen Reise durch die Weltmeere, die François Rabelais im vierten Buch von *Gargantua und Pantagruel* (1532 ff.) schildert,

> stund Pantagruel auf und spähet' so aufrechtstehend in die Fern. Dann sprach er zu uns: ‚Lieben Brüder, hört ihr nichts? Mir ist, als hör ich Leut in der Luft parliren; aber ich seh doch niemand. Horcht!' Wir also paßten fleißig auf, wie er befahl, und schlurften die Luft mit offnen Ohren, wie gute Austern in der Schal, ob eine Stimm oder Laut darin schwämm: und daß uns ja nichts entgehen sollt, hielten wir unser etliche, nach Kaiser Antonini Beispiel, die flachen Händ uns hinter die Ohren [...] Je länger wir horchten, je mehr Stimmen wir unterschieden [...][1]

Die Kunde des Steuermanns, die Besatzung höre den Lärm einer Schlacht, der im Winter gefroren sei und nun aufzutauen begänne, zeugt von Rabelais' Rezeption antiker, aber auch zeitgenössischer Quellen, die auf die Vielstimmigkeit einer Zeit verweisen, die heute im Echo der französischen und deutschen Geschichtsschreibung des 19. Jahrhunderts als „Renaissance" bezeichnet wird.

Der vierte Band der Mythen Europas reiht die Schlüsselfiguren der Imagination der Renaissance damit sowohl in die Nachfolge des Mittelalters als auch insbesondere der Antike ein. Die Mythen der Renaissance finden ihren Anfang im Mythos der Renaissance selbst, der sich seit Mitte des vierzehnten Jahrhunderts aus der Vorstellung der Wiedergeburt der Antike konstituiert. Jacob Burckhardt hat den Metaphern des Erwachens und der Wiederbelebung die Konzepte des Individualismus und der Moderne hinzugefügt, doch fußt seine Darstellung der Renaissance noch auf klaren Abgrenzungen: von Mittelalter und Renaissance, von Italien und dem restlichen Europa, von guten und bösen Helden, – Grenzen, die entsprechend der heutigen Forschungslage in den Beiträgen des vorliegenden Bandes überschritten werden. Mit Peter Burke wird somit unter dem Begriff der „Renaissance" ein Ensemble an Veränderungen in der abendländischen Kultur verstanden, das die Vielstimmigkeit der Zeit betont. Der vorliegende interdisziplinäre Band stellt Schlüsselfiguren der Imagination vor, die gleichsam als Klangkörper fungieren und die Vielstimmigkeit der Renaissancen in Europa repräsentieren.

Mit dem Mythos des Doktor Faustus als einer der schillerndsten Figuren der Epoche führt TOBIAS DÖRING den Leser in das Machtzentrum der Renaissance, dem Kaiserhof Karls V. im 16. Jahrhundert. Die Tatsache, dass die Visitenkarte des historischen Faustus dem Wahrsager und Astrologen auch Kenntnisse der Nekromantie, der Kunst, Tote ins Leben zurückzurufen, bescheinigt, lässt an der Schilderung der leibhaftigen Begegnung Karls V. mit Alexander dem Großen aus heutiger Sicht Fragen zu, die der Autor durch die Einordnung der Schlüsselfigur in den Gesamtkontext der europäischen Kulturgeschichte zu beantworten vermag. Die große kulturelle Hoffnung der Renaissance, so Döring, bestand darin, der antiken Überlieferung erneut habhaft zu werden, die bis dahin geltenden Grenzen und Beschränkungen des Menschendaseins hinter sich zu lassen und sich aus eigener Kraft in einen höheren Stand zu erheben. Zwar gelingt es Faustus, den Renaissancekaiser als Wiedergänger seines antiken Vorbildes zu inszenieren. Als Lohn für das Heranziehen solch dunkler Beschwörungsmächte findet Faustus selbst jedoch ein schreckliches Ende in der Hölle, das auf den Theaterbühnen der Zeit, insbesondere von Christopher Marlowe, dramatisiert wurde und erklärt, warum Faustus aufgrund seiner *curiositas* in der Zeit der Renaissance seinen großen Auftritt hatte.

Ebenfalls Kaiser Karl V. stand auf dem Reichstag zu Worms im Jahre 1521 Martin Luther gegenüber, der sich für seine Anhänger auf die Mächte des Himmels, für seine Gegner hingegen auf die Mächte der Hölle zu berufen schien. WOLFGANG BRÜCKNER geht der Frage, Luther als heiligem oder falschem Propheten, in der Spiegelung der Legende und Antilegende im Detail nach und zeigt an einer Vielzahl zeitgenössischer Quellen, so auch der Flugschriften, auf, welche Stationen die Mythisierung der Vita

Luthers aufgreift. Während aus katholischer Sicht der Tod Luthers, ähnlich wie bei Faustus, die Bestätigung eines unheiligen Lebens bedeutete, stellte aus protestantischer Sicht der Mythos Luther die wirksame Imagination für das Selbstverständnis der deutschen Reformation dar. Luther wird als neuer Paulus und letzte Instanz für die Auslegung der Bibel gesehen: Fundament einer neuen Kirchlichkeit im Zuge der einsetzenden Konfessionalisierung der Religionsgemeinschaften.

Als Hoffnungsträgerin der Protestanten in England waren die Aussichten von Elisabeth, Tochter König Heinrichs VIII., auf die Regentschaft über ein Land, das von inneren und äußeren Unruhen getrieben war, ebenfalls von religiösen Interessenskonflikten geprägt. Wie VERA NÜNNING überzeugend darlegt, verstand es Elisabeth I. seit Beginn ihrer Herrschaft 1558 als Königin von England, die Imagination ihrer Zeitgenossen so zu lenken, dass sie die Mythisierung ihrer Person maßgeblich zu beeinflussen vermochte. Mit dem Verweis auf ihre göttliche Auserwähltheit und der Berufung auf ihren politischen Körper – gemäß der aus dem Mittelalter stammenden Theorie der zwei Körper eines Herrschers – schuf Elisabeth I. ein neues Herrscherideal mit männlichen *und* weiblichen Attributen. In der Verehrung der Königin war die Nation geeint.

Die Regierungszeit Elisabeth I. sah ein Aufblühen der Künste. Insbesondere auf den Bühnen Englands wurden unter neuen Vorzeichen die Beziehungen zwischen den Geschlechtern und die damit verbundenen Möglichkeiten der Selbstbestimmung thematisiert. Der Erfolg des dramatischen Experiments, das Shakespeare mit der Liebestragödie *Romeo und Julia* wagt, beruht, wie WOLFGANG WEISS an markanten Textstellen verdeutlicht, auf einer Fülle von Neuerungen in der Bearbeitung einer oft überlieferten Geschichte, die den Mythos der absoluten Liebe begründet. Durch den Bruch mit literarischen Traditionen schafft Shakespeare Freiraum und Spielraum für den vielstimmigen Dialog der Liebenden, die erst eine Sprache füreinander finden müssen. Gesellschaftliche Anerkennung wird dem Paar jedoch auf der Bühne erst nach ihrem Tod gewährt.

Seiner Zeit voraus war in vielerlei Hinsicht auch Leonardo da Vinci, wie THOMAS FRANGENBERG aus kunsthistorischer Sicht erläutert. Rätselhaft wie das Lächeln der Mona Lisa bleiben die Beweggründe eines Genies, dessen Mythisierung im Verlauf des 16. Jahrhunderts noch im Schatten von Michelangelo und Raphael verblieb und erst von späteren Generationen vorangetrieben wurde. Seine Zeitgenossen warfen ihm die Unfähigkeit vor, irgendetwas zu Ende zu führen. Aber Leonardos Größe bestand gerade in dem für die Renaissance so charakteristischen Versuch, geltende Grenzen überschreiten zu wollen, wie seine naturwissenschaftlichen Studien und technischen Konstruktionen zeigen. Da sich der Künstler wiederholt in die Abhängigkeiten seiner Gönner und Dienstherren begeben musste, so auch 1502 zu Cesare Borgia, sind die Facetten seines Mythos immer auch im Spiegel der Zeit zu sehen.

Wie VOLKER REINHARDT an den Figuren des Rodrigo Borgia, dem späteren Papst Alexander VI., seinem Sohn Cesare und seiner Tochter Lucrezia veranschaulicht, stellen die Borgias als unheilige Trinität den Wert der Familie über den Wert des Individuums im Sinne Jacob Burckhardts. Wie Gott selbst wollen sie an der Spitze der Kirche gebieten und schrecken dabei vor keinem Mittel zurück, wie der Untertitel des Beitrages „Gift in marmornen Särgen" verheißt. Rom, oft als Wiege der Renaissance bezeichnet, wird zum Schauplatz des Verbrechens, wobei die Borgias die Umkehrung der gottgewollten Ordnung geradezu zelebrierten. Der Mythos macht, so Reinhardt, ihre Machtausübung zum „nachtschwarzen Karneval".

Die heiteren Seiten der italienischen Renaissance schildert Javier Gómez-Montero in der Interpretation des Mythos um den Ritter Orlando, dessen Abenteuer als Roland, Orlando oder Roldán vom 11. bis ins 16. Jahrhundert tradiert wurden und zum Bestandteil eines europäischen Imaginariums wurden. Im späten 15. Jahrhundert schufen Luigi Pulci und Matteo Maria Boiardo in Florenz und Ferrara als Auftragswerke literarische Bearbeitungen des karolingischen Stoffes um Roland, von denen insbesondere Boiardos Fassung geradezu revolutionäre Züge zeigt. Im *Orlando furioso* schreibt Ludovico Ariosto am Mythos Orlando weiter und lässt den fortschreitenden Wahnsinn des Helden als Steigerung des Liebeswahns und damit als Verstärkung der Identitätsproblematik erscheinen. Die Popularität der Figur liegt in ihrer Wandelbarkeit, die in ganz Europa die Zuhörer in ihren Bann zieht.

Als Projektionsflächen unterschiedlicher Imaginationen sind auch die Geschichten von Melusinen, Undinen und anderen Feen, die sich mit sterblichen Männern verbinden, zu erklären, wie BEATE KELLNER am Beispiel des Melusinen-Romans Thüring von Ringoltingens aufzeigt. Die Entstehungsgeschichte des Werks verweist wiederum auf eine europäische Tradierung von Erzählstoffen, die im kulturellen Gedächtnis der Epoche bewahrt werden sollten. Die Frage nach dem Ursprung eines adeligen Geschlechts wird bei Ringoltingen um die Frage nach dem Ursprung sozialer Gemeinschaften erweitert; das Mythische der Melusinenfigur zwischen Mensch und Dämon, zwischen Mensch und Tier, wird jedoch, so Kellner, zur „Chiffre der Unergründlichkeit des Ursprungs" an sich.

An der Abstammung von Demetrius als totgeglaubtem Sohn des Zaren Iwan IV. hatten, so der Historiker JAN KUSBER, dessen Zeitgenossen nicht unbegründete Zweifel. Nach heutigem Stand der Forschung handelte es sich tatsächlich um einen „falschen" Zaren. Die Konfliktlage zwischen katholisch geprägter, polnisch-litauischer Adelsrepublik und orthodoxem Moskauer Zarentum sowie wirtschaftliche Nöte spitzten sich in der sogenannten Zeit der Wirren jedoch so zu, dass es dem vermeintlichen Nachfolger möglich war, sein Recht auf den Zarenthron einzufordern. Insbesondere die Orientierung nach Westen, von der Demetrius seine Zeitgenossen zu überzeugen versuchte, trug zur europaweiten Mythisierung des Herrschers über das Moskauer Reich bei, das bereits unter Iwan IV. mehr und mehr in die mittel- und osteuropäische Wahrnehmung gerückt war.

Mit dem Narren als Symbolfigur einer Welt des Umbruchs stellt Werner Mezger an ausgewählten Beispielen der Bildtradition eine Schlüsselfigur der Imagination vor, die sich von der noch mittelalterlich geprägten apokalyptischen Figur zu einem beliebig verfügbaren und höchst vielseitigen Konzept weiterentwickelt hatte. Ob im *Lob der Torheit* von Erasmus von Rotterdam oder im *Narrenschiff* von Sebastian Brant: In der Renaissance klingen nun selbstironisierende Töne an, die mehr und mehr die Gesellschaft der Zeit an sich in Frage stellen und an ihr so Kritik üben. Die Entwicklung einer reich ornamentierten Narrensprache in den

Schriften zeigt sich auch in der bildenden Kunst, und trägt auf der Suche nach neuen Ausdrucksformen bereits manieristische Züge. Mit dem beginnenden 17. Jahrhundert beginnt der Narr seinen Spiegel umzudrehen und der Welt vorzuhalten, damit sie ihre Verkehrtheit darin erkenne.

Die in diesem Band zusammengestellten Beiträge wurden im Wintersemester 2005/06 an der Katholischen Universität Eichstätt-Ingolstadt als Vorträge gehalten. Die Konzeption wie die organisatorische Durchführung der Vortragsreihe lag in den Händen von Verena Dolle, Andreas Hartmann, Michael Neumann, Alexei Rybakov, Almut Schneider, Christine Strobl und Angela Treiber. Für die äußerst kompetente redaktionelle Bearbeitung des Bandes sei Andreas Fuchs, für die sehr sorgfältige Durchsicht des Manuskripts sowie die Überprüfung der bibliographischen Angaben sei Benjamin Kraus sehr herzlich gedankt.

Anmerkung

1   François Rabelais, *Der heroischen Taten und Raten des guten Pantagruel*, Viertes Buch. Dt. Übersetzung Gottlob Regis. Darmstadt, Wissenschaftl. Buchgesellschaft, 1964 [1548/ 1552] , S. 158.

DOKTOR FAUSTUS

Tobias Döring

EINLEITUNG

Wir sind am Kaiserhofe Karls V., des mächtigsten Herrschers im
16. Jahrhundert, Regent über ein Weltreich, dessen Ausdehnung
die Kontinente wie die Ozeane umspannt. Bei aller Fülle seiner
Macht und Herrlichkeit hat dieser Kaiser aber dennoch unerfüllte
Wünsche, geheime Leidenschaften und Sehnsüchte, denen er im

Doktor Faustus; Radierung von Rembrandt van Rijn

Herzen nachhängt. Da trifft es sich, dass eines Sommerabends ein
Wahrsager erscheint. Ein fahrender Gelehrter, der, wie es heißt, in
den Schwarzen Künsten weit gekommen sei, macht am Kaiserhof
Station und kommt dort gerade recht. Nach Tisch lässt ihn der
Kaiser zu sich holen, um seinen größten Wunsch erfüllt zu sehen.
„Sehen" ist hier durchaus im Wortsinn zu verstehen, denn eben
das ist es, was Karl begehrt. Es drängt ihn, mit eigenen Augen zu
sehen, wovon die Chroniken und Bücher so lange schon erzählen, er will es endlich einmal selbst erfahren: die Herrlichkeit des
größten Herrschers der Antike, jenes mächtigen Eroberers und
genialen Feldherrn, dessen Reich sich über alle Grenzen der seinerzeit bekannten Welt erstreckte und dessen legendärer Glanz sogar
dem Kaiser unvorstellbar scheint. Er will Alexander den Großen
und seine Gemahlin sehen „in Form vnd Gestalt / wie sie in ihren
Lebzeiten gewesen" sind.

Diesen Herzenswunsch kann Doktor Faustus – denn um Faustus
handelt es sich bei dem fahrenden Gelehrten – untertänigst und
sehr gern erfüllen. Er verlässt das kaiserliche Gemach, um sich,
wie es heißt, „mit seinem Geist zu besprechen", kehrt zurück und
bittet um Ruhe. Kurz darauf öffnet sich wie von Geisterhand die
Tür, und vor des Kaisers Augen zeigt sich wahrhaft die Gestalt
des Großen Alexander, ganz im Harnisch, aber unverkennbar, und
erweist demütig seine Reverenz. Kaiser Karl ist tief bewegt. Er will
aufstehen und die Erscheinung anfassen, doch Faustus hält ihn
strikt zurück: Jede Berührung, sagt er, sei verboten. Lediglich einen
intimen Blick darf der Kaiser auf den Körper Alexanders werfen.
In den Geschichtsbüchern heißt es nämlich, Alexander trage hinten
am Nacken ein Körpermal, eine Warze, die der Kaiser nun zur
Probe selbst in Augenschein nehmen will. Und tatsächlich findet
sich dort das Erkennungsmal. Der Blick auf die verborgene Stelle
bezeugt: Hier steht Karl von Angesicht zu Angesicht mit seinem
großen Vorgänger, dem antiken Welteroberer, und „hiermit ward
dem Keyser sein Begeren erfüllt".[1] Damit endet diese Szene.

Was trug sich hier zu? Was genau mag sich, wenn wir dem zitierten Bericht folgen, damals am Habsburger Hof, dem Machtzentrum
der Renaissance, wohl ereignet haben? Wie können und wie sollen
wir das zauberische Rollenspiel, von dem die Rede ist, verstehen?

Solchen Fragen will dieser Beitrag über Doktor Faustus nachgehen und im Weiteren versuchen, die Figur, die uns in der genannten Form entgegentritt und seither viele große Auftritte in der europäischen Kulturgeschichte gehabt hat, in ihren zeitgenössischen Kontext einzuordnen. Als vorläufige Antwort darauf, wie die geschilderte Begegnung aufzufassen ist, soll uns im Weiteren folgende These leiten: Was wir in dieser Szene beobachten können, ist ein Mythos der Renaissance – mehr noch, es ist *der* Mythos der Renaissance, der sich hier in Szene setzt. In Doktor Faustus und den seltsamen Erscheinungen, die seine Kunst heraufzubeschwören vermag, sehen wir womöglich, wie die Renaissance sich selber sah: als Erfüllung lang gehegter Wünsche, als Begegnung mit den selbst gewählten Vorfahren und Vorbildern, d. h. als wirkungsmächtige Vergegenwärtigung der Antike. Dass aber der damals Mächtigste, der Kaiser, dabei auf so fragwürdige Vermittlerdienste wie die eines fahrenden Gauklers und Gelehrten angewiesen bleibt, zeigt sowohl das Faszinierende wie auch das Prekäre des gesamten Unternehmens.

Der Faustus-Mythos ist deutschen Lesern ja zumeist in seiner dramatischen Fassung bekannt, d. h. als Spielvorlage fürs Theater, zumal in der umfassenden und tiefgreifenden Ausgestaltung durch Goethes Lebenswerk. Lange vorher jedoch schon, im letzten Jahrzehnt des 16. Jahrhunderts, wurde Doktor Faustus bereits als Spielfigur auf die Theaterbretter gestellt und dabei derart populär, dass sie allenthalben nachgespielt und vielfach neu entworfen wurde. Ihren Ausgang nahm diese Bühnenkarriere seinerzeit in England, wo die Theater-Kultur in den späten Regierungsjahren von Elisabeth I. sehr viel höher als auf dem Kontinent entwickelt war. Umso aufschlussreicher ist es daher, dass in London um 1590 ein junger brillanter Kopf und sprachmächtiger Dramatiker namens Christopher Marlowe nach diesem brisanten Renaissance-Mythos griff und daraus eine spektakuläre Tragödie formte, die das Publikum förmlich in Bann schlug und ohne deren dramatische Errungenschaften – darunter so zentrale Bühnenmittel wie der tragische Monolog – beispielsweise Shakespeares *Hamlet* zehn Jahre später völlig undenkbar wäre. Auf Marlowes Stück werde ich zum Ende dieses Beitrags noch zurückkommen, um meine These weiter zuzuspitzen, und zwar dahingehend, dass der Faustus-Mythos im

Grunde ein Mythos von der Macht der Bühne ist. Denn mir scheint, dass die fragwürdigen Vermittlerdienste der Magie und Zauberei, die er vorführt, zugleich und zuerst Mittel des Theaters sind, wie sie bei allen Bühnen-Akten in Aktion treten und wie sie gerade die zitierte Alexander-Szene zeigt. Aber der Reihe nach. Bevor wir uns dem englischen Theater der Frühen Neuzeit zuwenden, soll hier vor allem die deutsche Tradition der Faustus-Überlieferung im 16. Jahrhundert – oder, wie man wohl auch sagen könnte, der *Erfindung* des Faustus-Mythos im 16. Jahrhundert – geschildert und danach befragt werden, was sie uns über das Programm wie das Problem der Renaissance erzählt.

Vorfahren und Nachfahren

Zunächst einige Erläuterungen zur Alexander-Beschwörung am Kaiserhof und zu der Quelle, in der wir ihr begegnen. Bei dem geschilderten Zusammentreffen handelt es sich um einen kurzen, aber sehr wichtigen Ausschnitt aus der *Historia von D. Johann Fausten*, einer anonym veröffentlichten Lebensbeschreibung dieses Gelehrten, die 1587 in Frankfurt am Main im Druck erschien und auf dem Buchmarkt schnell zu einem internationalen Bestseller wurde.[2] Innerhalb von nur sechs Jahren erfuhr die *Historia* nicht weniger als 14 Auflagen und wurde mit jeder neuen Drucklegung stets erweitert und ergänzt. Sehr schnell wurde sie überdies in Übersetzungen herausgebracht, erschien bald auf Englisch, Dänisch, Niederländisch und Französisch und erfreute sich ganz offenbar so großer – oder auch so unheimlicher – Popularität, dass die Obrigkeit in Städten wie Straßburg, Basel oder Tübingen sich bald veranlasst sah, dagegen vorzugehen und das Buch zu verbieten.

Die Begegnung zwischen Karl V. und Alexander dem Großen wird im 33. Kapitel der *Historia* erzählt, das zugleich ihren dritten und letzten Teil eröffnet. Diesen Teil kündigt der Autor mit folgenden Worten an: „Folgt der dritt vnd letzte Theil von D. Fausti Abenthewer / was er mit seiner Nigromantia an Potentaten Höfen gethan vnd gewircket. Letztlich auch von seinem jämmerlichen

erschrecklichen End vnd Abschiedt".[3] Diese Überschrift gibt also
nicht nur preis, von welchen Abenteuern im Weiteren die Rede ist,
sie gibt zugleich eine Vorausdeutung auf das bevorstehende Ende
der Geschichte, und sie gibt die Wertungsperspektive vor, unter der
wir all das sehen sollen: Ein jämmerliches und schreckliches Ende
wird es sein, wenn Faustus schließlich für seine Schandtaten zur
Rechenschaft gezogen wird. Von diesem furchterregenden Schluss
jedoch sind wir vorerst noch weit entfernt. Zu Beginn des dritten
Teils erleben wir Faustus vielmehr auf der Höhe seiner Macht. Kein
Geringerer als der Kaiser selbst verlangt nach seinen Diensten und
zeigt sich, wie wir lesen, mit ihnen hochzufrieden. Mit Hilfe jener
Schwarzen Künste, die Faustus zu Gebote stehen, lässt Karl sich
seinen lang gehegten Wunsch erfüllen und beugt sich sogar der
Befehlsgewalt des fahrenden Gelehrten. Sobald er die Erscheinung
Alexanders berühren will, weist Doktor Faustus ihn zurück – und
Karl gehorcht. Wie ungeheuerlich eine solche Umkehrung der
Machtverhältnisse am Kaiserhof für zeitgenössische Leser gewirkt
haben muss, können wir vielleicht ermessen, wenn wir bedenken,
dass Karl V. immerhin derselbe Kaiser war, dem Doktor Luther
1521 auf dem Reichstag zu Worms gegenüberstand, als er sich weigerte zu widerrufen. Was für eine Bannkraft ist es also, die jener
Wanderdoktor namens Faustus ausübt? Über welche Autorität,
welche Macht verfügt er, dass sich ihr sogar der Kaiser fügt?

Gegen Ende des zitierten Kapitels der *Historia* gibt Karl dazu
einen interessanten Hinweis, wenn er sagt (und der Erzähler gibt
hier die kaiserlichen Gedanken wieder): „nun hab ich zwo Personen gesehen / die ich lang begert habe […] gleich wie das Weib den
Propheten Samueln erweckt hatt".[4] Das „Weib", an das Karl denkt,
ist das sogenannte Weib zu Endor, eine Wahrsagerin, von der im
Alten Testament erzählt wird. Im Buch Samuel (1 Samuel 28) lesen
wir, wie sie für König Saul den Geist seines verstorbenen Vaters aus
der Erde hervorgezaubert hat. Auf diesem Hintergrund rückt die
Begegnung zwischen Kaiser Karl und Alexander dem Großen also
in die Nachfolge einer biblischen Begebenheit. Das gibt uns einen
klaren Hinweis auf die Parallele, die wir ziehen sollen, und damit
auf die Genealogie, die auf diese Weise konstruiert wird. Genauso
wie dem König Saul durch Zauberkraft des alten Weibs einstmals

sein eigener Vater dargeboten wurde, so wird dem Habsburger Weltherrscher hier der größte Weltherrscher der Antike vorgeführt, Alexander, der damit – und das ist entscheidend – ebenfalls eine Vaterrolle übernimmt. Alexander verhält sich jetzt zu Kaiser Karl wie Samuel zu König Saul. Aus diesem Grund kann man sagen, dass uns hier der Mythos der Renaissance vorgeführt wird, denn hier nimmt Karl als aktueller Weltregent in Anspruch, der Sohn, d. h. der Abkömmling jenes antiken Weltregenten zu sein. Die Autorität der Frühen Neuzeit versichert sich an der Autorität des längst Vergangenen. Das Alte wird geradezu heraufbeschworen, um das Neue zu legitimieren, oder auch: Das Neue kann nur dadurch Anerkennung und Bedeutung finden, dass es sich als Wiederkehr und Wiederholung des Antiken inszeniert.

Das genau bedeutet ja im Wortsinn „Renaissance": Wiedergeburt. Und genau aus diesem Grund ist das Erkennungsmal am Körper Alexanders so entscheidend, die Warze, anhand derer ihn der Kaiser identifiziert. Nur wer nämlich von derlei intimen Körpermalen weiß, ist mit dem Überlieferten offensichtlich so vertraut, dass er eine solche Genealogie in Anspruch nehmen kann. Die Identifikation des Anderen dient zur Identifizierung des Selbst, so dass die Ankunft des Neuen als Abkunft vom Alten dargestellt wird. Das aber zeigt nicht nur den Mythos der Renaissance, sondern überhaupt das Mythische schlechthin. Sich mit dem, was von alters her erzählt wird, zu identifizieren, sich im Hergebrachten zu spiegeln und darin immer wieder und zumal in Krisenzeiten vergewissern zu können, unsere je aktuelle Selbstverständigung also dadurch zu gewinnen, dass wir auf vorrätige Figuren, Bilder und Geschichten zurückgreifen und sie in unseren Dienst stellen: Das verstehe ich als Leistung des Mythos, und das leistet für die Renaissance das große Repertoire der antiken Überlieferungen. Alexander der Große steht hier gewiss nur als ein Repräsentant dieses großen Zusammenhangs von Texten und Figuren, die aus dem Altertum in die Neuzeit ragen und die immer wieder neu und programmatisch anzueignen sind. Die Frage also, die wir im Zusammenhang mit Faustus untersuchen müssen, lautet: Welche Rolle spielt dabei die Magie? Was leistet seine Zaubermacht für dieses Programm?

HEILIGE UND GOTTLOSE

Faustus ist ja seinerseits ein Mythos der Renaissance, aber ein höchst sonderbarer. Wie wir in der *Historia* lesen, bietet seine Beschwörungsmacht auf kaiserlichen Wunsch die Chance, die Selbstpositionierung der höchsten weltlichen Autorität zu zeigen und damit den Renaissancekaiser als Wiedergänger eines großen Vorfahren zu inszenieren. Andererseits lässt gerade die *Historia* keinen Zweifel, dass solcherlei Beschwörungen als Schwarze Kunst und Teufelsspuk zutiefst verdammungswürdig sind. Wir sind, wie gesagt, im dritten Teil der Geschichte, der, wie die Überschrift ankündigt, mit Faustens schrecklichem Tod endet. Doch schon bevor wir überhaupt mit der Lektüre dieser Lebensschilderung beginnen, stellt der Titel der *Historia* alles klar:

> *Historia von D. Johann Fausten / dem weitbeschreyten Zauberer vnnd Schwartzkünstler / Wie er sich gegen dem Teuffel auff eine benandte Zeit verschrieben / Was er hierzwischen für seltsame Abentheuwer gesehen / selbs angerichtet vnd getrieben / biß er endtlich seinen wol verdienten Lohn empfangen.*

Wie im 16. Jahrhundert üblich, gibt uns der Buchtitel gleich eine Zusammenfassung der Geschichte, die darin erzählt wird, und eine klare Wertung ihres Endes: der wohlverdiente Lohn für einen Teufelspakt, so viel ist klar, kann nur ein grausamer Tod ohne Errettung der Seele sein. Und tatsächlich, am Ende des 68. Kapitels kommt es genau so. Es ist Mitternacht, die Frist ist abgelaufen, aus Faustens Stube hören die Studenten „ein greuwliches Pfeiffen vnnd Zischen / als ob das Hauß voller Schlangen / Natern vnnd anderer schädlicher Würme were". Doktor Faustus „hub an vmb Hülff vnnd Mordio zu schreyen". Als es tagt, treten die Studenten in die Stube, sehen aber keinen Faustus mehr, stattdessen bietet sich ihnen folgender Anblick: „die Stuben voller Bluts gesprützet / Das Hirn klebte an der Wandt / weil jn der Teuffel von einer Wandt zur andern geschlagen hatte. Es lagen auch seine Augen vnd etliche Zäen allda / ein greulich vnd erschrecklich Spectackel".[5] Das ist es in der Tat. Die gleiche Art Horror, wie heutzutage die Splatter

Movies, bot damals das Ende der *Historia von D. Johann Fausten*:
Blut- und Hirnspritzer an der Wand, herumliegende Körperteile,
herumkullernde Augen – ein besonders aufschlussreiches Detail,
das genauere Betrachtung lohnt – und ausgebrochene Zähne. Dras-
tischer ist das Ende eines Sünders wohl nicht darstellbar.

Genau darauf kam es offensichtlich an. Um dieses Endes willen
wird die gesamte *Historia* erzählt, von diesem Schrecken leitet sich
ihre Motivation her, das Leben des schändlichen Doktors für christliche Leser auszubreiten. Man nennt dieses Verfahren eine Motivation „von hinten",[6] um die besondere Erzählweise und Logik
solcher Exempelgeschichten zu charakterisieren. Es ist dieselbe
Erzählweise und Logik wie von Heiligenlegenden, bei denen die
Zentralfigur des Heiligen ja ebenfalls nur dazu dient, ein beispielhaftes Lebensmuster vorzuführen, so dass alles Geschehen sich
einzig darauf ausrichtet, was am Schluss geschieht. Bei Heiligen
ist dies in der Regel der Märtyrertod sowie die göttliche Errettung
ihrer Seele. Bei Faustus ist es umgekehrt die Höllenfahrt: Nicht
der Herrgott, sondern der Teufel holt sich seine Seele. Auf diesen
Schreckensschluss läuft sein gesamtes Leben zu. Die *Historia*, so
lässt sich also sagen, ist eine invertierte Heiligenlegende, d. h.
eine Umkehrung der Wertungsperspektive unter Beibehaltung
der erzählerischen Grundstruktur. Dieser Faustus ist ein Negativexempel, ein Abschreckungsbeispiel, an dem das Schema der
Heilsgeschichte *ex negativo* bekräftigt werden soll.

So jedenfalls müssen wir, auf der Grundlage des Titels wie des
Endes, das Erzählprogramm des anonymen Autors der *Historia*
von 1587 wohl verstehen. Der weitere Titel formuliert genau in
diesem Sinn:

*Mehrertheils aus seinen eygenen hinderlassenen Schrifften / allen
hochtragenden/ fürwitzigen und Gottlosen Menschen zum schrecklichen Beyspiel / abscheuwlichen Exempel / und treuwherziger Warnung
zusammen gezogen und in den Druck verfertiget.*

Was das Programmatische betrifft, lässt diese Ankündigung keine
Fragen offen. Dennoch wird sich zeigen, dass die *Historia* gerade
deshalb so fragwürdig ist, weil ihr erklärtes Programm nicht

durchweg aufgeht und womöglich sogar ins Gegenteil umschlagen kann. Dazu nachher mehr.

Zunächst zu einer näherliegenden und dringlicheren Frage: Wer ist oder war dieser Doktor Johann Faustus, der hier so emphatisch als Negativexempel eingesetzt wird?

SCHRIFTEN UND SPUREN

Mit dieser Frage nun bewegen wir uns historisch ein ganzes Stück zurück und müssen auf die frühen Jahrzehnte des 16. Jahrhunderts blicken, gut ein bis zwei Generationen bevor die *Historia* im Druck erschien. Nach den Spuren der historischen Faust-Gestalt zu suchen ist insgesamt eine sehr mühselige und strittige Unternehmung, mit der sich die Forschung seit geraumer Zeit beschäftigt und zu der es bis heute keine einheitliche Meinung gibt. Dennoch müssen wir uns dieser Frage stellen, wenn es – gemäß der eingangs aufgestellten These – zu untersuchen gilt, wie und wodurch Faustus zu einem Renaissance-Mythos geworden ist.

Einen ersten Hinweis gibt uns wiederum der Titel der *Historia*. Wie eben zitiert, wird darin nicht nur behauptet, es handele sich um eine wahre Lebensgeschichte, sondern auch, dass diese Darstellung von Faustens Leben „mehrenteils seinen eigenen hinterlassenen Schriften" folge, also gewissermaßen aus erster Hand erzählt sei. Davon trifft allerdings nur so viel zu, dass die *Historia* ein Kompilat aus vielen vorliegenden Schriften ist, darunter jedoch keiner einzigen, die von ihrem Titelhelden selbst stammt. Wer immer dieser Faustus war oder gewesen sein könnte, er hat jedenfalls keine Schriften hinterlassen und sehr wahrscheinlich nie welche verfasst. Dagegen gab es um 1500 eine ganze Reihe großer europäischer Gelehrter oder Humanisten, die mit Geheimwissen und Magie in Zusammenhang standen, darunter so gewichtige Figuren wie Heinrich Cornelius Agrippa von Nettesheim, der Mediziner Paracelsus oder der Philosoph Johannes Trithemius, Abt in Sponheim. Sie alle waren weithin anerkannte, wenn auch oft umstrittene Autoren, deren Werke über die hermetischen Wissenschaften große Wirkung hatten, viel gelesen und vielfach debattiert wurden.

Unter dem Sammelbegriff „hermetische Wissenschaften"
versteht man das okkulte, d. h. geheime Wissen, wie es in der
Renaissance verbreitet war und das landläufig als „Alchemie" oder
„Magie" bekannt ist. Es speist sich aus antiken Quellen und geht
zurück auf einen Bestand an alten Schriften, die unter dem Namen
Hermes Trismegistos aus dem hellenischen Ägypten überliefert
sind.[7] Jahrhunderte lang befand sich das Zentrum dieses hermetischen Wissen in Byzanz bzw. Konstantinopel, d. h. am Ort der
hellenischen Diaspora, bevor es nach der türkischen Eroberung
dieser Stadt im Jahre 1453 – ein Datum, das oft als Beginn der
Renaissance gesetzt wird – mit den vertriebenen Gelehrten in den
westlichen Mittelmeerraum und besonders nach Italien gelangte.
Dort gab, vor allem im Florenz der Medici, das *Corpus Hermeticum*
die entscheidenden Impulse für das Aufblühen des Neuplatonismus und damit für die neuerliche Auseinandersetzung mit den
alten griechischen Ideenwelten, die jetzt durch Übersetzung und
philosophische Weiterentwicklung in Verbindung mit christlicher
Theologie und jüdischer Kabbalistik gebracht wurden. Durch das
Wirken dieser Florentinischen Schule, die sich als Re-Inszenierung
der platonischen Akademie verstand, und ihrer namhaften Vertreter wie Marsilio Ficino oder Pico della Mirandola verbreiteten
sich die hermetischen Wissenschaften auch nach Nordeuropa und
gingen in die Kultur der Renaissance ein. Die genannten Humanisten und Gelehrten bezogen ihr okkultes Wissen über eben diese
Quellen und gelten in diesem Sinne alle als hermetische Autoren.

Einen *Autor* namens Faustus aber gab es nicht. Was an Schriften, wie es der Titel der *Historia* behauptet, „von" ihm hinterlassen
sein soll, können tatsächlich nur Schriften *über* ihn gewesen sein.
Davon nämlich gibt es viele und zwar schon hundert Jahre vor
Drucklegung der anonymen *Historia*.[8] Bereits in den 1480er Jahren
finden sich erste Spuren in diversen Quellen, die zumeist dem
Umkreis der Universität Heidelberg entstammen, einem deutschen
Zentrum des Neuplatonismus und der humanistischen Gelehr-
samkeit. Die historischen Hinweise verdichten sich nach der
Wende zum 16. Jahrhundert. Immer wieder ist von einem Faustus
die Rede und zwar zumeist im Zusammenhang mit Wahrsagerei,
Astrologie, Beschwörungsakten und sonstigen fragwürdigen Zau-

bereien. Darunter finden sich übrigens etliche Aussagen, die das geographische wie kulturelle Umfeld von Eichstätt betreffen. An der Universität von Ingolstadt soll ein gewisser Georgius Faustus Vorlesungen über Philosophie und Chiromantie (das ist die Handlesekunst) gehalten haben. Georg Schenck von Limpurg, ein bedeutender Geist jener Zeit und später Bischof von Bamberg, der zu einem der großen Repräsentanten des Goldenen Zeitalters in der Kulturgeschichte Frankens wurde, hat damals in Ingolstadt studiert. 1518, als er glanzvoll Hof hielt, sollte er sich von einem fahrenden Astrologen namens Faustus sein Horoskop erstellen lassen und damit zum Auftraggeber des umstrittenen Wahrsagers und Beschwörungskünstlers werden. Zehn Jahre später berichtet Prior Kilian Leib aus Rebdorf ebenfalls über eine astrologische Expertise, die Faustus gestellt habe; im Juni 1528 wurde er deshalb aus Ingolstadt ausgewiesen. Andere Quellen sprechen immer wieder von angeblichen Flugversuchen, die Faustus unternommen haben soll, um seine Kunst unter Beweis zu stellen.

Es ist bei weitem nicht immer klar, ob solche Hinweise jeweils dieselbe Person betreffen. Allein der Name variiert erheblich. Als aussichtsreichster Kandidat einer historischen Faust-Figur gilt ein gewisser Georg Helmstetter, auf dessen Lebensweg, soweit er sich in archivierten Spuren niederschlägt, viele der genannten Quellenfunde hinzudeuten scheinen. Feststeht jedenfalls, dass viele prominente Zeitgenossen des frühen 16. Jahrhunderts einen Gelehrten namens Faustus anführen und zahlreiche Geschichten über ihn erzählen, die einschlägig auf Magie und Hermetismus verweisen und die später in erweiterter und zum Teil erheblich spektakulärerer Form in der *Historia* wiederkehren. Zumeist sind dies – und das ist zweifellos bedeutsam – klare Abschreckungsgeschichten. Zu den prominentesten Vertretern jener Zeit, von denen wir auf diese Weise einiges von Faustus und seinem Teufelsverkehr hören, zählen beispielsweise die großen Wittenberger Reformatoren. Luther kommt in seinen Tischreden wie auch Melanchthon in seinen Sonntagspredigten immer wieder auf Faustus zurück. Beide wurden damit gleichermaßen zu den wirkungsvollsten Überlieferern seiner Geschichte. Mit den vielfachen Erzählungen und Erwähnungen in diesem Kontext gerät die Figur immer stärker in die zeitgenössischen Debatten und Konflikte um die Neuordnung der Kirche und der Religion. Das sollte sich für ihre weitere Wirkung als sehr folgenreich erweisen. Spätestens seit den 1520er bis 30er Jahren wird Faustus zu einer protestantischen und polemischen Figur, die in den Auseinandersetzungen der Römischen Kirche mit der Reformation wie zugleich auch bei den Auseinandersetzungen innerhalb des Protestantismus oft und gern beschworen wird. Hätte es Faustus nie gegeben, so kann man diesen Tatbestand zusammenfassen, hätte man ihn hierzu wohl erfinden müssen, denn in den erbitterten Glaubens- und Machtkämpfen der Renaissance spielt er bald eine unersetzliche Rolle. Es hat ihn aber offenbar gegeben, und ehe wir auf die Reformatoren zurückkommen, sollten wir wenigstens eine der dokumentarischen Spuren, die er hinterlassen hat, kurz betrachten.

TITEL UND NAMEN

Es handelt sich um ein besonders aufschlussreiches Dokument, das als einziges „Selbstzeugnis" des historischen Faustus angesehen werden kann,[9] und zwar um nichts Geringeres als seine Visitenkarte. Wir wissen davon aus einem Brief, den der schon erwähnte Philosoph Trithemius im Jahr 1507 schrieb. Da dem Adressat des Briefes, wie es scheint, dieselbe Visitenkarte vorlag, kann man mit einiger Plausibilität annehmen, dass ihre Aufschrift einigermaßen wörtlich wiedergegeben wurde. Sie lautet:

> *Magister Georgius Sabellicus Faustus iunior, fons necromanticorum, astrologus, magus secundus, chiromanticus, agromanticus, pyromanticus, in hydra arte secundus.*

Was lässt sich daraus entnehmen? Als erstes fällt auf, dass Faustus sich hier mit einem Universitätsgrad vorstellt, allerdings nicht, wie uns geläufig, mit dem Doktortitel, sondern als Magister – diesen Titel führt er bis zum Erscheinen der *Historia*, die ihn zum ersten Mal in der Überlieferungsgeschichte promovierte, offenbar mit dem Ziel, durch den Doktorgrad die Fallhöhe zu vergrößern. Weiterhin fällt auf, dass Faustus sich mit einem dreiteiligen, latinisierten

Namen vorstellt, was einer Mode der Humanisten entsprach. Eine solche Namensform galt als Programm, geradezu als Renaissance-Programm. Der Name „Faustus" ist dabei für einen Astrologen und Wahrsager zudem besonders günstig gewählt, denn er bedeutet zu deutsch „glücklich" oder „glücksverheißend", war also gewissermaßen Aushängeschild seiner Kunst.

Worin diese Kunst genau besteht, wird dann im Einzelnen aufgelistet. Nekromantie ist die Kunst, Tote ins Leben zurückzurufen, also genau das, was sich in der diskutierten Szene am Kaiserhof zuträgt, wenn der tote Alexander den Lebenden erscheint; Chiromantie ist die Handlesekunst, Hydromantie und Pyromantie die Vorhersage der Zukunft aus den Linien des Wassers bzw. aus der Gestalt des Feuers. Damit bietet die gesamte Liste einschlägige Hinweise auf die sogenannten mantischen Künste, d. h. die Techniken der Wahrsagerei, auf die Faustus sich, wie er hier ankündigt, verstand. Besonders interessant jedoch ist, dass dieser Magier sich auf seiner Karte als „Faustus iunior" und „magus secundus" ausweist. Was soll das heißen? Wer ist oder war dann Faustus senior, wer jener *magus primus*, in dessen Nachfolge er sich namentlich stellt?

Darüber ist viel gerätselt worden. Frank Baron meint, es handele sich um Zoroaster, jenen Ersten Magier oder Ur-Magier aus dem Zweistromland, Kulturgründer und Zivilisationsstifter der Frühgeschichte, der auch als Zarathustra bekannt ist. Ein anderer Kandidat, der wohl um einiges plausibler wäre, ist Simon Magus, ein Zauberer aus Samaria, von dem die Apostelgeschichte der Bibel berichtet (Kapitel 8) und der in der Renaissance oftmals als Inbegriff magischer und gefährlicher Mächte angeführt wird. Aber auch diese Identifizierung muss spekulativ bleiben. Vielleicht ist daher die gesamte Frage, um wen genau es sich beim *magus primus* handelt, längst nicht so wichtig wie die schlichte Einsicht, dass der historische Faustus – wenn wir ihm denn diese Textspur zuordnen wollen – sich dezidiert als Nachfolger und Abkömmling darstellt, *von wem auch immer*. Dieser Faustus sagt von sich, dass er „magus secundus", d. h. ein Wiedergänger oder auch Wiedergeborener sei. Er legitimiert sich und seine Autorität also dadurch, dass er die Autorität eines Vorgängers borgt. Das ist genau wieder jene schon beschriebene Grundfigur des Renaissance-Programms, der wir hier erneut begegnen: Das Aktuelle sucht Vergewisserung am Alten und schafft sich seine Genealogie, indem es sich einen Vorfahren erwählt.

Wenn wir nun allerdings verstehen wollen, wie dieser „Faustus iunior" zu einem so zentralen Mythos der Renaissance werden konnte, dass Luther und Melanchthon und viele andere große Geister jener Zeit sich ihrerseits auf ihn beziehen, müssen wir den Kontext des Briefes in Betracht ziehen, in dem Trithemius die Visitenkarte überliefert. Das Entscheidende ist nämlich, dass Johannes Trithemius diese Selbstdarstellung der mantischen Künste nur zitiert, um sie sogleich scharf zu verurteilen. Er führt in seinem Brief das bekannte Beispiel Faustus an, um sich kritisch davon abzugrenzen und zu zeigen, was man tunlichst lassen sollte. Der Brief stammt, wie gesagt, aus dem Jahr 1507 und damit aus den Lebzeiten der historischen Faustus-Figur, deren schreckliches Ende noch längst nicht bevorstand (als Todesjahr kann 1539 gelten), aber offenbar bereits erwartet wurde. 80 Jahre vor der *Historia* und ihrer Erzählung der invertierten Heiligenlegende dient Faustus dem Trithemius bereits klar als Negativexempel: An ihm wird ausgewiesen, was die Zeitgenossen von sich weisen.

Das gilt durchweg. Wann immer in den historischen Quellen – Stadtchroniken, Briefen, Akten und Berichten – von Faustus die Rede ist, geht es in aller Regel um seine Ausweisung, Ablehnung, Verurteilung oder sonstige Kritik. Das kurze Patronat des Bischofs von Bamberg, das oben erwähnt wurde, bildet daher eine denkwürdige Ausnahme. Es überwiegen die Berichte darüber, wie der Wanderzauberer und fahrende Gelehrte jeweils aus der Stadt vertrieben und verschiedener Scharlatanereien und Verbrechen bezichtigt wird. Hierher gehören beispielsweise die Geschichten über Flugversuche, die er unternommen haben soll und die offenbar als betrügerischer Spuk gesehen wurden. Weiterhin und schlimmer aber wird er vielfach der Sodomie bezichtigt, worunter man jede Form der sexuellen Ausschweifung verstand. Man fand ihn, wie es in den Quellen heißt, in Gesellschaft von diversen Tieren (der schwarze Hund) oder Frauen (die schöne Helena) oder auch sonstigen Anhängern (die losen Studenten), mit denen er womöglich allerhand Undurchsichtiges und Unzüchtiges trieb, so dass man ihn durchweg außerhalb der regulären Gesellschaft sah und mit niemand anderem im Bunde als dem Teufel selbst, der, wie es hieß, die diversen Gestalten wie Hund, Helena und so weiter annehmen konnte.

Dass Faustus einen regelrechten Teufelspakt geschlossen habe, kommt in den verstreuten Quellen als Behauptung zwar erst relativ spät auf, geht dann aber umso wirkungsvoller in die Überlieferungsgeschichte ein. Durchweg handelt es sich bei solcher Mythenbildung ja um volkstümliche und das heißt mündliche Tradierung, bei der mit jeder Weitergabe der Geschichte durch Nacherzählung Weiteres hinzugefügt wird. Dabei stammt der Leibhaftige als Faustens zeitweiliger Diener und eigentlicher Herr, dem er sich und seine Seele mutwillig verschrieben habe, wohl aus Wittenberg. Denn dieses zentrale und für uns entscheidende Motiv des Faustus-Mythos, das wir heutzutage mit ihm gleichsetzen, gelangt erst mit den Faustus-Erzählungen der Reformatoren zu Prominenz und Relevanz.

REFORMATOREN UND TEUFEL

Insbesondere die Tischgespräche Luthers und die Sonntagspredigten Melanchthons sind es, denen das Beispiel Faustus oftmals zur Veranschaulichung dient, um allen wahren Christenmenschen warnend aufzuzeigen, wohin die Einlassung mit schwarzen Mächten führt. Im März 1539 beispielsweise hat Luther seinen Tischgenossen ausführlich erzählt, wie ein gewisser Zauberer dem Kaiser Maximilian die Geister allerhand verstorbener Monarchen seit Alexander dem Großen vorgeführt habe.[10] Maximilian I. war der Großvater Karls V.; offensichtlich handelt es sich hier um eine frühere Version der Episode, die dann in der *Historia*, wie dargelegt, eine so wichtige Rolle spielt. Schon an diesem Detail zeigt sich beispielhaft, dass Luthers Erzählungen und Aufzeichnungen der wichtigste Quellenbestand für die spätere *Historia* bilden, die sich im Grunde durchweg als ein lutheranisches Propaganda-Buch verstehen lässt. Auch früher schon ist im Hause Luther nämlich von Faustus viel die Rede, wie folgender Ausschnitt aus den Tischgesprächen zeigt:

Da uber Tisch zu Abends eines Schwarzkünstlers, Faustus genannt, gedacht ward, saget Doctor Martinus ernstlich: der Teufel gebraucht

der Zäuberer Dienst wider mich nicht; hätte er mir gekonnt und ver-
mocht Schaden zu thun, er hätte es lange gethan. Er hat mich wol
oftmals schon bei dem Kopf gehabt, aber er hat mich dennoch mussen
gehen lassen. Ich hab ihn wol versucht, was er fur ein Gesell ist. Er hat
mir oft so hart zugesetzt, dass ich nicht gewußt hab, ob ich todt oder
lebendig sei. […] Aber mit Gottes Wort hab ich mich seiner erwehret.[11]

Das ist eine interessante Passage. Beiläufig fällt bei Tisch der
Name Faustus, was offenbar den Reformator motiviert, sogleich
von seinen eigenen Auseinandersetzungen mit dem Leibhaftigen
zu erzählen. Magister Faustus bietet Doktor Luther anscheinend
willkommenen Anlass, seinen Tischgenossen zu erklären, wie er
selbst mit dem Teufel fertig geworden ist: Gerungen und gekämpft
habe er mit ihm, auf Leben und Tod, „[a]ber mit Gottes Wort" sich
letztlich seiner erwehret – gerade anders als Faustus, der sich von
Gottes Wort abgewandt und dem Teufel ganz verschrieben habe.
Luther siegt, wo Faustus versagt: So wird mit der Erzählung eine
klare Grenze gezogen. Gleichzeitig allerdings wird durch derartige
Geschichten die Faustus-Figur in den frühen, umkämpften Jahrzehnten der Reformation zunehmend enger mit dem Wirken der
Reformatoren assoziiert, als Gegenfigur und erklärtes Gegenbei-
spiel zwar, aber dadurch zugleich als Referenzfigur, deren heilloses
Leben eine dunkle und dämonische Parallele zum heilsgewissen
Leben eines Doktor Luther darstellt.

Diese Assoziierung geht so weit, dass im weiteren Verlauf
der Überlieferung, wie die *Historia* dann deutlich zeigt, sogar
der Studien- und Wirkungsort von Faustus selbst in Wittenberg
gesehen wird und nicht mehr, wie zuvor meist, in Württemberg.
Die geographische Verschiebung aus dem süddeutschen in den
mitteldeutschen Raum und damit in das Kernland des deutschen
Protestantismus ist hoch bedeutsam, weil sie die kulturelle Verbindung zwischen dem Reformator und Faustus enger zieht. Auf
ganz eigentümliche und signifikante Weise werden der Teufels-
bekämpfer und der Teufelsbündler damit aneinander, wenn nicht
gar ineinander gerückt. Das ist nicht nur deshalb eine folgenreiche
Entwicklung, weil sie bis zur wichtigsten Faustus-Version des 20.
Jahrhunderts reicht, dem großen Roman Thomas Manns, in dem

die titelgebende Faust-Figur in Sprache, Habitus und Herkunft als eine Lutherfigur gezeichnet wird.

Grundsätzlich macht eine solche Assoziierung evident, worin die mythenbildende Funktion von Faustus liegt: in seiner Rolle als kultureller Wiedergänger. Mir scheint, dass die Figur deshalb zu einem Mythos der Renaissance geworden ist, weil in ihr, wie in einem Sammelbecken, die dunklen und dämonisierten Aspekte der Renaissance-Kultur zusammenfließen. Faustus ist ein „magus secundus", wie wir gesehen haben, d. h. ein Nachkömmling, ein Abkömmling. Meine Vermutung wäre, dass diese Figur in der kulturellen Gestalt, in der wir sie durch die diversen Texte kennenlernen, von genau den Autoritäten herkommt oder sogar abstammt, die sich von ihr abzugrenzen suchen: von Luther, von Melanchthon, von Trithemius und den vielen anderen Geistesgrößen dieser großen Aufbruchszeit.

Doktor Martinus erklärt, er habe lange und erbittert mit dem Teufel gekämpft und allein durch Gottesglauben seinen Sieg davongetragen. Johannes Trithemius erklärt, die mantischen Künste seien zutiefst verdammungswürdig, und doch muss er sich seinerseits mit Vorwürfen auseinandersetzen, er selbst, der Abt von Sponheim, habe sich diesen Künsten hingegeben und damit versündigt. Deshalb nämlich zitiert er die Visitenkarte Faustens, um daran aufzuzeigen, was man tunlichst lassen soll und was er selbst nie unternehmen würde. Die Grenzen zwischen Weißer und Schwarzer Magie, zwischen religiös fundierter und dämonisch instrumentalisierter Beschwörungskunst sind prinzipiell sehr schwer, wenn überhaupt, zu ziehen – genauso schwer, wie man vielleicht den dauernden Kampf mit dem Leibhaftigen von einem Pakt mit dem Leibhaftigen unterscheiden kann. In beiden Fällen liegt offenbar eine sehr intensive wechselseitige Beziehung vor, und wie sie jeweils endet, bleibt wohl länger ungewiss. Um solche Grenzziehungen aber immer wieder neu zu unternehmen, um Kampf von Pakt und Weiße von Schwarzer Magie zu unterscheiden, dazu wird, so meine ich, der Faustus-Mythos aufgeboten.

Von jenem Wanderwahrsager selbst ist uns kein einziges Wort überliefert. Er ist ein Mythos in genau dem Sinn meiner eingangs skizzierten Definition: Er dient stets anderen zur Selbstbestäti-

gung und Selbstbeschreibung, und zwar dadurch, dass sie sich
kategorisch von seinem Tun und Treiben abgrenzen. Gerade aber
weil von Faustus selbst kein Wort überliefert ist, sehen wir ihn
gewissermaßen nur als Hohlform, im Zeugnis oder Urteil anderer
und zwar zumeist solcher, die ihn kritisieren, verurteilen, verfemen
und vertreiben wollen. Faustus ist eine Projektionsfigur, die uns
gewiss größeren Aufschluss über die jeweiligen Erzählautori-
täten, die von ihm berichten, gibt als über das, was sie von ihm
erzählen. Wenn nämlich viele frühe Quellen, wie erwähnt, von
der Ausweisung Faustens aus der Stadt berichten, d. h. von dem
Versuch, seine Wirkungsmacht aus der christlichen Gemeinschaft
auszuschließen, erzählen sie uns doch in erster Linie davon, was
diese Gemeinschaft kulturell beunruhigt und umtreibt und was
daher unterbunden werden soll. Somit aber erscheint Faustus
meist als ein dämonisierter Wiedergänger, ja als Doppelgänger
genau jener weltlichen wie religiösen Autoritäten, die gegen ihn
zu Felde ziehen. Das zeigt sich nicht nur daran, dass die Figur
zunehmend mit Wittenberg assoziiert wird und damit in die Nähe
dessen rückt, der sich von ihr unterscheiden will. Das zeigt sich
vielleicht auch an den eigentümlichen Namenswechseln, die bei
der Überlieferung ins Auge fallen. Auf der Visitenkarte, die Johannes Trithemius zitiert, nennt er sich „Georgius", in der *Historia*
heißt er „Johannes" und trägt mithin denselben Vornamen wie
Trithemius selbst; bei Goethe später heißt er „Heinrich", was sicher
als Anspielung auf Heinrich Cornelius Agrippa zu verstehen ist,
den großen Okkultisten, der ebenfalls als Gegen- wie Modellfigur
zu Faustus gelten kann. Auf diese Weise mag der Namenswechsel
ein weiteres Indiz für die Funktion des Faustus-Mythos sein, als
Feind- wie zugleich Abbild strittiger Denker zu fungieren und
daher denen, die sich von ihm abgrenzen, namentlich verbunden
zu bleiben. Eins jedenfalls ist unbestreitbar: Dass Faustus über so
lange Zeit so viele große Geister der Renaissance umtreibt und so
regelmäßig als Negativexempel dienen muss, ist nur verständlich,
weil in der Figur fundamentale Unsicherheiten dingfest gemacht
werden sollen. Sie dient zur Feststellung, wenn nicht zur Austrei-
bung, kultureller Ungewissheiten ihrer Epoche.

GRÖSSE UND GRENZEN

Der Mythos von Doktor Faustus ist, so lässt sich der Befund zusammenfassen, also ein frühneuzeitliches Krisenbewältigungsprogramm, d. h. der Versuch, durch volkstümliche Überlieferung für Orientierung und Absicherung zu sorgen. Deshalb liest seine Geschichte sich wie eine umgekehrte Heiligenlegende, und deshalb sollten wir bei der Lektüre, um das zugrundeliegende Krisenbewusstsein festzustellen, die Deutungsmuster des Erzählens umkehren. Beispielsweise heißt es bei Trithemius, dass Faustus sich gerühmt habe, über ein so umfangreiches Wissen und Gedächtnis zu verfügen, dass er das Gesamtwerk der Philosophie seit Platon und Aristoteles im Kopf trage und dass er, falls dieses Werk einmal verloren gehen sollte, es auswendig wiederherstellen könne.[12] Zur Deutung dieser Anekdote müssen wir bloß die Wertungszeichen umkehren. Trithemius erzählt sie als Ausdruck von Faustus Vermessenheit und Prahlerei – aber was drückt sich darin anderes aus als eine große kulturelle Hoffnung der Renaissance, vielleicht die zentrale Hoffnung der gesamten Epoche, der großen antiken Überlieferung erneut habhaft zu werden, d. h. sich deren Wissen anzueignen und dadurch über die antiken Größen noch hinauszugelangen? Diese Leistung der Memoria, die an der Faustus-Figur negativ markiert wird, stellt also im Grunde eine positive, vielleicht unerreichte oder unerreichbare, jedenfalls aber programmatische Kulturleistung dar, der sich jene Zeit ganz ausdrücklich verschrieben hatte. Ähnlich ließe sich die oft kolportierte Geschichte von Faustens Flugübungen deuten. Was wird darin anderes erzählt, als der Versuch, die bis dahin geltenden Grenzen und Beschränkungen des Menschendaseins hinter sich zu lassen und sich aus eigener Kraft in einen höheren Stand zu erheben? Genau dies war Antrieb wie Ambition so großer Renaissance-Geister wie Leonardo, wenn sie Flugmaschinen und dergleichen konstruierten. Wieder also soll wohl in der Faustus-Figur etwas dämonisiert und ausgegrenzt werden, was, in anderer Sicht betrachtet, die Renaissance recht eigentlich charakterisiert.

In dieser umgekehrten Sicht lässt sich im Übrigen der Titel der *Historia*, der oben zitiert wurde, ebenfalls anders lesen: „allen

hochtragenden, fürwitzigen und gottlosen Menschen zum schrecklichen Beyspiel und abscheulichen Exempel" kann die Geschichte
von D. Johann Fausten zweifellos nur deshalb dienen, weil es von
solchen Menschen offenbar etliche gibt. Als Exempel ist Faustus
gerade nicht ein Ausnahme-, sondern ein Modellfall. Seine Lebensbeschreibung, kompiliert aus vorliegenden Schriften, zeigt damit
etwas, das in hohem Maße typisch, weitverbreitet und charakteristisch ist für jene Zeit, so dass sich viele Leser darin wiederfinden
mögen. Bei dem „Fürwitz" nämlich, der auf dem Titelblatt genannt
wird, handelt es sich um jene Curiositas, die bald zur Leitidee
der neuzeitlichen Forschung aufsteigt und signalisiert, dass hier
fortwährend Grenzen des Bekannten und Erlaubten überschritten werden. Die Grenzüberschreitung manifestiert sich mit den
Entdeckungs- und Eroberungsfahrten, beispielsweise in die Neue
Welt, zudem im konkreten geographischen Sinn: Sie erweitert
physisch den Horizont, führt über die Säulen des Herkules, die
für die Antike das Ende der bekannten Welt darstellten, hinaus
und begründet dadurch die neue Wissenschaft.

Von ihrem schauerlichen Ende her gelesen ist die *Historia*, wie
wir gesehen haben, ein streng didaktischer und streng lutherischer
Traktat, der uns die Schrecknisse des gotteslästerlichen Lebens
vor Augen führen will. Von seinem Titel und Anfang her gelesen
allerdings wird diese didaktische Absicht immer wieder unterlaufen, und zwar nicht zuletzt deshalb, weil die Erzählung ihren
Lesern erstaunlich detaillierte Einsichten in all das vermittelt, was
man mit solcher Curiositas erfährt. Das ist zugleich der Grund
dafür, warum einige, insbesondere protestantische Städte das Buch
so dezidiert zu unterdrücken suchten. Es bietet schlicht so viele
Schilderungen magischer Kunst, dass fürwitzige Leser es glatt
als Lehrbuch nutzen können, um sich selbst in dieser Kunst zu
üben.[13] Denn um zu zeigen, wovon ein frommer Protestant sich
fernzuhalten habe, muss all dies ja erst einmal veranschaulicht
werden. Daher ist das ganze Teufels- und Beschwörungswerk, vor
dem im Buch gewarnt wird, zunächst einmal darin enthalten. Statt
also Zeitgenossen von der Magie abzubringen, wird sie ihnen darin
praktisch gleich vermittelt. Solche fragwürdigen Vermittlerleistun-
gen sind es schließlich auch, mit denen Faustus sich den Mächti-

gen der Welt andient. Das sollte unser Eingangsbeispiel aus der *Historia* illustrieren: Wenn Faustus, wie berichtet, vor den Augen des erstaunten Kaisers die Größen der Vergangenheit beschwört, unternimmt er genau jene Vermittler- oder Übersetzerdienste, die sich die Renaissance zu ihrem Programm gemacht hat und die doch immer prekär, umstritten und umkämpft bleiben. Die kulturellen Kampflinien der Zeit durchkreuzen sich auf diese Weise in der Faustus-Figur wie im Mythos, der sie prägt.

Damit sollte die eingangs aufgestellte These ausgeführt und in ihrem Kern begründet sein. In Doktor Faustus, so hat sich gezeigt, sieht die Gelehrtenwelt der Renaissance einen Zwischengänger, der die Ungewissheit ihrer eigenen Zwischenstellung figuriert – sei es die zwischen Gott und Teufel oder zwischen der Autorität des Alten und des Neuen oder auch zwischen Selbsterhöhung und christlicher Demut. In jedem dieser Fälle wird der Zwischengänger Faustus dämonisiert, ausgegrenzt, ausgewiesen, um so die eigene Position von neuem abzusichern.

Was bislang noch nicht diskutiert wurde, betrifft den zweiten Aspekt dieser These: dass es sich bei solcher Zwischengängerei ausdrücklich um einen Akt der Performanz und des Theaters handelt, dass Faustus also seine wirkungsvollste Rolle als Spielfigur auf dem Theater findet. Die Kultur- und Religionskonflikte, die in dem Faustus-Mythos ausgetragen werden, lassen sich erst dann wirklich verstehen, wenn wir den Blick auf die Bühne richten, d. h. auf Christopher Marlowe und seine englische Bühnenversion der *Historia*, die schon bald nach 1600 über Wanderschauspielgruppen den Weg zurück nach Deutschland findet.

BÜHNE UND BLICKE

Zu Marlowes *Tragical History of Doctor Faustus* ist gewiss sehr viel mehr zu sagen, als im Rahmen und zum Ende dieses Beitrags möglich ist. Deshalb soll an dieser Stelle nur eine einzige Szene exemplarisch betrachtet werden, weil sie das bisher Ausgeführte mit den Mitteln des Theaters wiedergibt und zugleich auf interessante Weise steigert. Es handelt sich um den bereits bekannten

Auftritt Faustens vor dem Kaiser und seine Beschwörung Alexanders. In Marlowes Bühnentext wird diese Begegnung wie folgt
formuliert:

EMPEROR:
    Wonder of men, renowned magician,
    Thrice-learned Faustus, welcome to our court. […]
FAUSTUS:
    The Doctor stands prepared, by power of art,
    To cast his magic charms […]
    To compass whatsoe'er your Grace commands.
BENVOLIO *(aside)*:
    Blood, he speaks terribly! But for all that, I do not greatly
    believe him. He looks as like a conjuror as the Pope to a
    coster-monger.
EMPEROR:
    Then, Faustus, as thou late didst promise us,
    We would behold that famous conqueror,
    Great Alexander, and his paramour,
    In their true shapes and state majestical,
    That we may wonder at their excellence.
FAUSTUS:
    Your Majesty shall see them presently. […]
BENVOLIO:
    Well, Master Doctor, an your devils come not away quickly,
    you shall have me asleep presently. Zounds, I could eat myself
    for anger, to think I have been such an ass all this while, to
    stand gaping after the devil's governor, and can see nothing.
FAUSTUS:
    I'll make you feel something anon, if my art fail me not. […]
    And I'll play Diana, and send you the horns presently.
Sennet. Enter at one the EMPEROR ALEXANDER, *at the other* DARIUS.
They meet. DARIUS *is thrown down;* ALEXANDER *kills him, takes off his
crown, and, offering to go out, his* PARAMOUR *meets him. He embraceth
her and sets* DARIUS' *crown upon her head, and coming back, both salute
the* EMPEROR, *who, leaving his state, offers to embrace them, which* FAUS-
TUS *seeing, suddenly stays him. Then trumpets cease and music sounds.*

My gracious lord, you do forget yourself.
These are but shadows, not substantial.

EMPEROR:

Oh pardon me, **my thoughts are so ravished**
With sight of this renowned Emperor,
That in mine arms I would have compassed him. […]

FAUSTUS:

Away, be gone.

Exit SHOW:

See, see, my gracious lord, what strange beast is yon, that
thrusts his head out at window?

EMPEROR:

Oh, wondrous sight! See, Duke of Saxony,
Two spreading horns most strangely fastened
Upon the head of young Benvolio! […]

BENVOLIO:

Zounds, Doctor, is this your villainy?

FAUSTUS:

Oh, say not so, sir. The Doctor has no skill,
No art, no cunning, to present these lords
Or bring before his royal Emperor
The mighty monarch, warlike Alexander.
If Faustus do it, you are straight resolved
In bold Acteon's shape to turn a stag.
And therefore, my lord, so please your majesty,
I'll raise a kennel of hounds shall hunt him so
As all his footmanship shall scarce prevail
To keep his carcass from their bloody fangs.[14]

Auch ohne den Bühnendialog in allen Einzelheiten nachzuzeichnen,
lässt sich sagen, dass die Handlung dieser Szene recht genau der
schon bekannten Version der *Historia* folgt, die dem Dramenautor
offensichtlich in englischer Übersetzung vorgelegen hat. Daher soll
hier nur auf zwei entscheidende Punkte hingewiesen werden, die
von der Vorlage signifikant abweichen (und in der zitierten Passage
fett markiert sind). Das betrifft zunächst die Reaktion des Kaisers.
Ganz wie in der *Historia* will er die Erscheinung umarmen und

wird von Faustus zurückgewiesen, gibt dann jedoch eine interessante Begründung seines Verhaltens: „my thoughts are so ravished / With sight". Der Anblick habe ihn überwältigt, ja vergewaltigt. Was damit angesprochen wird, ist die Macht des Blicks und die Verführbarkeit durchs Zuschauen. Diese Macht aber wird nicht nur angesprochen, sondern vollzieht sich auch zugleich, und zwar *vor* und *mit* unseren eigenen Augen. Anders als bei der *Historia* nämlich handelt es sich hier ja um ein Bühnendrama. Die Erscheinung Alexanders wird nicht erzählt, sondern vollzogen oder vorgeführt, jedenfalls ereignet sie sich hier und jetzt auf dem Theater. Wir können unsererseits dem Kaiser zusehen, wie er Alexander ansieht, so dass die Äußerung des Kaisers über die Verführungskraft des wunderbaren Anblicks gleichermaßen auf uns selbst zutrifft. Das Theater verdoppelt sich gewissermaßen, denn Faustens magischer Vermittlungsakt erscheint hier als ein Spiel im Spiel und führt uns körperlich vor Augen, wie eine Theatervorstellung vor sich geht.

Die lange Regieanweisung in der Mitte (im Zitat kursiv gesetzt) gibt das Bühnengeschehen genau wieder. Es beginnt mit einem Trompetensignal, bevor die Figuren auftreten, kulminiert in der Verbeugung der Darsteller vor dem Monarchen und zeigt die Beschwörungsszene damit auf genau dieselbe Art wie eine zeitgenössische elisabethanische *Dumb* Show vor sich geht (am Schluss heißt es ja auch wörtlich „*Exit* Show"). Das Rollenspiel *des* Theaters wird damit zum Rollenspiel *auf dem* Theater und zieht auf diese Weise das gesamte Publikum in den Bannkreis einer theatralen Selbsterkundung und kulturellen Reflexion.

Aus diesem Grund, so meine ich, lässt sich der Faustus-Mythos zutreffend als ein Theater-Mythos auffassen, denn solche Selbstreflexion – was ja nichts anderes als Selbstbeobachtung eines Beobachters bedeutet – ist es eben, was das frühneuzeitliche Theater beabsichtigt und für die Kultur der Renaissance leistet. Was der Faustus-Figur an magischer Macht und Praxis zugeschrieben wird, entspricht exakt der Macht und Praxis des Theaters: Verstorbene zu neuem Leben zu erwecken. Im Rahmen der mantischen Künste nennt man diese Kunst „Nekromantie", was ja, wie wir an der Visitenkarte sehen konnten, zu Faustens Berufsbezeichnungen gehört. Im Rahmen des Theaters aber nennt man diese Kunst schlicht „Schauspielkunst", denn das genau unternimmt ja jeder Schauspieler, wenn er vor unseren Augen einer historischen Figur, die längst verstorben ist, für die Dauer einer Aufführung neues Leben gibt. Heutzutage scheint uns dieser magische Theater-Akt vielleicht nicht mehr bemerkenswert, für die Renaissance jedoch lag darin etwas ebenso Faszinierendes wie Beunruhigendes – wie ist es möglich, dass wir als Zuschauer mit einem Mal die alten Helden leibhaftig vor Augen haben? –, weshalb die Schauspielkunst in England in der Tat lange heftig umkämpft war und gerade von den glaubensfesten Protestanten kategorisch abgelehnt wurde.

Die besondere Pointe der Kaiser-Szene in Marlowes Stück ist allerdings, dass ihr diese ablehnende, theaterfeindliche Position bereits eingeschrieben ist. Das ist der zweite Punkt, der daran kurz betrachtet werden soll. Der Kaiser ist keineswegs der einzige Zuschauer der Alexander-Erscheinung auf der Bühne. In seinem Gefolge gibt es eine weitere Figur, einen Höfling namens Benvolio, der ebenfalls dem Spiel im Spiel zusieht, sich allerdings ganz unbeeindruckt davon gibt. Für ihn ist Faustus schlicht ein Schwindler oder Aufschneider, dessen Kunststücken man besser keinen Glauben schenken sollte. Damit entspricht die Position dieses Höflings recht genau jenen gelehrten Autoritäten des 16. Jahrhunderts, die, wie wir gesehen haben, Doktor Faustus grundsätzlich als Negativbeispiel darstellen, ihn als Scharlatan verurteilen, ausweisen und sich mit seiner Magie nicht weiter einlassen wollen. Interessant ist allerdings, was bei Marlowe mit dieser Figur passiert. Faustus reagiert auf die Kritik und kündigt an, er werde sich an Benvolio rächen, indem er ihm ein Geweih aufsetzt. Und eben dies geschieht: „In bold Acteon's shape to turn a stag", wie es gegen Ende der Passage im Text heißt. Diese Formulierung gibt einen präzisen Hinweis auf einen weiteren Mythos, den die Renaissance aus der Antike übernommen hatte, den Aktaion-Mythos. Dieser erzählt von einem Jäger, der einst Diana heimlich beim Baden zusah, zur Strafe von ihr in einen Hirsch verwandelt und anschließend von seinen eigenen Jagdhunden in Stücke gerissen wurde.

Für Marlowes Publikum war dies zweifellos eine bekannte Geschichte. Mit der Figur des lüsternen und gestraften Jägers erzählt sie von der Lust am Schauen und von der machtvollen

Gefahr, in die man sich durchs Zuschauen begibt. Damit aber
erzählt sie wiederum von der Macht und Gefahr des Theaters,
wo wir ja gleichfalls zuschauen und alle Lust daraus gewinnen.
Wieder also geht es um die Verführbarkeit durchs Auge – und
darum ist es, wie erwähnt, so vielsagend wie stimmig, dass bei
Faustens schauerlichem Ende ausgerechnet die Augen übrigblei-
ben und auf dem Boden herumkullern. Ganz offensichtlich bilden
sie das entscheidende Organ, um das es geht. Auf diese Weise
dienen in Marlowes Bühnenversion der Geschichte der gebannte
Kaiser wie sein gestrafter Höfling zur Reflexion auf das perfor-
mative Medium des Theaters, das hier zum Einsatz wie auch zur
Betrachtung kommt. Solche Reflexion und Selbstreflexion aber, in
der sich das Bewusstsein für die eigene Kontingenz ausdrückt,
lässt sich im Übrigen als Kennzeichen eines spezifisch modernen
Bewusstseins sehen. Mit der Arbeit am Mythos der europäischen
Theaterfigur Doktor Faustus arbeiten wir also an einer Geschichte
der europäischen Modernisierung.

ZUSAMMENFASSUNG

Faustus ist ein Wiedergänger und ein Zwischengänger der Epoche
einer Umbruchszeit. In seinem Wirken fasst die Renaissance zusammen, was sie selbst umtreibt. Das geschieht zumeist in kritischer
und polemischer Absicht, so dass Faustus – wie bei Trithemius
oder Luther – als Negativbeispiel dient. Manchmal aber geschieht
es auch in emphatischer Absicht, so dass Faustus als Modellfigur
zum Einsatz gebracht wird, wie es besonders Marlowe zeigt, wenn
er mit ihr die magische Wirksamkeit des Bühnenmediums erkun-
det. Genauso selbstbewusst wie Faustus vor dem Kaiser historische
Figuren zur Erscheinung bringt, so bietet der Dramatiker uns den
Auftritt längst verstorbener Figuren. Solches Selbstbewusstsein und
zugleich das kulturelle Unbehagen daran, manifestieren sich im
Faust-Mythos. Wenn wir das Zeitalter der Renaissance als die Zeit
eines neuen Individualisierungsschubes sehen, d. h. als die Epoche
eines veränderten Selbstbewusstseins, das sich nicht länger allein
an überkommenen Autoritäten orientieren, sondern selbst die Welt

erkunden will, dann verstehen wir, warum Faustus in genau dieser Zeit seinen großen Auftritt hat. Er verkörpert die Verlockung wie die Gefahr, die sich daraus ergeben und die mit ihm als „Fürwitz" bekämpft werden. Dass dieser kulturelle Kampf aber zugleich eine kulturelle Faszination darstellt und die Gefahr auch eine Chance, das zeigt nicht nur der Kaiser, wenn er in Marlowes Stück bekennt, seine Gedanken seien davon überwältigt. Auch wir sind als Leser oder Zuschauer noch im 21. Jahrhundert davon fasziniert, wenn wir über die Mythen der Renaissance nachdenken.

ANMERKUNGEN

1 *Historia*, S. 79 (wie auch die vorigen Zitate).
2 Die Angaben dazu folgen Riggs 2004, S. 233.
3 *Historia*, S. 77.
4 *Historia*, S. 79.
5 *Historia*, S. 122 f.
6 Vgl. Müller 1986, S. 572.
7 Zur hermetischen Tradition und ihrer Wirkung in der europäischen Renaissance, vgl. Ebeling 2005 und Yates 1991.
8 Die folgenden Angaben folgen Baron 1982, S. 16, 34 f., 156.
9 So jedenfalls die Ansicht von Frank Baron, dem ich hier (und im Weiteren) folge, Baron 1982, S. 24 f.
10 Baron 1982, S. 78 f.
11 *Luthers Tischreden* (Nr. 1059, in der Edition von Aurifaber, Weimar 1912–21), hier zitiert nach Baron 1982, S. 49.
12 Baron 1982, S. 27.
13 Vgl. Riggs 2004, S. 235.
14 *Doctor Faustus*, 4.2.1–100, Marlowe 1986, S. 308–12.

LITERATURHINWEISE

Baron, Frank 1982: Faustus: Geschichte, Sage, Deutung, München.
Ebeling, Florian 2005: Das Geheimnis des Hermes Trismegistos: Geschichte des Hermetismus, München.
Historia von D. Johann Fausten. Kritische Ausgabe, hg. v. Stephan Füssel und Hans Joachim Kreutzer, Stuttgart: 1988.
Marlowe, Christopher 1986: The Complete Plays. Ed. J. B. Steane, Harmondsworth.
Müller, Maria E. 1986: „Der andere Faust: Melancholie und Individualität in der Historia von D. Johann Fausten", Deutsche Vierteljahresschrift für Literaturwissenschaft und Geistesgeschichte 60, 572–608.
Riggs, David 2004: The World of Christopher Marlowe, London.
Yates, Frances 1991 [1979]: Die okkulte Philosophie im Elisabethanischen Zeitalter, übers. v. Adelheid Falbe, Amsterdam.

„Hier schau Lutherum an, den großen Wunderhelden", dargestellt mit Schwan;
Augsburger Kupferstich von 1730

Luther – Heiliger Mann oder falscher Prophet?

Legende und Antilegende zwischen 1517
und 1630 von Wolfgang Brückner

Vorüberlegungen

Über Luther-Imaginationen in der Geschichte zu sprechen, scheint einfach und ist doch schwer, weil unsere heutigen, erst zweihundert Jahre alten Bilder des deutschen Reformators zunächst einmal alles zudecken, was dreihundert Jahre zuvor von ihm und über ihn tradiert wurde, was die Menschen von ihm dachten und wie sie sich sein Wesen und seine Erscheinung vorstellten. Die Erwartungshaltung eines heutigen breiten Publikums, das die Gestalt Luthers als Thema in den Bann zieht, lässt sich nicht ohne weiteres einschränken auf eine Beurteilung aus dem Blickwinkel der hier zur Debatte stehenden Epoche zwischen 1450 und 1620, die geistesgeschichtlich ganz allgemein als Zeitalter der Renaissance benannt zu werden pflegt. Danach müsste jetzt gemäß landläufiger Bildungsmeinung zuvorderst von der sogenannten Erfindung des Individuums, das heißt einer Idee davon, die Rede sein und dem Anteil Luthers und seiner Theologie daran; und mancher wird erwarten, seine Meinung vom vermeintlichen Schöpfer der deutschen Hochsprache bestätigt zu finden oder die eines „Musikus der deutschen Nation". Doch das wäre genau jene Rückschau aus dem 19. Jahrhundert und seinen Präferenzen für sogenannte Genies in Kunst, Politik und Religion. Max Webers weiterführende Unterscheidung von populärer Massenreligiosität und elitären Frömmigkeits-Virtuosen, z. B. mystischen Theologen, verweist uns über Friedrich Schleiermachers entsprechende Begrifflichkeit auf den ästhetischen Anspruch hochkultureller Standards in akademischen Diskursen, die sich dann in anspruchsvollen Feuilletons spiegeln. Es gilt mithin, viel Ballast an allgemeinem Meinungsvorwissen abzuwerfen.

Die Fachhistoriker sprechen nicht ohne regionale Einschrän-
kungen und damit zeitliche Differenzierungen von Renaissance als
einer bestimmten Epoche, noch lieber – völlig abstrakt – vom ersten
Teil der Frühen Neuzeit, in der sich in Mitteleuropa die modernen
Territorialstaaten innerhalb des Reichsverbandes rechtspolitisch
konsolidierten. Die akademische Disziplin der Deutschen Philologie teilt diesen Zeitraum bisweilen einer Mittleren Literaturgeschichte zu, deren Bearbeitung zwischen Alt- und Neugermanistik
lange Zeit wie ein Niemandsland behandelt worden ist, das man
eher der Theologiegeschichte oder den seltenen Volkskundlern
und in Teilen den wenigen Neulateinern an den Universitäten
überließ. Das traditionelle Bildungswissen aus den humanistischen
Gymnasien des 19. Jahrhunderts besaß feste Überzeugungen, so
dass in Deutschland jedermann Bescheid wusste, was im frühen
16. Jahrhundert offenbar ‚wirklich' geschehen war. Danach ging
1517, wie beim Kreuzestod Jesu in den biblischen Berichten, ein
großer Riss durch den Vorhang des Tempels der Weltgeschichte
und teilte für uns Deutsche Mittelalter und Gegenwart auf einen
Schlag. Und dies passierte an der Schlosskirchentür zu Wittenberg
durch einen Nagel hämmernden jugendlichen Augustinermönch,
so noch in dem jüngsten, hochgelobten Film von Eric Till zu
bewundern. Doch weder hat es diese Szene in der realgeschicht-
lichen Vergangenheit gegeben, noch ist das Mittelalter damals zu
Ende gegangen.

Die tatsächliche geschichtliche Zäsur dafür liegt bei uns zwischen 1790 und 1820. Zu jener Spätzeit aber war Luther selbst als
Theologe eine rein historische Gestalt geworden, und seine Schriften bildeten keine die zeitgenössische Theologie mehr stimulierend
beherrschende Lektüre. Seine Wiederentdeckung als religiöser
Denker geschah erst im Gefolge der theologischen Luther-Renaissance seit dem Ende des 19. Jahrhunderts. Zu dessen Beginn konnte
er daher zu einer vorrangig nationalen Figur stilisiert werden,
besonders seit 1817, dem Jahr des dreihundertsten Jubiläums der
Reformation, unter anderem mit dem Wartburgfest.

Damals lagen zu Wittenberg, das nun samt Eisleben und
Erfurt dem calvinistischen Hause Hohenzollern zugehörte, die
Erinnerungsstätten in Trümmern oder waren verwahrlost durch

Kriegszerstörungen des 18. Jahrhunderts. Jetzt, nach der 1817 staatlich verordneten Kirchen-Union wurde die ausgebrannte Schlosskirche in allerhöchstem Auftrag des preußischen Königshauses historistisch rekonstruiert. Gleichzeitig fand die neugotische Erfindung der persönlichen Gedenkorte im einstigen Augustinerkloster zu Wittenberg statt. Luther erhielt dort auf dem Marktplatz sein erstes Frei-Denkmal durch Gottfried Schadow und Friedrich Schinkel 1821, dem bald hunderte deutschlandweit folgen sollten. Es war ganz generell der Beginn des bürgerlichen Denkmalkultes in Mitteleuropa; davor besaßen nur Fürsten und Feldherren Auftrittsrecht im öffentlichen Raum. Als Beispiel für die Popularisierung möge ein optisches Zeugnis des Biedermeier dienen: eine Porzellantasse der Berliner Manufaktur von 1830 mit der Miniatur des Wittenberger Lutherdenkmals für ein „protestantisches Deutschland preußischer Nation", wie Thomas Mann später formulieren sollte.

Wir müssen also zurück zum Theologen Martin Luther im 16. Jahrhundert, und zwar nicht so sehr zu seiner Theologie als Lehrgebäude im Unterschied zur damaligen Papstkirche, sondern vielmehr zu seiner Gestalt als Symbol für die in unseren Tagen zwischen Rom und Lutherischem Weltbund nicht mehr umstrittene Rechtfertigungslehre der *Confessio Augustana invariata* von 1530. Benedikt XVI. hat 2005 in Köln öffentlich formuliert: „Gemeinsam bekennen wir Jesus Christus als Gott und Herren; gemeinsam erkennen wir ihn als einzigen Mittler zwischen Gott und den Menschen an"[1]. Die Benennung der „Evangelisch-lutherischen Landeskirche" in Bayern und die Selbstbezeichnung der österreichischen Schwester „Evangelische Kirche Augsburger Konfession" stellen zwei sich wechselseitig erklärende Umschreibungen dar, die zugleich die historischen Grundlagen aus der Zeit um 1530 bis 1630 und das damit imaginierte Bild Martin Luthers und seiner Lehre modern reflektieren. Die Evangelische Landeskirche Bayerns nennt sich heute nicht mehr wie zwangsweise zu Zeiten des katholischen Königs als oberstem Landesbischof (summus episcopus) „protestantische" Kirche mit dem intern differenzierenden lutherischen Konfessionsunterschied „rechts des Rheins", sondern sie heißt seit Fortfall der reformierten bayerischen Rheinpfalz ganz offiziell im Kirchennamen „lutherisch". Das hat natürlich auch mit der zitierten Luther-Renaissance zu tun, besitzt jedoch in Franken eine eigene ungebrochene Kontinuität, von der anhand entsprechender Bekenntnisbilder am Ende nochmals die Rede sein wird.

EIN NIEDERLÄNDISCHES GEMÄLDE UM 1600

Ich erkläre die genannte Verschränkung der Fakten aus Vergangenheit und Gegenwart zunächst anhand eines Gemäldes aus der Zeit um 1600, das auf einen Kupferstich von 1590 zurückgeht (s. f. S.). Es führt an den Kern der Schlüsselfigur Luther für jene Epoche. Es handelt sich um eine anonyme niederländische Schildermalerei aus dem heutigen Museum im Katherinenkonvent zu Utrecht. Das Bild hat im vergangenen Vierteljahrhundert drei großen Jubiläums-Ausstellungen in Deutschland als Beleg für das Phänomen „Eine Religion – Drei Kirchen" gedient: zuerst 1983 in Hamburg *Luther und die Folgen für die Kunst*, dann 1998 in Münster *1648. Krieg und Frieden in Europa* und 2005 in Augsburg *Als Frieden möglich war, 450 Jahre Augsburger Religionsfrieden*. Ein Ausschnitt zeigt die drei zentralen Figuren Calvin, den Papst und Luther gemeinsam zu Tisch beim Essen. Dieses Detail schmückte den Katalog der Augsburger Ausstellung als Frontispiz und machte das Gemälde mithin zum optischen Aufhänger für das Projekt. Das emblematische Programm des vielfach verschlüsselten Bildes lässt sich aufgrund einer mit Armgestus und Ölzweig fordernd deutenden allegorischen Figur betiteln: Der Frieden mahnt die Kirchen zur Toleranz. Diese Aussage allein haben die drei Ausstellungen in den Vordergrund gestellt, das heißt hierfür eine eindrucksvolle Visualisierung bieten können. Uns interessiert daran vor allem die Gestalt Luthers, weshalb wir in Genese, Interpretation und Wirkungsgeschichte des gesamten Gemäldeentwurfs näher eintreten müssen, um zu stimmigen Aussagen über den imaginativen Gehalt dieser Lutherpräsentation zu gelangen.

Wenn man jenes Bild einem beliebigen Interessenten vorlegte, um die Darstellung Luthers zu charakterisieren, dann wird er sich nach allgemeinem Bildungsstand auf die Laute konzentrieren und

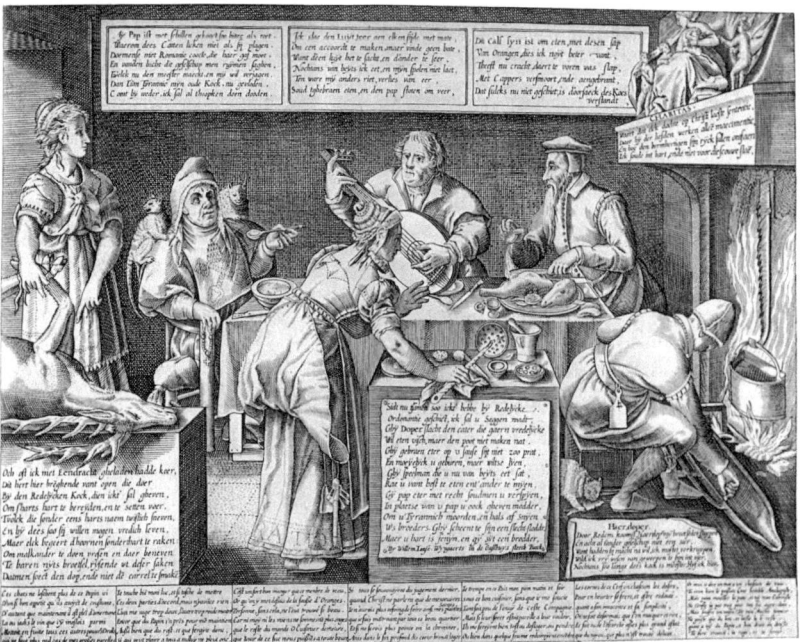

Die drei Konfessionen in Frau Ratios Küche; Kupferstich, niederländ., um 1590

behaupten, dass Luther das Instrument beherrscht habe sowie der
Dichter und Komponist vieler Kirchenlieder gewesen sei. Vielleicht
würde der eine oder andere aus der dargestellten Situation eines
Festtagsschmauses auch schließen wollen auf den angeblichen
Lutherausspruch, den wir alle kennen: „Wer nicht liebt Wein,
Weib, Gesang, der bleibt ein Narr sein Leben lang", um Luther
mithin zu interpretieren als den gemütlichen Alleinunterhalter
beim Streitgespräch zwischen Calvin und dem Papst. Dass letzteres
nicht gemeint sein kann, belegt ein fast zeitgleiches illustriertes
Flugblatt, das 1619 realistischer darstellt, was es mit den „Geistli-
chen Raufhändeln" jener Tage auf sich hat: Luther zieht Calvin am
Bart, während der Papst sich die Ohren zuhält. Die Redensart von
Wein-Weib-Gesang stammt zwar aus dem 16. Jahrhundert und war
in Varianten seitdem weit verbreitet, ist aber als ein „Sinnspruch
Luthers" erst seit dem späten 18. Jahrhundert ausgegeben worden.

Ebenfalls erst in Ansätzen aus dieser Zeit vor gut zweihundert Jahren stammt unsere durch jugendbewegtes Singen und Kindergottesdiensterfahrung bestimmte positive Assoziation vom Klampfe spielenden Luther. Deutlicher stehen für jene optischen Vorstellungen die Illustrationen der zweiten Hälfte des 19. Jahrhunderts aus Kreisen der Inneren Mission, wo Luther unter dem zu seiner Zeit noch unbekannten Weihnachtsbaum die Laute schlägt oder gar die Augustinerbrüder ihn im Kloster mit Lautenspiel aufzuheitern suchen. Letztere Vorstellung schließt an einen versteckten Hinweis aus den lateinischen *Tischreden*, dass sich der Student Luther in Erfurt auf dem Krankenlager selbst das Lautenspiel beigebracht habe[2]: Man darf sich das lediglich als privates Hilfsmittel zur Vorbereitung und Weitergabe für den von ihm so geschätzten und seit Kindertagen gepflegten geistlichen Gesang vorstellen, eine Art von Komponierhilfe, jedoch die Laute nicht als Begleitinstrument in der Kirche. Eine andere Erzählung in den *Tischreden* unter dem deutschen Titel „Eine laute zur meß" berichtet vom pflichtgemäßen Terminieren, also vom Almosensammeln, des jungen Bettelmönchs in den Dörfern um Erfurt, wo er bei dieser Gelegenheit auch die Messe hielt. In der deutschen Übersetzung späterer Ausgaben heißt es: „da fing der Kirchner an das Kyrieleison und Patrem auf der Lauten zu schlagen, da konnt ich mich schwerlich des Lachens enthalten", „den ich solcher orgeln nicht gewonnet war; mußt mein Gloria in excelsis nach seinem Kyrie richten!"[3]

Einer der heftigsten und durch seine Schriften einflussreichsten zeitgenössischen Luthergegner, Johannes Cochläus (1479–1552) aus dem Nürnberger Humanistenumkreis, hat in seinen 1533/34 begonnenen und 1547 in Eichstätt als Dozent der Domschule vollendeten, 1548 erstmals erschienenen *Commentaria de actis et scriptis M. Lutheri* behauptet, er habe 1521 den Reformator auf dem Weg zum Reichstag in Worms beim Pferdewechsel in einem Frankfurter Wirtshaus beobachtet, wie er dort die Leute durch Gesang zur Laute als ein „Orpheus in Kutte" begeisterte. Das stellt zunächst nur ein typisches Erzählmotiv der katholischen Antilegende dar, das den späteren sogenannten „Nonnenschänder" und sogenannten „Säufer" von Anfang an als sündhaften Weltmenschen entlarven sollte. Cochläus, der weitgereiste Doktortheologe, Kölner Professor und Luther intellektuell ebenbürtige Humanist, der 1520–25 am Frankfurter Liebfrauenstift wirkte, hatte den Reformator in Worms geradezu umworben für einen Widerruf. Sein späteres Frankfurter Wirtshaus-Märlein war ihm gewiss nur zugetragen worden, und er verwendete es als rhetorisches Versatzstück weiter, weil es so gut in die nach 1525 üblich werdende psychologische Vitendeutung passte. Cochläus selbst war durch seine Schrift von 1507 ein bedeutender Musiktheoretiker der Zeit, dem darum das Exemplum einleuchtend für das polemische Argumentieren scheinen konnte. Eine weitere Verbreitung des Erzählmotivs ist allerdings nirgends belegt, doch wird hier die negative Konnotierung der Laute im Zusammenhang mit geistlichem Gesang nochmals deutlich.

Gerbers *Tonkünstlerlexikon* von 1790 suchte erstmals den Musicus Luther genauer in den Blick zu nehmen und vermerkt dort bezeichnenderweise: „Noch mehr Verdienst als praktischer Tonkünstler käme ihm nach Mattheson zu, welcher uns in seinem Plus ultra verspricht, in einem seiner künftigen Werke darzuthun, dass Luther auch die Laute gespielt habe"[4]. Diese Aussage spricht entgegen heutiger Meinung gerade nicht dafür, dass Luther tatsächlich als Lautenspieler dem 16. Jahrhundert bewusst gewesen ist. In der modernen Musikwissenschaft steht zwar die Bedeutung Luthers und des Luthertums für die Kirchenmusik und die Musikpflege nicht in Frage, aber es hat Diskussionen über den Realitätsgehalt der Luther zugeschriebenen Anlage und Fähigkeit zum Komponisten, sprich Melodisten gegeben. Brockhaus/Riemann fasst das 1995 wie folgt zusammen: „Erst die jüngere Forschung hat aus der Erkenntnis der spätmittelalterlichen Musikanschauung Luthers Musikertum in seine Rechte gesetzt"[5], nämlich die eines Liedkomponisten in herkömmlichen Gewohnheiten. Das heißt, auch hier mussten erst die Imaginationen des 19. Jahrhunderts hinterfragt werden, um schließlich eine mehr mittelalterliche Traditionslinie des Kirchengesangs erkennen zu können.

Was also bedeutet die Laute auf unserem Gemälde um 1600? Die Darstellung beruht auf einem Kupferstich aus der Zeit vor oder um 1590, von dem es auch eine seitenverkehrte Fassung mit deutscher

Übersetzung der niederländischen Texte gibt. Das Geschehen spielt in der „Küche von Frau Ratio". Sie wirbt für eine Religion des Herzens gegen die in den einst spanischen Niederlanden kriegerischen Machtansprüche der Katholiken, die hier nicht durch den Papst, sondern einen Papisten vertreten sind. Luther mit der Laute steht sozusagen als Mittelfigur zwischen den beiden besonders verfeindeten Lagern. Die Texte des Flugblatts lösen die dargestellten Details in emblematische Zeichen als etymologisches Spiel mit der niederländischen Sprache auf.

Sie stammen aus einem satirischen Theaterstück mit damals üblichem Dialogaufbau in der Art und aus dem Umkreis des holländischen Dichters Dirck Volckertsen Coornhert (1522–1590). Sein gelehrter Freundeskreis „Haus der Liebe" formulierte seit 1579 Toleranz und Frieden gleichermaßen gegen die fremdländischen Päpstlichen wie gegen den heimatlichen Kirchenvater Calvin. Hier sitzt Luther auf dem Mittelplatz und macht die Musik, während Calvin mit Kalbsbraten und Orange sowie ein zipfelmütziger Katholik mit Rosenkranz am Riemen und dem Papstsignet auf der umgebundenen Serviette sich streng getrennt gegenübersitzen, letzterer mit falschen Katzen auf seinen Schultern, die nicht mehr lecken mögen (= *catten likken*) von dem Brei in seiner Schüssel (= *pap*). Die Attributionen stammen aus niederländischen Wortspielen für die Katholiken und den Papst sowie die Namen Luther (= *luyt teer*) und Calvin (= *calf fijn*). Die vielen Anspielungen auf die damals aktuellen Auseinandersetzungen in den Niederlanden lassen die Blätter als akademisches Bilderrätsel oder als Programmzettel der Bühnendialoge erscheinen. Ein Gemälde von 1659 zeigt in der Tat die Mitglieder einer solchen Rhetorikgesellschaft in ihrer Rederijkerkammer dieses Stück spielen, wobei wiederum Kostüme und Attribute auf die einzelnen Gestalten verweisen, so dass Luther an seiner Laute genau erkennbar ist.

Fazit: Auch im Französischen lässt sich aus Luther leicht *Luthier* bilden, was Lautenmacher heißt, *Luthierie* Saiteninstrumentenfabrik. Wir haben es dabei mit der mittelalterlichen Methode des Etymologisierens aus den Eigennamen zu tun, wie es Isidor von Sevilla vorexerzierte und Jacobus de Voragine in seiner *Legenda aurea* durchgehend praktizierte, zu Beginn jeder Heiligenvita. Die katholische Antilegende Luthers las darum im 16. und 17. Jahrhundert aus Luthers Namen den „Lotterbuben" oder das „Luder" heraus. Für unseren Zusammenhang bleibt wichtig festzuhalten: Luthers Laute hatte damals in der öffentlichen Meinung noch nichts mit seiner Liebe zur Musik zu tun, sondern bedeutete im engeren Umkreis humanistischer Irenik lediglich das sprechende Erkennungszeichen für jenen erwünschten Dialog.

DER SCHWANENGLEICHE PROPHET LUTHER

Unter Luthers Glaubensanhängern gab es für die ersten drei Jahrhunderte bald ein kanonisiertes religionspolitisches Attribut seiner bildlichen Darstellungen, besonders beliebt in Kupferstichen und verbreitet zu den Reformationsjubiläen, aber auch in Öl für die üblich werdenden Luthergemälde in protestantischen Kirchen. Dort ist sein Bild neben den Emporen- und Aposteldarstellungen zu finden, Luther sozusagen als fünfter Evangelist. Zu Füßen des Reformators befindet sich oft ein weißer Schwan (s. Abb. S. 36). Heutzutage wird das Tier bisweilen falsch verstanden: als Gans, wegen des brauchtümlichen Gansbratens auf Martini, dem Geburts- und Tauftag Martin Luthers. Wir kennen den Schwan in dieser ikonographischen Funktion spätestens seit dem Urtypus dieser Lutherdarstellungen in Nordeuropa, speziell in der Hamburger Petrikirche von 1603. Doch schon vorher taucht das Attribut im protestantischen Schuldrama auf, z. B. im *Lutherus Triumphator sive Reformationis Cygna*: also „Schwan der Reformation".

Die Zuschreibung stammt von Luther selbst und erfuhr deshalb autoritative Geltung: „S. Johannes Hus hat von mir geweissagt, da er aus dem gefengnis ynn behemerland schreib, Sie werden itzt eine gans braten (denn Hus heisst eine Gans). Aber uber hundert iaren, werden sie einen schwanen singen horen, Den sollen sie leiden. Da solls auch bey bleiben, ob Gott wil"[6]. Bildlich ist die direkte Abstammungslinie von Hus her durch den Cranach-Holzschnitt von 1551 als reformatorisches Gedächtnisbild monumentiert. Er stellt die Spendung des Abendmahls unter beiderlei Gestalten an die Wettiner Kurfürsten gemeinsam durch Luther und Hus dar und zwar mit eingetragenen Namensnennungen. Zehn Jahre später wurden daraus Luther und Melanchthon am Kreuzaltar in dem erst jüngst bekannt gewordenen Wettiner Bekenntnistriptychon aus der Cranach-Werkstatt von 1561. Es entstand aus Anlass des zweiten Naumburger Fürstentages mit der neuerlichen Unterschreibung der *Confessio Augustana*.

Für den bleibenden Bekanntheitsgrad der Hus-Vorläuferschaft bildet die erste Biographie Luthers aus der Feder eines seiner Wittenberger Schüler das literarische Quellenfundament. Dies war der schreibfreudige sächsische Prediger Johannes Mathesius (1504–1565), der sich als Ingolstädter Student 1527 der Reformation anschloss und an die Universität Wittenberg wechselte, um ab 1532 in der erzgebirgischen Bergbaugemeinde Joachimsthal zu wirken. Dort hielt er u. a. 17 Predigten, die 1566 erstmals zu Nürnberg im Druck erschienen unter dem Titel: *Historien von des ehrwirdigen in Gott seligen thewren Manns Gottes D. Martini Lutheri Anfang, Lehr, Leben und Sterben.* Sie bildeten mit ihren fünfzig(!) Auflagen fortan die wichtigste Quelle aller Forschungen zum Leben des Reformators. Mathesius hatte nochmals 1540/42 in Wittenberg studiert, um den Magistertitel zu erwerben und im Hause Luthers bisweilen zu den Tischgästen der später volkstümlich gewordenen *Colloquia* gezählt. Sie erschienen 1566, im selben Jahr wie seine richtungsweisenden Lutherhistorien, erstmals im Druck. Hier erhielt das imaginative Lutherbild seiner Anhänger im 16. Jahrhundert die endgültige Ausprägung.

Zu Beginn der Reformation waren es noch traditionell katholische Attribute der Bildpublizistik, die Luther, den Mönch oder Professor ordinarius, wie einen Heiligen im Angesicht der Dreifaltigkeit oder des Schmerzensmannes vorstellten. Es existiert sogar ein Porträt mit Nimbus, was zwar allseits Ärgernis erregte, aber noch um 1600 in Buchillustrationen nachwirkte. In den Predigten des Mathesius verfestigte sich schließlich das protestantische Bild vom „teuren Gottesmann" aus einem Guß zur übergroßen Prophetennatur. Mathesius verfolgte die apologetische Absicht, den Beweis zu führen, dass Luther „ein rechter christlicher Doktor und Ausleger der heiligen Schrift" gewesen sei. Er feierte ihn darum in Anlehnung an ein frühes Humanisten-Epitheton für den Refor-

mator als dritten Elias, also Vorläufer Christi entsprechend dem
Johannes Baptista als zweitem Elias. Dies war seit den Leichenre-
den auf Luther im Jahre 1546 zum stehenden Vergleich geworden.
David, Simson und Moses hießen die Vorbilder. Luther wurde der
„Prophet Deutschlands" (was die nationale Geschichtsschreibung
des 19. Jahrhunderts wieder aufgreifen sollte), der „treue Prophet
Gottes", der vorhergesagt und nun mit einem Male aufgetreten
war.

Die historischen Weissagungen und biblischen Rückverweise
auf sein Kommen stammen alle schon aus der Frühzeit der Reformation. Mathesius hat sie zusammengefasst. Darunter ist der Bezug
auf Hus erzählerisch besonders wirksam geworden. Luther hatte
ihn selbst, wie wir schon gesehen haben, mehrfach hergestellt, was
in der katholischen Ketzerpolemik deshalb zur Konstruktion einer
leiblichen Verwandtschaft beider führte.

Zwar nannte Mathesius Luther „seliges Werkzeugk" oder
„auserwähltes Rüstzeug Gottes", ja sogar „Wundermann", doch
das war keineswegs im Sinne eines altkirchlichen Thaumaturgos,
eines heiligen Wundertäters, gemeint, vielmehr predigte Mathesius ausdrücklich: „Weil nun Doctor kein neue lehre, sonder der
alten Patriarchen, Propheten und Apostel bestettigte lehre herfür
bracht, hat diß gegründte und bekrefftigte wort keiner neuen
wunderzeychen bedürfft"[7]. Aber es klingt auch bei Mathesius
Wunderbares an, wo er von seinen persönlichen Beziehungen
zwischen Wittenberg und Joachimsthal spricht. Matthias Flacius
Illyricus (1520–75), der erste Verfasser einer neuen achtbändigen
Kirchenhistorie (1559–74), legte den Grund für biblische Bezüge in
Aus- und damit Ansprüchen. Seine Geschichtstheologie sieht die
Fehlentwicklung des Christentums durch Satans Eingreifen schon
bald nach der Apostelzeit. Damit erscheint dann das endliche
Auftreten Luthers in einzigartigem Licht und belegt darum alle
späteren Nuancierungen seiner Lehre mit dem Makel neuerlichen
Abfalls als Irrlehre und teuflische Verdüsterungen. Es lag hierin
der Ansatz zu einer lutherischen Orthodoxie. Luther wurde der
vom Heiligen Geist gelenkte Proto-Interpret des Gotteswortes. Die
Bibel und Luthers Theologie verschmolzen damit zur Einheit, und
Luthers Gestalt wuchs ins Übermenschliche.

Die Folgen hat Ernst Walter Zeeden, der bahnbrechende Historiker der Konfessionsbildung, 1950/52 wie folgt benannt: „Noch stärker als im frühen war im späten 16. Jahrhundert das Lutherschrifttum von Legenden durchsetzt; es brachte Anekdoten, Geschichten und Wundererzählungen. Sie füllten und belebten die streng dogmatisch-eschatologische Konzeption, die man sich von der Reformation und dem Reformator gebildet hatte"[8]. In den Lutherpredigten des Cyriacus Spangenberg *Cithara Lutheri*, Mühlhausen 1570/71, finden sich die bei Mathesius noch nicht vorhandenen Epitheta: „Apostel, Evangelist, Paulus, Martyrer". Georg Groccer deutete 1586 den Engel der Geheimen Offenbarung des Johannes (Apk. 14) auf Luther und sprach nun von ihm erstmals als einem Apostel, so dass bald auch die von katholischer Seite gerne aufgegriffene Kennzeichnung eines 5. Evangelisten in der Lehrpraxis Wirklichkeit wurde. Der Beweis seines göttlichen Ursprungs sollte schließlich sogar aus der Heiligen Schrift geführt werden, eben mit der weiter ausgebauten apokalyptischen Deutung vom Ende und der Erfüllung der Tage, worin sich der geschichtstheologisch gespannte Bogen zum System schloss.

Dies bedeutete nach Zeeden, „daß man Luther gar nicht beurteilte, sondern ihn (und das hieß vor allem seine Lehre) an einen Ort entrückte, wo man ihn gar nicht mehr kritisiert, sondern nur noch anbetet: ins Heiligtum und ins Geheimnis Gottes. Man war so weit gegangen, daß man nicht mehr aus derselben Quelle schöpfte wie der Reformator, sondern das Quellwasser nur durch seine Vermittlung empfing; ja daß man sogar alles verschmähte, was zuvor nicht durch seine Hände gelaufen war".[9] Dies erweisen alle um 1600 öffentlich monumentierten Schriftbelege, wenn sie stets in Lutherzitate eingebaut erscheinen, also von ihm nochmals legitimiert waren. Wir werden noch entsprechende Bekenntnisbilder dazu benennen. Das *Konkordienbuch* von 1580 vollendete diese Entwicklung: „Hier wie in dem herangezogenen Lutherschrifttum machte sich dasselbe Phänomen der Erhebung Luthers zum Kirchenvater bemerkbar. Seine Autorität wuchs ins Unantastbare. Das war der Beginn der Kanonisierung."[10] Mir hat vor knapp vierzig Jahren ein damals jüngerer Erlanger Exeget gesagt, er habe diese Konkordienformel als gültiges Corpus doctrinae, das heißt die dogmatische Autoritätsschrift beschwören müssen, um den Lehrstuhl in Besitz nehmen zu dürfen. Im reformierten Heidelberg wird das, wie wir zur Zeit am heftig diskutierten Fall des Exegeten Klaus Berger erleben, offenbar jahrzehntweise unterschiedlich gehandhabt.

DAS KATHOLISCHE LUTHERBILD DES 16./17. JAHRHUNDERTS IM GEGENSATZ ZUR KANONISIERTEN VITA

Wenn wir nun dagegen das katholische Lutherbild jener Zeit stellen, von dem wir bislang nur nebenbei einige Hinweise erwähnt haben, dann werden uns die Imaginationen der sogenannten Lutherlegende in ihrer literarischen Struktur noch deutlicher, denn sie ist ohne die verunglimpfenden Unterstellungen der Gegengeschichten nicht denkbar. Ich spreche bewusst nicht von Legenden im Plural oder im umgangssprachlichen Verständnis von unwahren Geschichten, sondern von der literarischen Gattung Legende, die „Heiligenvita" meint. Mathesius hatte, wie wir gesehen haben, nicht ohne Grund in Kenntnis der Schriften des Cochläus den fortlaufenden, chronikalisch belegbaren Beweis, wie er selbst sagt, führen wollen, dass Leben und Werk des wahren Gottesmannes übereinstimmen, weil die Gegenseite in ihrer Ketzerpolemik eine in sich schlüssig erscheinende Dämonologie verbreitet hatte. „Apologia und Schutzrede" nennt Mathesius daher seine Predigten.

Nun muss man allerdings für die generelle Beurteilung dieser wechselseitigen narrativen Auslassungen den Zeitgeist oder allgemeinen Umgangston jener Epoche in Mitteleuropa in Rechnung stellen. Beim sogenannten Grobianismus übertrafen sich gerade die intellektuell herausragenden Exponenten der streitenden Religionsparteien in besonderem Maße, allen voran Luther und Cochläus. Denn dies betraf, und das scheint mir wichtig, nicht allein den Gegensatz von Reformatoren versus Papstkirche, sondern seit der zweiten Hälfte des 16. Jahrhunderts auch zunehmend die Kontroversen der Reformatoren untereinander. Alles, was sich Papsttreue

und Lutheranhänger gegenseitig an den Kopf warfen, enthielt
zugleich auch das reiche Motivreservoir an Verdächtigungen,
Unterstellungen und entehrenden persönlichen Verunglimpfungen
der Augustana-Unterzeichner gegen alle anderen und umgekehrt.
Vom philologischen Standpunkt aus, also gattungsgeschichtlich
gesprochen, gibt es da keinerlei Unterschiede.

In der Germanistik hat sich, unabhängig von der Reformationsgeschichte, seit mindestens vier Jahrzehnten die analytische
Beschreibung des auch im Mittelalter nachweisbaren Genres
„Antilegende" durchgesetzt. Die Begriffsbezeichnung ist treffend,
weil ihr strukturelles Bausystem exakt der Konstruktion von Hei-
ligenviten folgt. Die volkskundliche Terminologie „Tendenzsage"
trifft nur die einzelnen Motive, und die Historiker-Benotung zu
Kulturkampfzeiten mit Bezeichnungen wie „katholische Greuel-
mär" benennt lediglich moralische Abscheu, analog zu Luthers
eigener Einschätzung der spätmittelalterlichen Heiligenlegende
als „Lügende". Jedoch spätestens seit dem „linguistic turn" in
den Kultur- und Sozialwissenschaften ist die in der Bibelexegese
schon seit dem Beginn des 20. Jahrhunderts geläufige Methode
der Formengeschichte auch auf die Historiographie anwendbar.
Mithin: Unter „Lutherlegende" verstehen wir die chronologisch
berichtende Lebensgeschichte des Reformators anhand von
erzähltechnisch wirkungsvoll eingebauten Memorabilien, d. h.
denkwürdigen Ereignissen oder exemplarischen Historien. Solche
anschaulichen Verlebendigungen werden in der heutigen Fernseh-
dramaturgie *Actions* genannt.

Danach begleiten das Leben eines heiligen Helden und die Ausbreitung seiner Lehre oder seines Vorbildwirkens Bestätigungs-
und Bekehrungswunder. Er hält Verfolgungen aus und entgeht
mancherlei Nachstellungen und Anschlägen. In der vollständigen
„Heiligenvita" Luthers, die bis ins 18. Jahrhundert weiter ausge-
schmückt und auf Flugblättern in Comicweise szenisch aneinan-
dergereiht wurde, lauten die typischen Bauelemente und inhaltlichen Versatzstücke: Vorgeburtliche Zeichen oder Prophezeihungen
(bei Luther das angebliche Hus-Dictum), auffallendes Betragen
eines Wunderkindes (der Kurrende singende Luther), signifikan-
tes Bekehrungserlebnis (die Sage vom Blitzschlag und dem Tod

des Freundes), die Offenbarungstat des bewusst die Reformation inaugurierenden Thesenanschlags (als himmlischem Wendepunkt der Weltgeschichte), heldenhafter Kampf mit den Mächten der Finsternis (Bannbulle und Reichsacht), Bewahrung vor dem Giftbecher (in Worms oder wie bei St. Johannes oder St. Benedikt), Schutz vor Gefangenschaft (Wartburg, Coburg) mit dortigen Anfechtungen des Teufels (Tintenfassanekdoten), schließlich beispielhaftes Alltagsleben (Wittenberger Familienidylle), Kirchenorganisation ohne Amt aus bloßer Autorität von Gott (nach Mathesius Beruf aus Berufung), Tröster der Kranken und Freunde (Gebet für Melanchthon und Mykonius). Luther hilft bei Feuer und Regen und erweist sich durch Vorhersagen und wirksame Verfluchungen böswilliger Orte als gottgesandt. Als Endpunkt steht dann sein seliges Sterben entgegen dem Faktum des unerwartet plötzlichen Todes auf einer Reise in Eisleben. Daher brachte Luthers Lebensende reichlich polemische wie apologetische Literatur hervor.

Die Antilegende fand im plötzlichen Tod ihr eigentliches Ziel: die Bestätigung der Höllenfahrt nach einem unheiligen Leben. Zum Genre der Antilegende zählen daher das Ende des Simon Magus aus der Apostelgeschichte, eines orientalischen Zauberers in Rom und das Ende des römischen Kaisers und abtrünnigen Christen Julian Apostata, der im 4. Jahrhundert das Heidentum wiederum gefördert hatte. Das gilt auch für die seit dem 9. Jahrhundert bekannte marianische Theophiluslegende mit dem Teufelsbündnermotiv, und es gilt für die Viten der literarischen Gegenhelden: Wittenberger Dr. Faustus und Fliegender Holländer.

Die katholische Antilegende Luthers existierte völlig parallel zur protestantischen Luther-Legende ebenfalls in der graphischen Form des Flugblatt-Comics (s. f. S.). Sie schildert die einzelnen Stationen des Reformators als Teufelsknecht und zwar aus der Überzeugung heraus, wer Falsches lehrt, kann auch persönlich nicht integer sein. Luther sei also ein Lotterbube zweifelhafter Herkunft gewesen, sein verballhornbarer Name stehe für ein Programm, vorgegeben durch die teuflische Verbindung einer liederlichen Mutter mit einem Totschläger. Historischer Aufhänger für letzteres dürfte der Bruder von Luthers Vater gewesen sein, der als händelsüchtiger Messerheld aktenkundig geworden ist. Vorverweis auf ein unheiliges Leben bot das Wandermotiv der Taufverweigerung durch angebliches „Scheißen" des Kindes ins Taufbecken bei der Sakramentenspendung. Luther, der Fresser und Säufer, in der Flugblatt-Gegenpropaganda abgebildet mit Bauch oder riesigen Trinkgläsern, diente der Karikatur eines sogenannten epikureischen, das heißt genusssüchtigen Lebenswandels.

Derartige Details schließen die Vorstellung eines reformatorischen Hurenbocks und geilen Mönchs ein. Sie leiten sich deutlich vom angeblichen Huren- und Teufelssohn Luther ab. Die bis heute geläufigen Sexualverslein zu für wahr gehaltenen Aussagen und Praktiken des Dr. Martin Luther bilden einen späten Widerschein dieser einstigen Imaginationen auf katholischer Seite. Und wiederum haben sich den Gegnern Luthers in der tatsächlichen Vita Ansatzpunkte für Einzelheiten zum Bilde der Antilegende geboten. Selbst ein Mann wie Erasmus war nicht wenig entsetzt, als Luther im Jahre 1525 die ehemalige Zisterziensernonne Katharina von Bora ehelichte. Ein Brief aus seiner Feder machte dazu die Runde, wenngleich Erasmus an anderem Ort über die alte Fabel spottete, dass der Antichrist aus der Verbindung von Mönch und Nonne geboren würde. Weiteren Anstoß bot Luthers Schrift vom Ehestand und die von ihm gebilligte Entführung mehrerer Nonnen aus sächsischen Klöstern. War doch zu jener Zeit die Todesstrafe dafür nicht nur angedroht, sondern zum Exempel auch in jenen Jahren zu Dresden an einem Bürger mit dem Schwerte vollzogen und durch schimpfliche Leichenschändung verschärft worden.

Anders als Simon Magus vermochte Luther nicht einmal falsche Wunder zu wirken. Auch dies gehörte zur Beweisführung katholischer Kontroversisten, dass eben der Reformator keineswegs Gottes Prophet sein könne, wie seine Anhänger glaubten. Solche Argumentation ist auf lutherischer Seite sehr ernst genommen worden, was wir schon bei Mathesius bemerkt haben. Besonderes Aufsehen machte der angebliche Fall eines misslungenen Exorzismus. (Hierbei handelte es sich nicht um die protestantischerseits erzählten Geschichten von Wittenberger Studenten, die besessen oder dem Teufel ergeben waren und auf den Zuspruch Luthers wieder gesund wurden.) Luther hatte den altkirchlichen Ritus des

„Martinus Lutherus, ein Doctor der Gottlosigkeit"; Radierung um 1730

Exorzierens für Teufelswerk erklärt. Der Konvertit Staphylus wollte jedoch Luther zu Wittenberg 1545 in Bedrängnis durch den Teufel gesehen haben, als er in der Sakristei versucht habe, mit Gebet ein besessenes Mädchen aus dem „Meißnischen" von bösen Geistern zu befreien. Das sei ihm nicht gelungen, sondern er habe vielmehr vor dem Satan durchs Fenster fliehen müssen.

Wer vom Teufel gezeugt und wer durch ein wüstes Leben vom Teufel geführt worden war, musste auch im Tode durch den Teufel geholt werden. Das ist der konsequente Ausgang jeder Antilegende und sollte daher für Luther im 16. Jahrhundert nicht anders lauten. Er verstarb demnach im Vollrausch ohne jegliche Möglichkeit zur Reue. Also brate er nun in der Hölle. Bei der Überführung seines Leichnams von Eisleben nach Wittenberg hätten Schwärme schwarzer Vögel den Sarg verfolgt. Schreckliche Todesnachrichten über konfessionelle Gegner pflegen im 16. Jahrhundert alle Parteien zu verbreiten, einschließlich Luther selbst, der z. B. Zwinglis Landsknechtstod in der Feldschlacht als Gottesgericht wertete. Der Jesuit Nikolaus Paulus hat 1898 in seinem Buch über *Luthers Lebensende* 55 Seiten mit Zeugnissen dieser Art gefüllt. Solche grassierenden Verleumdungskampagnen aller gegen alle mit Hilfe von Tendenzsagen bilden den Hintergrund, vor dem die Erzählungen über Luthers angeblich elenden Tod beurteilt werden müssen.

LUTHER ALS HAUPT DER AUGSBURGER CONFESSIONS-VERWANDTEN

So durchgängig im Gattungsschema komponiert wie die Antilegende ist die positive Lutherlegende nicht. Dagegen stand Luthers eindeutige Theologie und persönliche Haltung als Wittenberger Lehrperson, die alle kirchlichen Administrierungen an die weltliche Macht delegiert hatte. Deshalb erscheint auf den Bekenntnisgraphiken seine eigene Gestalt in der Regel gemeinsam mit der des jeweiligen herrschenden christlichen Fürsten als neuem obersten Bischof (summus episcopus). Das gilt selbst für das Titelblatt des Kleinen Katechismus von 1529 oder findet sich ab 1546 im Titelholzschnitt für die Wittenberger Drucke des Neuen Testaments.

Kurfürst Johann von Sachsen und Martin Luther zu Füßen des Gekreuzigten;
Holzschnitt v. Lucas Cranach d. J., Wittenberg 1546

Gedenkblatt zur Verlesung und Überreichung der Confessio Augustana 1530;
Kupferstich v. Johann Dürr, Dresden 1630

Zu den Jubiläen 1617 und 1630 feierten sich sowohl die Wettiner Häuser wie die Räte der protestantischen Reichsstädte stets selbst als Bekennerfamilien angesichts ihres Reformators.

Wir können zusammenfassen: Luther ist im 16./17. Jahrhundert nicht wie im 19. Jahrhundert der deutsche Heros gegen welschen Ungeist, sondern der von Hus geweissagte Prophet evangelischer Territorialkirchen Augsburger Konfession, der Erneuerer einer Theologie, für die allein sein authentisches Wort und sein Porträt als Hinweis auf ihre Rechtmäßigkeit stehen. Dies lässt sich für deren Bekenner am genauesten in Spendung und Verständnis des Abendmahls demonstrativ liturgisch ausdrücken. Hierfür sind Gemälde und deren druckgraphische Verbreitung in Franken und Thüringen/Sachsen aus der Zeit 1599 bis 1630 einschlägige Zeugnisse.

Aus dem schon erwähnten dogmatischen Lehrbild von 1561 aus Anlass des Naumburger Fürstentages mit der Spendung des Abendmahls durch Luther und Melanchthon an die sächsischen Kurfürsten ist kurz vor 1600 in Nürnberg ein spezieller Typus des protestantischen Bekenntnisbildes entwickelt worden und hat weitere dreißig Jahre später zu einer oft reproduzierten thüringisch-sächsischen Variante gefunden. Beide Fassungen stellen sowohl die Übergabe der *Confessio Augustana* dar wie in zahlreichen Einzelszenen die dort festgeschriebenen kirchlichen Gebräuche (s. o.). Zentral aber insistieren sie um den Mittelpunkt des Kreuzaltares auf die „echte" lutherische Orthodoxie des Sakramentsglaubens. Dies geschieht im Zeitalter der sogenannten zweiten Reformation durch den Heidelberger Katechismus der Reformierten, weshalb immer wieder Luthers Person erkennbar eingebaut ist oder diejenigen Reformatoren namentlich, bisweilen gar in dargestellter Person als Ketzer gebrandmarkt werden, die an der lutherischen „Ubiquität" der Gegenwart Christi im Abendmahl zweifeln. Luther selbst hatte sie ausgrenzend „Sakramentarier" geheißen. Vor allem aber ist Luthers Wort in den im lehrhaften Gemälde aufscheinenden, z. T. als ausgedruckte Zettel eingekleb-ten vielen textreichen Beschriftungen gegenwärtig. Seine Auslegungen der Heiligen Schrift und seine Anleitungen für den Gottesdienst besitzen in dieser Monumentierung absolute Autorität.

Auf manchen Bildern teilt er nicht nur das lutherische Abendmahl persönlich aus, er steht bisweilen auch neben Paulus und den Evangelisten, um die „Abendmahlstafeln" mit den Einsetzungsworten zu halten, die es dann als tatsächliches liturgisches Gerät parallel zu den Kanontafeln der Katholiken auch für Lutheraner gab oder sogenannte Schriftaltäre zierte.

Lateinischer Lebenslauf Luthers mit Bildnis; Holzschnitt v. Johannes Meder, Ulm 1616

Im katechetischen Bekenntnisbild erscheint das Endstadium eines Verfestigungsprozesses zu neuer Kirchlichkeit, zu dem, was wir Konfession nennen und womit die Historiker gegenwärtig eine ganze Epoche, die der Konfessionalisierung (aller Religionsgemeinschaften) bezeichnen. Sie begreifen diesen Prozess strukturell als einen gesellschaftlichen Modernisierungsschritt auf unsere Gegenwart hin und damit als ein grundlegendes Organisationselement für die Ordnung und allmähliche Einübung unserer heutigen sozialen Lebensbedingungen.

Hierfür bildete auf protestantischer Seite der Mythos Luther die wirksame Imagination für das Selbstverständnis der deutschen Reformation, die sich auf die Jahre 1517, Thesenanschlag, und 1530, *Confessio Augustana*, fokussieren ließ entgegen allen anderen Meinungen, Abweichungen und schließlich entstehenden Denominationen. Luther wurde von seinen Anhängern nicht als Deutscher (deutsches Land gab es damals nur sprachlich), höchstens als gebürtiger Sachse wahrgenommen, vielmehr als Mann Gottes, als heiliger Prophet, als neuer Paulus und damit als letzte Instanz für die Auslegung von Bibel und Fundamentierung der neuen Kirchlichkeit. Seine legendenhaft akzentuierte Vita gewann kanonische Geltung und lebt bis auf den heutigen Tag in dieser Form als Teil des kulturellen Gedächtnisses der „verspäteten Nation" fort, wenn auch überformt von weitergehenden bürgerlichen Imaginationen des 19. Jahrhunderts und politischen Manipulationen völkischer Ideologen.

SCHLUSSWORT

Die katholische Antilegende ist im letzten halben Jahrhundert, also nach 1945, endgültig gestorben. Nicht nur Luthers Kirchenlieder stehen im nachkonziliaren offiziellen katholischen Gesangbuch *Gotteslob* der deutschsprachigen Diözesen in Mitteleuropa vermerkt mit seinem Namen als Autor, sondern auch viele Texte und Melodien seiner geistlichen Nachfahren. Nur wer lange vor dem letzten Krieg religiös sozialisiert worden ist, vermag diesen Wandel aus eigenem Erleben als einen totalen mit vielen Einzelheiten zu beschreiben. Die Historiker wissen, was für Bibliotheken an katholischer Lutherforschung dem in hundert Jahren vorangegangen sind. Auch Mythen besitzen eine Geschichte, also Anfang und Ende.

Mein Schlussbild zum Lebenslauf Martin Luthers auf einen Blick stammt aus dem Jahre 1616 und ist für das Centenarium des Reformationsbeginns kunstvoll aus 20 lateinischen Distichen mit jeweiligem Jahreschronogramm gestaltet. Seine Schuldaten, Graduierungen, Disputations- und Werkstationen sind um einen Holzschnitt des Wittenberger Professors und Doktortheologen arrangiert. Das Flugblatt fasst mithin allein die Fakultätsleuchte ins Auge, wendet sich an Studierende und Studierte. Das Jahr 1517 wird ganz allgemein charakterisiert als „Annus Instauratae Religionis"; als Jahr (des Beginns) der Glaubenserneuerung. Dieses rein akademische *curriculum vitae* in humanistischer Poesie hat es also gegeben und zwar seit 1546, Luthers Todesjahr, durch den Weimarer Hofprediger Johann Stoltz. Im Leipziger Auditorium Philosophicum hing spätestens seit 1617 ein lebensgroßes Gemälde des Reformators. Die Erstausgabe des Gedenkblattes von 1616 trug zunächst hundert deutsche Knittelverse mit dem legendarisch ausgeschmückten Lebenslauf. Die lateinische Zweitverwendung von Holzschnitt und Rahmung hingegen besingt als „Vita" in zwanzig Punkten außer Geburt, Hochzeit und Tod nur die Stationen seiner akademischen und schriftstellerischen Laufbahn (s. S. 55).

Jenes Blatt, das in Straßburg 1617 auch als Kupferstich nachgestochen wurde, belegt die gelehrte Nüchternheit der ein wenig abgehobenen *scientific community*, die andere Formen der Imagination ihrer eigenen Besonderheit pflegt, so wie ja auch wir das als Insider des akademischen Lebens kennen. Allerdings wissen wir zugleich, dass unsere universitären Selbstbespiegelungen im allgemeinen ebenfalls nur einem Elitemythos huldigen, der brüchig ist wie alles, was Menschen auszurichten vermögen. Vielleicht bedarf es gerade deshalb der ständigen Wachträume von realen und fiktiven Persönlichkeiten, die Horizonte sprengen können.

Anmerkungen

1 Benedikt XVI. lt. Presse-Berichterstattung.
2 Luther WATr V., Nr. 6428.
3 Ebd. IV., Nr. 3926.
4 Gerber, E. L.: Hist.-Biograph. Lexikon der Tonkünstler. Leipzig 1790/92 (Reprint Graz 1977), Sp. 837–841, zit. 840; weiteres zu Luther in Ders.: Lexikon der Tonkünstler 1812/14 (Reprint Graz 1966, Teil 3), Sp. 275–278.
5 Brockhaus Riemann: Musiklexikon 1995, III, S. 69.
6 Luther WA 30, 3, S. 387.
7 Mathesius (ed. Loesche), S. 385.
8 Zeeden 1950/52, I., S. 55.
9 Ebd., S. 66.
10 Ebd., S. 67.

Quellen

Luther WA = Werke. Kritische Gesamtausgabe [Weimarer Ausgabe]. Weimar 1883 ff.
Luther WATr = Werke. Abteilung II. Tischreden. 6 Bde. Weimar 1912–21.
Mathesius, Johannes (ed. Georg Loesche): Historien von des ehrwirdigen in Gott seligen thewren Manns Gottes D. Martini Lutheri Anfang, Lehr, Leben und Sterben [Nürnberg 1566] = Ausgewählte Werke III (= Bibliothek Deutscher Schriftsteller aus Böhmen 9). Prag 1898 (2. ed. 1906).

Literaturhinweise

Brückner, Wolfgang (Hg.) 1974: Volkserzählung und Reformation. Ein Handbuch zur Tradierung und Funktion von Erzählforschung im Protestantismus, Berlin.
Brückner, Wolfgang 2004: Die lutherische Gattung evangelischer Bekenntnisbilder und ihre ikonographischen Ableitungen der Gnade vermittelnden Erlösungs- und Sakramentslehre, in: Das Bild als Autorität. Die normierende Kraft des Bildes (= SFB 573 Univ. München 4), hg.v. Frank Büttner u. Gabriele, Münster 2004, S. 303–341.
Herrmann, Wolfgang 1935: Die Lutherpredigten des Cyriacus Spangenberg (= Mansfelder Blätter 39), Berlin.
Herte, Adolf 1943: Das katholische Lutherbild im Bann der Lutherkommentare des Cochläus. 3 Bde. Münster/W.
Luther, Johannes 1933: Legenden um Luther (Greifswalder Stud. z. Lutherforschung 9), Berlin.
Kastner, Ruth 1982: Geistlicher Rauffhandel. Illustrierte Flugblätter zum Reformationsjubiläum 1617 (= Mikrokosmos 11), Frankfurt am Main.
Kruse, Joachim 1980: Luthers Leben in Illustrationen des 18. und 19. Jahrhunderts (= Kat. der Kunstsammlungen der Veste Coburg), Coburg.

Paulus, Nikolaus 1898: Luthers Lebensende. Eine kritische Unterschung (= Erläuterungen und Ergänzungen zu Janssens Geschichte des deutschen Volkes I,1), Freiburg i. Br.

Volz, Hans 1930: Die Lutherpredigten des Johannes Mathesius. Kritische Untersuchung zur Geschichtsschreibung im Zeitalter der Reformation (= Quellen u. Forsch. z. Reformationsgeschichte 12, Leipzig.

Zeeden, Ernst Walter 1950/52: Martin Luther und die Reformation im Urteil des deutschen Luthertums. Studien zum Selbstverständnis des lutherischen Protestantismus von Luthers Tode bis zum Beginn der Goethezeit. 2 Bde. Freiburg i. Br.

Königin Elisabeth I.; „Rainbow Portrait", ca. 1600;
wahrscheinlich von Isaac Oliver

DIE MACHT DER MYTHEN – ELISABETH I.

von Vera Nünning

Kaum eine europäische Königin hat einen so großen Bekanntheitsgrad wie Elisabeth I. Gemeinsam mit ihrem Vater, Heinrich
VIII., gehört sie zu den wenigen englischen Herrschern, die über
die britischen Grenzen hinweg eine außerordentliche Popularität
genießen. Bei Heinrich VIII. mag das nicht verwundern: Ein König,
der sich selbst erfolgreich zum englischen Pendant des Papstes
erklärte und der sechs Frauen nicht nur heiratete, sondern sich
ihrer auch beizeiten wieder zu entledigen wusste – eine solche
Persönlichkeit ist geradezu geschaffen, die Aufmerksamkeit auf
sich zu ziehen. Aber warum fesselte seine ungeliebte Tochter, die
er schon bald zum „bastard" erklärte, die Imagination nicht nur
ihrer Zeitgenossen, sondern auch die der Nachwelt?

Aus heutiger Sicht stellt sich die Lage recht einfach dar; schließlich handelt es sich um eine äußerst erfolgreiche Herrscherin, die
nach langen innenpolitischen Wirren eine Zeit des Friedens her-
beiführte. In ihre Regierungszeit fällt ein zuvor nie dagewesener
Aufschwung der Künste, der unter anderem Shakespeare und das
Elisabethanische Theater hervorbrachte, ebenso wie der Beginn
der imperialen Expansion. Für den Zeitraum bis 1620 spielen diese
Fakten jedoch keine Rolle, denn ihre Bedeutung war damals noch
nicht abzusehen: Shakespeare wurde erst im 18. Jahrhundert als
kanonischer Autor anerkannt, und die kolonialen Unternehmungen
scheiterten zunächst in großem Stil. Zeitgenossen beachteten eher
die Schwierigkeiten Elisabeths zu Beginn ihrer Herrschaft, die von
den noch größeren Schwierigkeiten am Ende übertroffen wurden:
Die 1590er Jahre waren geprägt von der Angst vor erneuten Inva-
sionsversuchen Spaniens und Aufständen in Irland, von religiösen
Problemen sowohl mit Katholiken als auch mit Puritanern und
einem wachsenden Berg von Schulden. Dennoch vermochte Elisabeth seit Beginn ihrer Herrschaft im Jahre 1558 die Imagination der
Zeitgenossen so zu fesseln wie kaum eine andere Frau. Warum?

Um der darin zum Ausdruck kommenden Macht von Mythen nachzugehen, soll zunächst dargelegt werden, auf welche Weise Elisabeths Person und ihre Selbstinszenierung als Herrscherin der Mythisierung Vorschub leisteten. Danach wird erörtert, welch vielfältige Motive und Bedürfnisse ihre Untertanen dazu veranlassten, die Überhöhung der Königin nicht nur mitzutragen, sondern sogar noch weiter voran zu treiben.

EIN UNGEWÖHNLICHER WEG ZUM THRON

Die Voraussetzungen für die Faszination, die Elisabeth auf ihre Zeitgenossen ausübte, liegen schon in ihren durchaus ungewöhnlichen Lebensumständen. Schließlich kam es nicht häufig vor, dass sich ein Monarch wie Heinrich VIII. von der katholischen Kirche löste und eine Staatskirche gründete, zu deren Oberhaupt er sich im Jahre 1534 erklären ließ. Höchst ungewöhnlich war auch die Zahl seiner sechs Ehefrauen, von denen drei zu Müttern von potentiellen Thronfolgern wurden. Dies wirkte sich natürlich negativ für die 1533 geborene Elisabeth aus, deren Mutter Anne Boleyn schon im Mai des Jahres 1536 hingerichtet wurde. Kirchenrechtlich wurde Elisabeth durch die darauf folgende Annullierung der Ehe ihrer Eltern zum „bastard", für illegitim, erklärt. Eine verstoßene junge Prinzessin in einer von Wirren und Unsicherheit gezeichneten Zeit – ein solcher Stoff bietet sich für eine Mythisierung geradezu an.

Die Geburt des lange ersehnten männlichen Thronfolgers Eduard im Jahre 1537 ließ Elisabeths Chancen auf den Thron noch weiter sinken. Heinrichs Bemühen, den Herrschaftsanspruch Eduards zu sichern, ist vor dem Hintergrund der politischen Lage jedoch durchaus verständlich. Die Rosenkriege waren noch nicht vergessen, und obwohl theoretisch auch eine Königin über England herrschen konnte, gab es doch bislang keinen historischen Präzedenzfall für eine solche Anomalie. Tatsächlich schienen sich Heinrichs Befürchtungen zunächst zu bestätigen: Nach dem Tod König Eduards, der Heinrich VIII. 1547 auf den Thron gefolgt war, war Lady Jane Grey im Jahre 1553 nur ganze neun Tage Königin von England, bevor sie abgesetzt und hingerichtet wurde. Die darauf folgende, fünf Jahre währende Regierungszeit von Elisabeths älterer Halbschwester Maria Tudor war so unpopulär, dass diese mit dem wenig schmeichelhaften Beinamen „die Blutige" ins kulturelle Gedächtnis eingehen sollte. Das Getränk „Bloody Mary" erinnert bis heute an diese Mythisierung einer unglücklichen Königin.

Während Marias Regentschaft wurde Elisabeth zum Hoffnungsträger für die Protestanten, die auf einen frühen Tod der katholischen Maria hofften. Je unbeliebter Maria wurde, je weiter sie die religiösen Verfolgungen der Protestanten trieb, desto mehr richteten sich die Augen der unzufriedenen Untertanen auf ihre protestantische jüngere Schwester. Dadurch spitzte sich die Lage für Elisabeth so weit zu, dass sie längere Zeit inhaftiert war – zwei Monate sogar im Tower – und befürchten musste, das gleiche Schicksal wie ihre Mutter zu erleiden. Maria verlangte von Elisabeth, zum Katholizismus zu konvertieren. Elisabeths Chancen auf eine spätere Thronbesteigung und eine friedliche Herrschaft waren jedoch eng mit ihrer Religion verknüpft, denn die von Eduard weitgehend zum Protestantismus bekehrten Engländer standen den Rekatholisierungsmaßnahmen Marias mit Abscheu gegenüber. Erst durch die Intervention von Marias Ehemann, König Philipp II. von Spanien, wurde es Elisabeth möglich, im Jahre 1555 an den Hof zurückzukehren. Dort nahm sie an katholischen Messen teil und versuchte, Marias Misstrauen ihr gegenüber so gering wie möglich zu halten, ein Taktieren, das am 17. November 1558 durch Marias frühzeitigen Tod ein Ende fand.

Damit war der Weg frei für eine damals gerade 25 Jahre alte Königin, die es schnell verstand, die Herzen ihrer Untertanen für sich zu gewinnen. Durch ihre klassische Bildung war Elisabeth bestens auf ihre Aufgabe vorbereitet. Da sie unter anderem fließend Italienisch, Französisch und Latein sprach, war sie bei Verhandlungen mit ausländischen Gesandten nicht auf Dolmetscher angewiesen. Außerdem tanzte, ritt und jagte sie bis ins hohe Alter sehr gern; ihr Hof wurde schnell wieder zum Zentrum ambitionierter Adliger. Nicht zuletzt aber hatte sie schon in jungen Jahren, als sie – allem Anschein nach unschuldig – in einen Hochverratsprozess verwickelt war, gelernt, wie wichtig es war, politisch klug zu agieren und positive Bilder von sich selbst zu projizieren.

Diese Fähigkeit, sich selbst und ihre Herrschaft in positiver Weise zu inszenieren, war nicht nur äußerst wichtig für die Stabilität von Elisabeths Herrschaft; sie erleichterte auch die rasch einsetzende Mythisierung der jungen Königin. Beides hängt eng mit der Tatsache zusammen, dass Elisabeth „nur" eine Frau war. Zum einen musste sie gegen die Argumente ankämpfen, die gegen die Herrschaft einer Frau sprachen. Zum anderen verstärkte ihre kluge Staatsführung die Faszination, die sie auf ihre Zeitgenossen ausübte: Gerade weil sie als Frau, die ihre Weiblichkeit in Szene zu setzen wusste, die Rolle des Herrschers sehr gut auszufüllen vermochte, erschien Elisabeth als eine „Ausnahmefrau", der man auch außergewöhnliche Dinge zuschreiben konnte.

Vorurteile gegenüber der jungen Herrscherin

Zunächst jedoch musste Elisabeth ihre Herrscherqualitäten beweisen und die Vorurteile gegenüber einer Königin außer Kraft setzen, die durch Maria allzu deutlich bestätigt worden waren. Eine gute Herrscherin stellte nach damaligem Dafürhalten schon deshalb ein Oxymoron dar, weil die Frau als das in jeder Hinsicht unvollkommene Geschlecht angesehen wurde. Infolge der Lehre von den *humours*, den Körpersäften, ging man davon aus, dass Frauen aufgrund ihres großen Maßes an Phlegma, an kalten und feuchten Körpersäften, wenig Vitalität und Ausdauer hätten, dafür aber umso mehr geistige Unbeständigkeit, was sie wiederum anfällig für Untreue und Betrug machte. Vor allem aber wirkte sich der vermeintliche Mangel an Vernunft negativ aus, denn dadurch war die Frau angeblich kaum in der Lage, ihre Leidenschaften, z. B. Rachegelüste, Hass, Angst oder sexuelles Verlangen, zu zügeln. Solche unvollkommenen Wesen waren ganz offensichtlich nicht zur Herrschaft fähig.

Frau und Herrschaft scheinen noch schwerer vereinbar, wenn man sich die damalige Auffassung von idealen Herrschertugenden vor Augen führt. Bereits die herausgehobene Stellung des von Gott eingesetzten Souveräns, der wie ein Vater über seine Untertanen zu wachen habe, erforderte, dass der Monarch seinen Untertanen ein gutes Vorbild war; er sollte sie an idealen Eigenschaften weit übertreffen. Die oberste Leitlinie seines Handelns sollte die Liebe zur Tugend sein, und die grundlegende Eigenschaft eines Souveräns sollte 'Justitia', die Gerechtigkeit sein. Zudem sollte die 'Fidelitas' gewährleisten, dass der Monarch zu seinem Wort stand. 'Sapientia', Weisheit, war ebenfalls unabdingbar für die Ausübung des Herrscheramtes. Weiterhin zum Ensemble idealer Herrschertugenden gehörten 'Temperantia', die Mäßigung, und 'Fortitudo', die Standhaftigkeit und der Mut, die ein Umsetzen weiser Entschlüsse ermöglichten. Ebenfalls typisch männlich konnotiert war die 'Magnanimitas', die großmütiges, ehrenvolles Verhalten gewährleistete. Im Gegensatz zu diesen 'männlichen' Eigenschaften konnte die 'Benevolentia', die Wohlwollen und Mildtätigkeit bezeichnete, auch einer Frau zugesprochen werden – aber die hatte im Katalog der Herrschertugenden keinen besonders hohen Rang inne.

Schon diese kurze Gegenüberstellung zeigt, dass die Herrschertugenden in einem recht deutlichen Gegensatz zu den der Frau zugesprochenen Eigenschaften stehen. Weisheit mochte eine angehende Monarchin sich bei entsprechender Erziehung noch einigermaßen aneignen; aber die zentrale Tugend der Gerechtigkeit, das Stehen zu seinem Wort, Stärke und Standhaftigkeit, Mut, großmütiges, ehrenvolles Verhalten – all das konnte von einer Frau einfach nicht erwartet werden. Die einzigen beiden Tugenden, die Elisabeth qua ihres Geschlechts erwerben konnte und sollte, waren Wohlwollen und Mäßigung. Aber selbst in der Vereinigung mit einem gewissen Maß an Weisheit reichten diese schlicht nicht aus, um die Rolle des Souveräns in angemessener Weise zu füllen.

Verschärft wurde dieser Gegensatz zwischen Frau und Herrschaft noch durch das damalige Verständnis des Verhältnisses zwischen Mann und Frau. Dass eine Frau von Natur aus dem Mann untergeordnet sein sollte, ergab sich schon aus den vermeintlichen Eigenschaften der Frau. Zusätzlich ließen sich noch gewichtige Autoritäten zitieren, die allesamt die Unterlegenheit des weiblichen Geschlechts betonten und daraus die Forderung ableiteten, dem Mann gehorsam zu sein. Schon Aristoteles sagte wenig Schmeichelhaftes über Frauen, die ihren von der Natur vorgegebenen Stand verlassen und Herrschaft ausüben wollten. Wichtiger jedoch waren die kirchlichen Autoritäten, die sich auf die Bibel und besonders auf Paulus' Auslegung der Genesis berufen konnten, um die Unterordnung der Frau zu zementieren. Evas Rolle bei der Vertreibung aus dem Paradies veranschaulichte nicht nur den Mangel an Verstand, sondern auch die vermeintlich natürliche weibliche Unbeherrschtheit und Triebhaftigkeit, die letztlich Männer ebenfalls korrumpieren würde, sofern diese nicht ihre intellektuelle Überlegenheit dazu nutzten, Frauen zum Gehorsam zu zwingen. Dementsprechend wurden Frauen von öffentlichen Funktionen ausgeschlossen: In Kirche und Staat hatten sie zu schweigen.

Vor diesem Hintergrund wird verständlich, warum die Autorität von Elisabeth I., als sie 1558 im Alter von 25 Jahren zur Königin gekrönt wurde, nicht ganz unstrittig war. Noch kurz zuvor, während der Regierungszeit Marias, hatte der bekannte Theologe John Knox ein Pamphlet veröffentlicht, das sämtliche Vorbehalte gegenüber einer Regierung von Frauen detailliert aufzeigte. In seinem Werk *The First Blast of the Trumpet against the Monstruous Regiment of Women* (1558) verdeutlichte Knox, dass es widernatürlich und ‚monströs' sei, wenn Frauen über Männer regierten. Da Frauen „unbeständig, wankelmütig, grausam" seien, wäre eine Frau auf dem Thron von England „wider die Natur" und gleichbedeutend mit der „Unterwanderung der guten Ordnung"[1]. Die Herrschaft einer Königin stellte die natur- und gottgewollte Ordnung daher auf den Kopf.

Zu Beginn ihrer Regierungszeit stand Elisabeth daher vor der schwierigen Aufgabe, ihre Untertanen eines Besseren zu belehren. Dafür war eine ‚Mythisierung' ihrer Person geradezu vonnöten, denn solange sie nur als ‚normale' Frau wahrgenommen wurde – das stand von vornherein fest – konnte Elisabeth nicht die Zustimmung ihrer Untertanen gewinnen. Gleichzeitig war ihr – sofern es ihr gelang, als effiziente Herrscherin zu erscheinen – das große Interesse der Zeitgenossen gewiss: Eine Frau, die in einer herausgehobenen Position das Unmögliche möglich macht, musste die Imagination einer großen Zahl von Individuen intensiv und nachhaltig beschäftigen.

DIE SELBSTINSZENIERUNG ELISABETHS

Strategien der Idealisierung und Selbstinszenierung bildeten eine bedeutende Grundlage von Elisabeths Mythisierung. Sie waren der Königin zudem von Anfang an sehr wichtig und waren schon deshalb klug gewählt, weil Elisabeth bereits bestehende Annahmen und Bilder zu ihrem eigenen Nutzen auszuwerten verstand.

Eine dieser Möglichkeiten, ihre Person zu überhöhen und ihre Herrschaft zu legitimieren, stand in enger Verbindung mit der Vorstellung vom Gottesgnadentum. Sogar John Knox gestand zu, durch Gottes Allmacht könne selbst eine Frau zum Instrument Gottes werden. Dies machte sich Elisabeth zunutze, indem sie sich von Beginn bis Ende ihrer Amtszeit als von Gott auserwählte Herrscherin inszenierte. Der Hinweis darauf, dass sie mit göttlicher Zustimmung auf den Thron gelangt sei, bildet geradezu ein Leitmotiv ihrer Reden. Dieser Verweis auf göttliche Auserwähltheit ist eine Legitimationsstrategie, die auch von männlichen Monarchen gern verwendet wurde. Sie kam Elisabeth aufgrund ihres Geschlechts natürlich ganz besonders zupass.

Eine weitere Möglichkeit, Elisabeth zu einer guten Herrscherin zu deklarieren, stellte die aus dem Mittelalter stammende Theorie der zwei Körper eines Herrschers bereit. Gemäß dieser Theorie nahm der natürliche Körper des Königs bei der Thronbesteigung alle Eigenschaften des unsterblichen politischen Körpers an. Dadurch würden sämtliche Schwächen der natürlichen Person des Königs auf mirakulöse Weise aufgehoben: qua seines unsterblichen Körpers könne ein Monarch keine Verbrechen begehen und nie irren. Sogar die vielen Schwächen einer weiblichen Natur könnten durch den politischen Körper unschädlich gemacht werden. Elisabeth setzte diese Theorie schon zu Beginn ihrer Herrschaft ein, um ihre Macht zu legitimieren. In einer frühen Rede vor ihrem Kronrat wies sie darauf hin, dass sie von Gott eingesetzt und durch ihren politischen Körper zur Herrschaft berechtigt und befähigt sei:

In dem Wissen, dass ich Gottes Geschöpf bin, dazu bestimmt, seinen Weisungen zu folgen, will ich mich diesen unterwerfen; ich wünsche aus tiefster Seele, dass seine Gnade mir helfen wird, das mir übertra-

gene Amt seinem himmlischen Willen gemäß auszufüllen. Ich bin nur
ein natürlicher Körper, doch werde ich durch seine [Gottes] Erlaubnis
ein zur Regierung bemächtigter politischer Körper [...][2].

Elisabeth selbst trug zur Popularisierung der Theorie bei, indem
sie Münzen prägen ließ, die auf einer Seite ihr Porträt und auf der
Kehrseite ein Symbol für den unsterblichen Charakter des Königtums – etwa einen Phoenix oder die Göttin Minerva – abbildeten.
Auch auf Porträts finden sich viele Anklänge an den ,öffentlichen
Körper' der Königin.

Diese Art der Selbstinszenierung stellte Elisabeth jedoch vor ein
weiteres Problem; denn die gängigen Verhaltensvorschriften für
Frauen ließen sich kaum mit den Anforderungen vereinbaren, die
an eine Monarchin gestellt wurden. Die weiblichen Tugenden, in
denen sich unverheiratete Frauen üben sollten, waren vor allem
Keuschheit (die auch für Ehefrauen die Kardinaltugend darstellte)
sowie „Gehorsam, Demut, Bescheidenheit, Geduld, Sanftmut, Leidensfähigkeit, Selbstbeherrschung, Nüchternheit"[3] und Religiosität.
Mit Ausnahme von Selbstbeherrschung und Religiosität handelt es
sich hierbei ausschließlich um Eigenschaften, die bei der Ausübung
einer Herrschaft mehr oder weniger stark hinderlich waren.

Wenn man sich die Anforderungen an einen Herrscher vor
Augen führt und dem die damaligen Anforderungen an Frauen
gegenüberstellt, so ergibt sich das Paradox, dass eine gute Herrscherin, d. h. eine Monarchin, die gleichzeitig vorbildliche Frau
und vorbildlicher Herrscher ist, eigentlich nicht darstellbar ist. Wie
sollte sich eine Herrscherin inszenieren, wenn sie als gute Frau
und Jungfrau unauffällig gekleidet, bescheiden und vor allem
schweigend im Hintergrund zu stehen hatte, während von ihr als
Königin erwartet wurde, majestätisches Verhalten in entsprechend
prunkvoller Kleidung an den Tag zu legen?

Elisabeth begegnete diesem Dilemma, indem sie ein neues
Herrscherideal entwarf, das auf sie selbst zugeschnitten war, aber
keine negativ konnotierten weiblichen Eigenschaften enthielt.
Im Laufe ihrer Regierungszeit gelang es ihr sogar, einige ausgewählte weibliche Merkmale für die Inszenierung ihrer Herrschaft
zu instrumentalisieren. Elisabeths innovative Selbstinszenierung

gewinnt dadurch zwei recht unterschiedliche Facetten. Einerseits stellte sie sich als eine außergewöhnliche Frau mit maskulinen Herrschertugenden dar, andererseits konstruierte sie das Bild einer idealen Herrscherin, das gerade auf ihrer Weiblichkeit beruhte.

In den ersten Bereich fallen alle Äußerungen, in denen sie sich männliche Autorität – etwa die Stellung als Haupt des Staatskörpers – oder männliche Eigenschaften beimaß. Dies geschah recht häufig, wenn sie z. B. auf ihre unweiblichen Eigenschaften, insbesondere auf ihren Mut, hinwies. So ließ sie das Parlament 1566 wissen, dass sie alle Eigenschaften eines Königs besitze: „Ich selbst fürchte mich nicht vor dem Tod, denn alle Menschen sind sterblich; und obgleich ich eine Frau bin, habe ich doch meiner Stellung entsprechend genau so viel Mut wie mein Vater jemals hatte."[4] Diejenige Herrschertugend, die sie am häufigsten für sich beanspruchte, war nicht Justitia, die allgemein als am wichtigsten erachtet wurde, sondern Sapientia, die Weisheit. Das ist leicht erklärlich, denn zum einen konnte Elisabeth auf ihre ausgezeichnete Erziehung und Bildung verweisen, zum anderen bildet die Weisheit die Grundlage für das Treffen gerechter Entscheidungen. Um zu begründen, warum sie als Frau Gerechtigkeit verkörpern konnte, musste sie daher zunächst Sapientia beanspruchen. Am zweithäufigsten schrieb Elisabeth sich die Magnanimitas zu und betonte die Verbindlichkeit ihres fürstlichen Ehrenwortes oder das Absehen von kleinlichen Rachegefühlen in ihrem Verhalten gegenüber Maria Stuart. An dritter Stelle stand Justitia, an vierter Fortitudo, denn sie verwies gern auf ihren ganz unweiblichen Mut. Temperantia spielte in ihren Reden hingegen eine sehr untergeordnete Rolle. Es fällt also auf, dass Elisabeth sich in besonderem Maß die traditionellen männlichen Herrschereigenschaften zuschrieb, während sie weitgehend darauf verzichtete, solche Charakteristika für sich zu beanspruchen, die – wie Mäßigung und Wohlwollen – auf ihre weibliche Natur zurückgeführt werden konnten. Eine Facette ihrer Selbstinszenierung bestand damit in der Projektion einer ausgesprochen männlichen Herrscherpersona.

Die zweite Facette ihrer Selbstdarstellung besteht in der Projektion einer ausgesprochen weiblichen Herrscherpersona. Elisabeth gelang es, weibliche Eigenschaften zu instrumentalisieren und in ihren Entwurf des Herrscherideals zu integrieren. Diese weibliche Herrscherpersona war recht vielschichtig, wobei einige ihrer Aspekte fast Elisabeths ganze Regierungszeit hindurch zum Tragen kamen, während andere nur kurzfristig eingesetzt wurden.

Ein sehr wichtiger langfristiger Bestandteil ihrer Selbstinszenierung war die Präsentation als jungfräuliche Königin. An ihrer Selbstdarstellung als Jungfrau hielt Elisabeth auch noch mit zunehmendem Alter fest, wobei sie sich nicht in erster Linie auf Worte, sondern vor allem auf die visuelle Präsentation ihrer Person verließ. Bei ihrer Kleidung – insbesondere auf Porträts, durch die ihr Aussehen einer größeren Öffentlichkeit zugänglich gemacht wurde – achtete Elisabeth darauf, auch in hohem Alter ein tiefes Dekollete zu zeigen. Es zog zwar die Verwunderung einiger Diplomaten auf sich, in den 1590er Jahren Elisabeths eher verschrumpelte, weitgehend entblößte Brüste zu sehen – aber das gehörte, wie die Perücke, die das nunmehr ergraute Haar unter rotblonder Pracht verdeckte, das Make-up, die prächtige Kleidung und die hellrot gefärbten Schweife ihrer Pferde, zu ihrer Selbstinszenierung. Auf Porträts wurde selbstverständlich darauf geachtet, dass Elisabeth auch in hohem Alter noch als jugendliche Jungfrau erschien. Obgleich bei Elisabeth, die seit 1563 nur als jugendliche Schönheit gemalt werden wollte, sicher auch Eitelkeit hinzukam, handelte es sich doch um viel mehr als bloßes Verlangen danach, hübsch zu erscheinen. Die Inszenierung der Herrscherin war Staatssache, und insofern verordnete der Kronrat im Jahre 1596, dass alle Bilder der Königin ein jugendlich-schönes Gesicht aufzuweisen hätten.

Um ihrer Selbstinszenierung angemessen Ausdruck zu verleihen, präsentierte sich Elisabeth auf bildlichen Darstellungen oft geradezu überladen mit Symbolen der Jungfräulichkeit: So ließ sie sich vielfach mit einer Fülle von Perlen abbilden. Häufig findet sich auch die Mondsichel auf ihren Porträts, denn der Mond war das Sinnbild von Cynthia, die als Symbol der Keuschheit galt. Bei dieser Instrumentalisierung der Weiblichkeit zu Zwecken der Herrschaft konnte es anscheinend auch akzeptiert werden, dass Elisabeth sich in großer Pracht präsentierte, ein Verhalten, das eine junge Frau normalerweise ganz unweigerlich in den Ruch der Unkeuschheit gebracht hätte. Sich in betonter Weiblichkeit zu präsentieren durch auffallendes Make-up, eine Fülle von Schmuckstücken, ungewöhnliche Kleidung war normalerweise den ‚anderen' Frauen vorbehalten, den Prostituierten, vielleicht den Mätressen, ganz sicher aber nicht den ‚guten', tugendhaften Frauen. Elisabeth setzte sich auch über diese Regel weiblichen Verhaltens hinweg: Sie inszenierte sich mit einem Prunk, der einem Herrscher angemessen war, und trug weiblichen Normen paradoxerweise lediglich durch die Fülle an Symbolen der Jungfräulichkeit Rechnung.

Sehr häufig inszenierte Elisabeth sich zudem als Mutter ihres Volkes, wofür sie die ‚weiblichen' Eigenschaften der liebenden Fürsorge und der Selbstaufopferung effektvoll einsetzen konnte. Immer wieder wies sie darauf hin, dass ihr liebevolles Verhältnis zu ihrem Volk einzigartig sei. Die berühmten Worte ihrer letzten großen ‚Goldenen Rede' vor dem Unterhaus im November 1601 stellen daher den krönenden Abschluss ihrer langjährigen Selbstpräsentation dar: „Ich versichere Euch, dass es keinen Monarchen gibt, der seine Untertanen mehr liebt oder dessen Liebe der unseren gleichkommt. […] obgleich Gott mich hoch erhoben hat, so zähle ich doch dies zur Ehre meiner Regentschaft: Dass ich mit Eurer Liebe regiert habe […]."[5] In Analogie zum Evangelium und dem Opfertod Christi als Vorbild verlieh sie ihrer Opferbereitschaft sogar göttlich-mystische Züge.

DER ‚KULT' UM ELISABETH I.
DIE VERQUICKUNG VON GEGENSÄTZLICHEN MOTIVEN

Die Strategien der Inszenierung legten jedoch nur die Grundlage dafür, dass Elisabeth zum Mythos werden konnte. Eine erfolgreiche Mythisierung konnte sich schließlich nur dann vollziehen, wenn es der Königin gelang, zum Zentrum der Faszination einer großen Zahl von Individuen zu werden. Die Macht ihres Mythos zeigt sich auch darin, dass Elisabeths Untertanen die verschiedenen Aspekte der Überhöhung der Königin nicht nur akzeptierten und nacherzählten, sondern sie sogar noch überboten. Tatsächlich fand sich eine große Zahl von Menschen, die aus unterschiedlichen Gründen dazu bereit waren, die Monarchin als außergewöhnliche Jungfrau, geradezu als Göttin zu verehren.

Die Motive, die insbesondere gebildete Engländer dazu veranlassten, die Idealisierung von Elisabeth nicht nur mitzuvollziehen,
sondern sogar noch zu steigern, waren sehr vielschichtig. Heute
geht man im Gegensatz zur früheren Forschung davon aus, dass
keine klare Trennung zwischen überschwänglichem Lob und als
Lob getarnter Kritik bestand – häufig lag eine Mischung von ganz
unterschiedlichen Intentionen vor. Anlass war zunächst die Freude
über die relativ problemlos erfolgte Thronbesteigung Elisabeths
und die Hoffnung auf ein besseres, protestantisches England, zu
dessen Symbol sie geworden war. Dringlich war darüber hinaus die
Legitimation der Monarchin. Denn um die Zustimmung ihrer Untertanen zu sichern und Aufstände sowie Verschwörungen so weit als
möglich im Zaum zu halten, war eine Überhöhung der Herrscherin
zu Beginn eine politische Notwendigkeit. Diese Motivation reicht
jedoch nicht aus, um die andauernde Verehrung der Königin weit
über die 1570er Jahre hinaus zu erklären, die solche übersteigerten
Formen annahm, dass von einem Kult um Elisabeth gesprochen worden ist, der sich von den 1570er bis zu den 1590er Jahren beständig
weiter steigerte. Die wichtigsten Merkmale dieser Verehrung sollen
kurz skizziert werden, bevor dargelegt wird, welche Bedürfnisse
diese Art der Mythenbildung bei den Untertanen erfüllen konnte.

DIE MYTHISCHE KÖNIGIN AUS DER
SICHT IHRER UNTERTANEN

Die Macht des Mythos zeigt sich schon in den vielen Porträts, in
denen Elisabeth mittels einer Fülle von Symbolen als außergewöhnliche Herrscherin präsentiert wurde. Diese kostbaren Bilder
wurden nämlich nicht von der – eher sparsamen – Elisabeth selbst
in Auftrag gegeben, sondern von Höflingen und reichen Bewun-
derern der Königin. Das berühmte *Rainbow*-Porträt (s. S. 58), das
vermutlich zwischen 1601 und 1603 für Sir Robert Cecil gemalt
wurde, zeigt die nunmehr fast siebzigjährige Elisabeth nicht nur in
jugendlicher Schönheit, sondern präsentiert sie durch die Fülle von
Perlen und durch das mondsichelförmige Schmuckstück in ihrem
Haar auch als Jungfrau. Obgleich die Forschungsmeinungen über

dieses Porträt weit voneinander abweichen, herrscht doch Einigkeit darüber, dass es Elisabeth als Göttin überhöht – wobei nicht ganz klar ist, ob sie als Astraea, als ‚Göttin von Liebe und Schönheit', als eine Sonnengöttin oder als die Mondgöttin Cynthia gepriesen wird. In anderen Abbildungen finden sich viele Anspielungen auf die antike Göttin der Jagd, Diana, die trotz ihrer Geschicklichkeit mit Pfeil und Bogen schön und vor allem keusch ist. Rosen und Hermelinpelz dienten ebenfalls dazu, Elisabeths Jungfräulichkeit hervorzuheben. Gleichzeitig wurde die metaphorische Frucht-barkeit der Königin betont, indem man sie als Juno oder Ceres präsentierte. Darüber hinaus wurde sie immer wieder als Göttin der Schönheit gezeichnet.

Die Höflinge experimentierten nicht nur mit immer neuen Formen der Überhöhung von Elisabeth, sondern sie gaben sich auch sehr viel Mühe, durch verdeckte Symbole auf sich selbst oder ihre eigenen politischen Standpunkte hinzuweisen. Beim Rainbow-Porträt ist auch dies sehr schwer zu entschlüsseln: Es ist vermutet worden, dass die Schlange, die auf den linken Ärmel ihres Kleides gestickt wurde und die Weisheit symbolisiert, sowie das rote Herz, das ‚guten Ratschlag' verkörpert, und die Symbole von Augen, Ohren und Mund, die auf dem goldenen Mantel zu sehen sind, auf Cecil verweisen, der als königlicher Sekretär und maßgebliches Mitglied des Staatsrats auch große Teile ihres Netzwerkes von Spi-onen kontrollierte. Die Schlange ist zwar auf Elisabeths Ärmel zu sehen und wird daher meist als Zeichen dafür gedeutet, dass die außergewöhnliche Königin über unweibliche Weisheit verfügte, die es ihr erlaubte, ihre Gefühle durch kluge Entscheidungen im Zaum zu halten. Vielleicht war dies von Cecil aber gar nicht intendiert.

Wie weit die Verehrung von Elisabeth ging, zeigt sich auch daran, dass bei der Anspielung auf mythische Vorbilder oft hervorgehoben wurde, Elisabeth überträfe die fragliche Göttin. So behauptete etwa John Lyly im Jahre 1580, Elisabeth sei „geziert durch einzigartige Schönheit und Keuschheit, in der einen *Venus* übertreffend, in der anderen *Vesta*."[6] Dies kennzeichnet auch viele Adaptionen des Paris-Motivs, das sich sehr gut dazu eignete, Elisabeths umfassende Überlegenheit gegenüber den griechischen Göttinnen darzustellen. Die Pointe dieser Darstellungen lag meist darin, dass es in jeder

Hinsicht gerechtfertigt sei, Elisabeth den begehrten Apfel zu überreichen. In Hans Ensworth' Gemälde *Elizabeth I and the Three Godesses* (1569) fungiert Elisabeth sogar selbst in der Rolle der Richterin und behält den Apfel, der hier in einen Reichsapfel transformiert wurde, praktischerweise gleich selbst in der Hand.

In den 1590er Jahren wurden der Königin immer unverhohlener sakrale Attribute zugeschrieben. So berichtete Sir William Brown stolz, dass er die „heiligen Hände" seiner Herrin habe küssen dürfen.[7] Die Nähe zu Christus wurde zusätzlich durch Elisabeths Präsentation als Sonne betont, wobei Zeitgenossen die messianischen Konnotationen dieser Symbolik durchaus bewusst einsetzten. In Gedichten und Porträts wurde Elisabeth etwa als eine übernatürliche Spenderin des Lichts dargestellt, welche die Strahlen der wahren Religion verbreite. Angesichts dessen lag es fast schon nahe, Elisabeth zusätzlich Unsterblichkeit zu attestieren. Neben der Sonne hob das Symbol des Phoenix nicht nur die Einzigartigkeit, sondern auch die Unsterblichkeit Elisabeths hervor:

Britanniens Königin soll der seltne Phönix sein
Auf den der Tod nie seinen Pfeil zu schießen wagt.
Du wirst ewig auf der Erde bleiben.[8]

Die Idealisierung Elisabeths als eine mit göttlichen Attributen ausgestattete Jungfrau erleichterte die Identifikation der Monarchin mit England und mit der Anglikanischen Kirche. Dabei kam Elisabeth zupass, dass die Theorie der zwei Körper den sakralen Charakter des Königtums implizierte, der durch die herausgehobene Stellung des Königs als *Supreme Head* der Anglikanischen Kirche noch gesteigert wurde. Zudem wurden Nationen ebenso wie Tugenden in allegorischen Darstellungen üblicherweise durch weibliche Figuren verkörpert. Was lag da näher, als diese gottgleiche, tugendhafte, unsterbliche Herrscherin nicht nur mit England, sondern auch mit der englischen Kirche zu identifizieren? Gerade zu Zeiten der Bedrohung durch Spanien, die für England sehr gefährliche Ausmaße annahm, konnte Elisabeths Jungfräulichkeit als Symbol der unverletzbaren, jeglichen äußeren Angriffen trotzenden englischen Nation genutzt werden.

Die Verehrung Elisabeths wurde damit zu einem nationalen Anliegen: Außenpolitisch mochte England isoliert und von katholischen Mächten bedroht sein; innenpolitisch mochten religiöse Probleme, Missernten, Hungersnöte, die desolate Lage der Armen und Aufstände den Frieden der Nation gefährden, aber durch den Verweis auf die von Gott auserkorene Königin konnten die Engländer sich selbst bestätigen, dass ihre Nation nichts zu befürchten habe. Die Idealisierung der Monarchin konnte daher einerseits dazu dienen, Probleme zu überdecken und die Loyalität der Untertanen einzufordern, andererseits konnte sie zum Loyalitätsbeweis werden, mit dem Engländer ihre patriotischen Gefühle zur Schau trugen.

Darüber hinaus war die Glorifizierung Elisabeths Bestandteil einer bedeutenden Interpretation der wechselvollen und blutigen Geschichte des im 16. Jahrhundert von Religionswirren gekennzeichneten England. Allein schon die Zahl der Menschen, die für ihren Glauben gestorben sind, verdeutlicht, dass der mehrfache Wechsel der nationalen Religion den Engländern nicht leicht fiel. Heinrich VIII. hatte sich zwar zum Oberhaupt der Anglikanischen Kirche gemacht, zunächst aber die Inhalte der katholischen Religion weitgehend beibehalten. Schon als sich diese Ausrichtung mit wechselnden Beratern änderte, kam es zu ersten Folterungen und Hinrichtungen. Weitere Opfer forderte die Religionspolitik Eduards VI., unter dem England protestantisch wurde, um nur wenige Jahre später von Maria mit großem Engagement rekatholisiert zu werden. Obgleich man davon ausgeht, dass Maria auch in dieser Hinsicht keinen großen Erfolg hatte, ging die erneute Einführung des Protestantismus durch Elisabeth doch nicht ohne Probleme vonstatten.

Diese Wirren wurden von John Foxe in einem Werk, dessen Bedeutung kaum zu überschätzen ist, verständlich und in einer für das englische Selbstbild sehr schmeichelhaften Weise erklärt. In seinem jahrhundertelang immer wieder neu aufgelegten Werk *Acts and Monuments* (1563) – populärer unter dem Titel *Book of Martyrs* – präsentierte Foxe die Geschichte der englischen Kirche seit ihren Anfängen als eine teleologische Entwicklung, die England als Gottes *elect nation* ausweise. Ähnlich wie früher Israel sei England von Gott auserkoren, den wahren Glauben weiterzuführen. Durch die vielen, mit Holzschnitten illustrierten Geschichten der protestantischen Märtyrer unter Maria veranschaulichte Foxe, dass England von Gott geprüft, nun aber mit Elisabeth seiner wahren Bestimmung zugeführt worden sei. Entsprechend schrieb ihr Foxe eine herausragende Rolle als Erlöserin der Nation zu. In seiner populären Darstellung ist Elisabeth eine Märtyrerin, die nur aufgrund der göttlichen Vorsehung vor dem Tod als Ketzerin bewahrt worden sei, um England zum wahren Glauben zurückzuführen.

Gleichzeitig verdeutlicht Foxes Präsentation der Königin, dass deren Idealisierung auch spezifische Funktionen übernehmen konnte, die der Überhöhung auf den ersten Blick widersprechen. Man kann daher nationale und individuelle Facetten der Mythisierung voneinander unterscheiden. Auf der einen Seite stärkte die nach außen hin sichtbare Idealisierung der Monarchin das Selbstwertgefühl der Nation, sie nährte das Bewusstsein religiöser Auserwähltheit und verlieh der komplexen Geschichte Sinn. Auf der anderen Seite verfolgten diejenigen, die sich an der Idealisierung der Königin beteiligten, oft recht egoistische und partikulare Ziele. Welches Gemisch aus Intentionen bei der Mythisierung eine Rolle spielte, soll im Folgenden anhand einiger Beispiele verdeutlicht werden.

VERDECKTE MOTIVE: KRITIK, EIGENLOB UND VERSUCHE DER BEEINFLUSSUNG

Wie abhängig die spezifische Form der Idealisierung von tagespolitischen Aspekten wie der Religionspolitik sein konnte, zeigt schon der Wandel von Foxes Präsentation der Königin. In den *Acts and Monuments* zeichnet er in einem ausführlichen und sehr oft nachgedruckten Teil die Verfolgung Elisabeths unter ihrer Halbschwester Maria. Dabei hebt er hervor, wie nahe Elisabeth dem Tode gewesen sei, wie sie von einem Gefängnis ins nächste weitergereicht worden war, und wie der – vermeintlich mit dem Teufel im Bunde stehende – katholische Bischof Gardiner versucht habe, ihre Hinrichtung zu bewirken. Foxe musste die Chronologie zwar etwas durcheinander bringen, um zu behaupten, dass allein der von Gott herbeigeführte Tod des Bischofs Elisabeth gerettet habe; vorteilhaft an dieser Version ist jedoch, dass Elisabeth auf diese Weise an die Spitze der protestantischen Märtyrer tritt, die von Gardiner verfolgt und hingerichtet wurden. Außerdem wurde der Eindruck erweckt, sie sei fast dem Teufel zum Opfer gefallen, aber in letzter Sekunde von Gott gerettet worden, um der wahren Kirche seiner auserwählten Nation zum Sieg zu verhelfen. Diese Geschichte erwies sich als sehr wirkungsvoll und wurde auch von Elisabeth selbst gern aufgegriffen, um ihre Position als von Gott auserwählte Königin zu bestärken.

Die Präsentation der Monarchin als Märtyrerin und Vergleiche Elisabeths mit Deborah, Judith, Hester und alttestamentarischen Königen dienten der Identifikation von Elisabeth mit der *elect nation*. Einem solchermaßen von Gott begünstigten Volk konnte nichts geschehen; die Überhöhung von Elisabeth als von Gott eingesetzter Königin diente daher in Zeiten von äußerer Bedrohung auch der Selbstvergewisserung. Dies war umso plausibler, als Elisabeth trotz der zahlreichen Aufstände und Verschwörungen nie selbst tätlich angegriffen und verletzt wurde; selbst zwei Erkrankungen an den Pocken überstand sie unbeschadet.

Gleichzeitig zeigte sich Foxe durchaus kritisch gegenüber seiner Königin. In der ersten Auflage seines Werks von 1563 verglich er Elisabeth in der Widmung noch mit Kaiser Konstantin und zeichnete ein durchweg positives Bild von ihr. Schon der Verweis auf Konstantins großzügige finanzielle Unterstützung der Kirche bildete eine Art Verpflichtung für die solchermaßen gepriesene Königin. Als die Monarchin sich jedoch nicht in diese Rolle fügte und einen gemäßigten religionspolitischen Kurs verfolgte, der möglichst vielen Untertanen die Zustimmung ermöglichen sollte, mischten sich in die späteren Auflagen von Foxes Werk deutliche Zeichen von Kritik. Die Widmung wurde geändert und der ermahnende Charakter der Erzählung deutlicher. Durch viele kleinere Einfügungen und Änderungen wurde nun suggeriert, Elisabeths Regierungszeit werde nicht lange dauern, falls sie sich nicht so verhalte, wie Gott es vorherbestimmt habe. Diese Kritik an der Monarchin blieb nicht ohne Einfluss. Der Geistliche Edward Dering verwendete sie für eine sehr populäre Predigt, die nicht weniger als 16 Auflagen erlebte und zum Skandalerfolg wurde. Diese Schrift, die sich wörtlich an Foxe orientierte, gleichzeitig aber klare Worte für Elisabeths Pflichten fand, kostete den Verfasser seine Karriere und trug ihm den fortdauernden Hass der Königin ein.

Wie sehr die Königin Foxes Verquickung von Lob und Kritik zu ihren Zwecken nutzte, zeigt sich in ihrer lebenslangen Unterstützung dieses monumentalen Werkes. Sie ordnete an, das *Book of Martyrs* in jeder Kirche auszulegen, und ihr Staatsrat sorgte ebenfalls für die Verbreitung des Werks. Die Königin akzeptierte offensichtlich, dass ihre Überhöhung keine eindimensionale Angelegenheit war, und zog es angesichts dessen vor, sich Foxes Autorität zunutze zu machen, um ihre Rolle als Märtyrerin und von Gott auserkorene Königin zu stärken. Die in diesem Werk implizierte Kritik ignorierte sie einfach.

Eine positivere Variante des Mischungsverhältnisses zwischen Lob und Verhaltensmaßregeln bzw. zwischen Lob und Eigenlob zeigt sich in dem berühmten Sieb-Porträt, das von Sir Christopher Hatton bei dem Maler Massys in Auftrag gegeben wurde. Zwischen 1579 und 1583 wurden insgesamt acht solcher Porträts gemalt, deren Symbolik zunächst einfach erscheint. In Emblembüchern galt das Sieb als Symbol für Urteilskraft, die das Gute vom Schlechten zu unterscheiden weiß. Hinzu kam der Verweis auf Petrarch, der in seinem *Triumph of Chastity* auf Tuccia verweist, die der Sage nach ihre Jungfräulichkeit dadurch bewies, dass sie Wasser in einem Sieb trug, ohne einen einzigen Tropfen zu vergießen. Dies mag als aufrichtiges Lob auf Elisabeth als reine Jungfrau, deren Urteilskraft sie zum Regieren befähigt, gedeutet werden. Gleichzeitig hatten die Porträts aber wohl eine konkretere Stoßrichtung: Zwischen 1578 und 1581 liebäugelte Elisabeth nämlich sehr ernsthaft mit dem Gedanken, den Herzog von Anjou zu heiraten. Vor diesem Hintergrund erscheinen die Gemälde als Ratschlag, keine eheliche Verbindung mit Frankreich einzugehen, sondern ihre Urteilskraft als reine englische Jungfrau zu behalten. Sir Hatton, der ein führender Gegner der Ehe mit dem Franzosen war, gab das Porträt 1583 in Auftrag, als die Königin sich endlich in seinem Sinne entschieden hatte. Sein Wappen, die weiße Hirschkuh, ist auf den Ärmeln der

Höflinge im Hintergrund zu sehen und verdeutlicht den Erfolg seiner Politik, die die Königin von der Heirat abbrachte.

Oftmals handelte es sich bei den Überhöhungen der Monarchin um didaktisch gemeintes Lob; da offene Kritik an der Königin gefährliche Folgen nach sich ziehen konnte, pries man die Königin in der Hoffnung, sie werde sich diesem positiven Bild gemäß verhalten. So sollten Maskenspiele, die an den *Inns of Court* oder am Hof aufgeführt wurden, dazu beitragen, Gunstbeweise von Elisabeth zu erlangen. Die *Masque of Proteus*, die 1595 vor der Königin aufgeführt wurde, enthält zwar einerseits viel Lob auf Elisabeth, fordert sie aber andererseits auch dazu auf, die von Essex geforderte aggressivere Kriegstaktik gegenüber Spanien zu verfolgen. Obgleich Essex 1596 die Leitung einer See-Expedition gegen Cadiz übertragen wurde, erwiesen sich solche Funktionalisierungsversuche keineswegs immer als erfolgreich. Vielmehr zeigte sich Elisabeth manchmal durchaus empört über solche Versuche, auf ihre Politik Einfluss zu nehmen. Noch 1595 verließ sie verärgert die Vorführung eines Maskenspiels von Francis Bacon, in dem dieser vergeblich versuchte, die Spannungen zwischen ihr und seinem Patron Essex zu beheben.

Besonders Höflinge mischten Kritik in ihre Lobpreisungen von Elisabeth und versuchten, deren Idealisierung für ihre eigenen Zwecke zu nutzen. Während der 1570er Jahre wurden die Anredeformen für Elisabeth bei Hofe zunehmend von mittelalterlichen höfischen Liebesritualen bestimmt, wobei der Einfluss der petrarkischen Liebeslyrik ebenfalls eine Rolle spielte. Die in religiösen Begriffen zur Schau getragene Liebe zu Elisabeth fungierte dabei gleichzeitig als Zeichen politischer Loyalität. Damit wurde der dauernde Konkurrenzkampf am Hof, bei dem es im Grunde um Geld, Ämter und Macht ging, als ein erotisches Spiel dargeboten. Um am Hofe zu Macht zu kommen, musste man zuerst Elisabeth davon überzeugen, dass man sie für die schönste, keuscheste, tugendhafteste, klügste – der Katalog war nach oben hin offen – Frau in ganz Europa hielt, deren Charme man völlig verfallen war. Ihre Verehrung zeigten diese Höflinge nicht nur im Gespräch, sondern auch in Briefen, Porträts, Liedern und Gedichten, in denen Elisabeth neben allen weiblichen und königlichen Tugenden auch Unsterblichkeit und sakrale Attribute zugeschrieben wurden.

Für die Höflinge konnte sich die ostentative Verehrung Elisabeths als eine sehr einträgliche Sache erweisen. Viele vermeintlich in unerfüllter Liebe dahinschmachtende Adlige gelangten auf diesem Weg zu Ämtern, Geld und Ehren. Die Reihe derer, die ihre politischen und persönlichen Ziele über die Fiktion romantischer Liebe zu ihrer Königin verfolgten, reicht von Leicester über Sir Walter Raleigh bis zu Essex. So war es ein fester Bestandteil der Konventionen, dass zurückgewiesene Höflinge versuchten, die Gunst der Königin zurückzuerlangen, indem sie sich als verschmähte Liebende stilisierten. Das folgende Gedicht, das die vermeintlichen Gefühle von Essex beschrieb, stammt vermutlich von ihm selbst:

> *Ich liebte sie, die alle Welt bewunderte,*
> *Ich wurde zurückgewiesen von ihr, die keinen lieben kann;*
> *Und meine eitle Hoffnung, die sich viel zu viel versprach,*
> *Ist tot und begraben und für immer fort.*[9]

Schon die Tatsache, dass das Gedicht auch von seinem Sekretär stammen könnte und Höflinge solche Liebesgedichte teilweise in Auftrag gaben, zeigt den hohen Grad an Konventionalisierung und Stilisierung dieses Diskurses. Auch Sir Walter Raleigh trug sein gebrochenes Herz theatralisch zur Schau, als er von seiner königlichen ‚Mistress‘ geschnitten wurde. Er litt angeblich sehr darunter, Elisabeth nicht mehr sehen zu können: „Ich, der ich es gewöhnt war, sie reiten zu sehen wie *Alexander*, jagen wie *Diana*, schreiten wie *Venus*, während ihr der sanfte Wind ihr helles Haar um die reinen Wangen weht […].“[10] – zu dieser Zeit war die Königin 60 Jahre alt.

Sir Walter Raleighs Lieblingspersona für Elisabeth war die Mondgöttin Cynthia. Dies zeigt sich nicht nur in seiner Lyrik, sondern auch in einem Porträt, das er 1588 von sich zeichnen ließ und in dem er die bis dahin etablierte Symbolik zu seinen Gunsten nutzte: Seine Kleidung war ganz in den Farben der Königin, schwarz und weiß, gehalten und mit Perlen, dem auch von Elisabeth gern verwendeten Symbol der Jungfräulichkeit, übersät. Oben im Bild findet sich ein Halbmond, das von Raleigh verbreitete Symbol für die Königin. Die Verwendung der Mondsichel war aus verschiedenen Gründen angemessen: ‚Water' war Elisabeths Spitzname für Sir Walter Raleigh, der durch die Übernahme des Mondsymbols kundtun konnte, dass er als Wasser gänzlich von der Mondgöttin Elisabeth regiert werde. Außerdem eignete sich die Darstellung als Cynthia sehr gut für eine Förderung von Raleighs ehrgeizigen Plänen: Wenn Elisabeth sich mit dieser Persona identifizierte, konnte Raleigh auf ihre Unterstützung für die Gründung von englischen Kolonien in Amerika hoffen.

Die Vermischung von Lob und Kritik zeigt sich auch an der ambivalenten Verwendung des Mondsymbols, das anfangs ausschließlich die hohe Wertschätzung ausdrückte, die die jungfräuliche Königin genoss. Es konnte enttäuschten Höflingen jedoch zudem dazu dienen, ihrem Unmut auf ungefährliche Weise Luft zu machen. Dies war möglich, weil der Mond als Zeichen weiblicher Minderwertigkeit galt: Schließlich wurde er im Gegensatz zur Sonne als weiblich angesehen und verfügte selbst über keine Lichtquelle. Außerdem galt der Wechsel zwischen Voll- und Halbmond als Zeichen weiblicher Unbeständigkeit, was gut zu Elisabeths Wankelmut und Launenhaftigkeit zu Ende ihrer Regierungszeit passte. Als Raleigh sich 1592 im Tower wiederfand, weil herausgekommen war, dass er heimlich eine von Elisabeths Hofdamen, Elizabeth Throckmorton, geheiratet hatte, verwendete er in seiner Lyrik das Mondsymbol in negativer Weise und betonte vor allem die erratischen Bewegungen des Wassers, die er für Zeichen weiblicher Unzuverlässigkeit hielt. Höflinge, die ihre Position nicht gefährden aber ihre Kritik zumindest implizit äußern wollten, konnten daher Elisabeth als Mondgöttin hochpreisen, gleichzeitig aber auf die negativen Charakteristika anspielen, die mit dem Mond verbunden wurden.

Die Funktionalisierung von Elisabeths Überhöhung zeigte sich auch auf den jährlichen sommerlichen Rundreisen, die Stadtverwaltungen, Universitäten und Adligen eine Möglichkeit boten, die Monarchin zu bewirten, ihr mit Reden und Schauspielen zu schmeicheln und Vorteile für sich zu gewinnen. Vor allem in Reden und Theateraufführungen wurde das Lob auf die beste aller Königinnen oft verbunden mit Anspielungen auf Wünsche ihrer Untertanen. Ein gut dokumentiertes Beispiel für die Vermischung von Komplimenten und ehrgeizigen Plänen bieten die Festivitäten des Grafen Hertfort anlässlich von Elisabeths Besuch auf seinem kleinen Landsitz Elvetham im September 1591. Hertfort engagierte zunächst 300 Handwerker, die eine regelrechte Palastanlage – samt Aufenthaltsräumen, Bäckerei, Küche und Vorratsräumen – aus Zeltstoff bauten und außerdem einen mondsichelförmigen See anlegten, auf dem ein Schauspiel Elisabeth als Cynthia, die Herrin der Meere, preisen konnte. Von Beginn des Besuchs an setzte Hertfort, der damit ein letztes Mal versuchte, Elisabeth zu bewegen, die Legitimität der Kinder von Catherine Grey anzuerkennen, auf Schmeichelei, gepaart mit dem Versuch, seinen eigenen Status zu behaupten und zu verbessern. Bei ihrer Ankunft wurde Elisabeth versichert, dass sich die gesamte Natur über ihre Anwesenheit freue, nur die Nacht nicht, da sie „der Sonne Elisa ihre Strahlen neidet".[11] Meist wurden bei solchen Besuchen übertriebene Streitfragen in Szene gesetzt, die dann ebenso von der Königin gelöst wurden wie handgreiflichere Konflikte; ‚wilde Männer' wurden von ihr zivilisiert, Jungfrauen vor der sicheren Schande bewahrt und Blinde erhielten durch ihre Anwesenheit das Augenlicht zurück.

Wenn man sich abschließend die Frage stellt, wie es bereits vor 1620 zu einer Mythisierung Elisabeths kam, so ist allein schon die Tatsache, dass sie sich als Frau fähig erwiesen hatte, in einer schwierigen Situation über England zu herrschen und sogar den Angriff der übermächtigen spanischen Armada zurückzuschlagen, sicher nicht zu unterschätzen. Nach Elisabeths Tod im Jahre 1603 ist zusätzlich zu berücksichtigen, dass die Überhöhung ihrer Person ein beliebtes Mittel war, um die Stuarts zu kritisieren, die weit weniger Charisma hatten als die große Tudor-Königin. Schon vorher aber wurde anerkannt, dass eine so lange, relativ friedliche Regierungszeit einer Monarchin ohne Präzedenz und, wie Knox nicht müde zu betonen wurde, ‚wider alle Natur' war. Das allein musste die Imagination von Zeitgenossen fesseln. Von großer Bedeutung war zweifellos zudem Elisabeths Stilisierung als ‚Erlöserin der Nation', als diejenige, die von Gott ausgewählt worden war, um die Religionswirren zu beenden und seine *elect nation* zum wahren Glauben zurückzuführen. Dass aus der verstoßenen, inhaftierten Prinzessin eine schöne, mächtige Königin werden konnte und das Gute einmal mehr über das Böse siegte, bot zudem Stoff für eine Mythisierung, die über das Jahr 1620 hinweg andauern sollte. Dass Elisabeth im Zuge der Mythisierung von Maria Stuart seit den 1630er Jahren auch der Part der ‚bösen Widersacherin' zugewiesen wurde, tat der Faszination, die von ihr ausging, keinen Abbruch.

Die Macht der Mythen zeigt sich auch darin, dass beide Seiten – Elisabeth ebenso wie ihre Untertanen – unterschiedliche Aspekte der Mythenbildung zu ihren eigenen Zwecken nutzten und dadurch dazu beitrugen, den Mythos zu bestärken und zu perpetuieren. Von der Monarchin aus betrachtet stellt sich die Lage recht eindeutig dar: Elisabeth versuchte, positive Bilder von sich zu vermitteln, die ihre Autorität stärken und ihre aus zeitgenössischer Sicht unnatürliche Rolle als Herrscherin legitimieren konnten. Die Selbstüberhöhung war für sie vor allem ein Instrument der Politik, ein symbolisches Mittel, durch das sie vom gesamten Volk Gehorsam verlangen konnte.

Die Untertanen hingegen hatten für ihre Verehrung der Königin, die sie geschickt mit Eigenlob und Kritik zu verbinden wussten, unterschiedlichste Motive. Teilweise diente die Schaffung eines positiven *image* schlicht dazu, Elisabeth gegenüber äußeren und inneren Angriffen zu verteidigen. Professionellen Schriftstellern, die im Auftrag von Stadtverwaltungen oder Höflingen Schriften verfassten, die an Lobhudeleien grenzten, bot die Verehrung Elisabeths die Möglichkeit, ihre eigenen Fähigkeiten zur Schau zu tragen und vielleicht einen Patron zu gewinnen. Zum Teil stellten die idealisierenden Bilder Elisabeths der Königin ein Vorbild vor Augen, dem diese nacheifern sollte. Außerdem wurden Maskenspiele, Reden und Bilder dazu genutzt, der Königin die eigenen Wünsche nahe zu bringen, auf ungefährliche Weise Kritik zu üben und politische Ziele zu verwirklichen. In persönlicher Absicht verwendeten besonders Höflinge die Verehrung Elisabeths, um ihre eigene Position zu stärken, zu Ämtern und Ehren zu gelangen und die schwierige Beziehung zwischen Untertan und Monarchin in ihrem eigenen Sinne zu definieren.

Eine vielen Engländern gemeinsame, bedeutende Funktionalisierung des Mythos war die darin implizierte Wertschätzung der

eigenen Nation und der ‚wahren' Kirche, die die Königin symbolisierte. Durch die heute überzogen und phantastisch anmutende
Verehrung der Königin konnte man ein Zeichen der eigenen politischen und religiösen Loyalität setzen, sich als ein guter Engländer
erweisen. Diese übersteigerten Formen der Bewunderung blendeten
gesellschaftliche Missstände ebenso aus wie soziale und politische
Spannungen: Im Lob auf Elisabeth war die Nation geeint. Die
Überhöhung diente der Monarchin dazu, nationalistische und religiöse Gefühle zu kanalisieren und in die Verehrung einer Königin
umzuwandeln, die gleichzeitig Symbol für Nation und Kirche war.
Elisabeth I. mochte altern und unbeliebte politische Maßnahmen
verfolgen; in der kollektiven Imagination blieb sie die strahlend
schöne Königin, die die *elect nation* verkörperte und deren Unver-
wundbarkeit zugleich die Stärke der eigenen Nation symbolisierte.

ANMERKUNGEN

1 „unconstant, variable, cruell" (Knox 1966, 374); „repugnant to Nature" (Knox
   1966, 373); „subversion of good Order" (Knox 1966, 373).
2 „[C]onsidering I am Gods Creature, ordeyned to obey his appointment I
   will thereto Yelde, desiringe from the bottom of my harte that I may have
   assistance of his Grace to bee the minister of his Heavenly Will in this office
   now commytted to me […] I am but one Bodye naturallye Considered though
   by his [God's] permission a Bodye Politique to Governe" (zitiert nach Heisch
   1975, 33).
3 Machoczek 1996, 36.
4 „As for my owne parte I care not for deathe, for all men are mortall; and
   thowghe I be a woman yet I have as good a corage awnswerable to mye place
   as evere my fathere hade" (Hartley 1995, 148).
5 „I do assure yo^w there is no prince that loues his Subiectes better or whose
   loue can countervaile our Loue. […] [T]hough god hath raised mee high, yet
   this [I] counte the glorie of my Crowne. That I haue raigned with yor loues"
   (zitiert nach Heisch 1975, 40).
6 „adourned with singuler beautie and chastitie, excelling in the one *Venus*,
   in the other *Vesta*" (J. Lyly, *Euphues and His England*, zitiert nach Hackett
   1995, 114).
7 „sacred hands" (in einem Brief, vermutlich 1601), zitiert nach Neale 1925, 217.
8 „The *Britttain* [sic] Queene shalbe that Phoenix rare / Whom death to touch
   with dart shall neuer dare: / Thou shalt on earth eternally remaine" (Thomas
   Blenerhasset, *A Revelation of the True Minerva* (1582), zitiert nach Hackett
   1995, 122).
9 „I loved her whom all the world admired. / I was refused of her that can love
   none; / And my vain hope, which far too high aspired, / Is dead and buried

and forever gone" (zur Autorschaft dieses Sonetts vgl. Strong 1977, 82, der es vollständig abdruckt).

10 „I that was wont to behold her riding like *Alexander*, hunting like *Diana*, walking like *Venus*, the gentle wind blowing her fair hair about her pure cheeks …" (Walter Ralegh an Robert Cecil, zitiert nach Greenblatt 1973, 24).

11 Suerbaum 1989, 278.

QUELLEN

Hartley, Thomas E. (Hg.) 1995: Proceedings in the Parliaments of Elizabeth I. 20 Bände. Bd. 1., London.

Knox, John 1966 [1855]: The Works of John Knox, Bd. 4., Edinburgh/New York (hg. v. David Laing).

Neale, J. E. 1925: The Sayings of Queen Elizabeth, in: History N.S. 10, S. 212–233.

Rice, George P. (Hg.) 1966: The Public Speaking of Queen Elizabeth. Selections from her Official Addresses, New York.

LITERATURHINWEISE

Doran, Susan 2003: Virginity, Divinity and Power. The Portraits of Elizabeth I, in: The Myth of Elizabeth, hg. v. Susan Doran u. Thomas Freeman, Basingstoke, S. 171–99.

Freeman, Thomas S. 2003: Providence and Prescription. The Account of Elizabeth in Foxe's Book of Martyrs, in: The Myth of *Elizabeth*, hg. v. Susan Doran u. Thomas S. Freeman, Basingstoke, S. 27–55.

Frye, Susan 1993: Elizabeth I. The Competition for Representation, N.Y. & Oxford.

Greenblatt, Steven J. 1973: Sir Walter Ralegh. The Renaissance Man and His Roles, New Haven.

Hackett, Helen 1995: Virgin Mother, Maiden Queen. Elizabeth I and the Cult of the Virgin Mary, Basingstoke.

Heisch, Allison 1975: Queen Elizabeth I. Parliamentary Rhetoric and the Exercise of Power, in: Signs 1, S. 31–55.

Machoczek, Ursula 1996: Die regierende Königin – Elizabeth I. von England. Aspekte weiblicher Herrschaft im 16. Jahrhundert, Pfaffenweiler.

Nette, Herbert 1982: Elisabeth I. in Selbstzeugnissen und Bilddokumenten, Reinbek.

Nünning, Vera 1999: Herrscherbilder und die Herrschaft der Bilder. Der Kult um Elisabeth I, in: Basileus und der Tyrann. Herrscherbilder und Bilder von Herrschaft in der Englischen Renaissance, hg. v. Uwe Baumann, Frankfurt, S. 133–66.

Strong, Roy 1977: The Cult of Elizabeth. Elizabethan Portraiture and Pageantry, London.

Strong, Roy 2003: Gloriana. The Portraits of Queen Elizabeth I, London.

Suerbaum, Ulrich 1989: Das Elisabethanische Zeitalter, Stuttgart.

Romeo und Julia; „Balkonszene";
in schwarzer Kreide von Johann Heinrich Füssli; um 1800

DER MYTHOS DER ABSOLUTEN LIEBE

Shakespeares Romeo und Julia von Wolfgang Weiß

Wenn wir die dramatische Kühnheit und die gesellschaftliche Sprengkraft dieses Stücks erkennen wollen, müssen wir zunächst einmal die kitschigen Bilder dieses Liebespaars aus unseren Köpfen verbannen, die den Touristen in Stratford und Verona angedreht werden. Wir müssen manche moderne Fassungen dieses Dramas vergessen, in denen eine reine, hehre Herzensliebe an den Widerständen der bösen Welt so poetisch und zu Tränen rührend zugrunde geht. Wir dürfen uns nicht mit glättenden und oft verfälschenden Übersetzungen begnügen, sondern müssen uns mit dem Text Shakespeares auseinandersetzen. Denn erst dann können wir das in mehr als einer Hinsicht Neue, ja Revolutionäre dieser Tragödie begreifen, die Shakespeare aus einer alten, vielfach überlieferten Geschichte formte. Das dramatische Experiment, das Shakespeare wagte, erwies sich als höchst erfolgreich, wie die Zahl der billigen Drucke des Stückes im Quartformat zeigt. Zwischen 1597 und 1637 erschienen fünf davon – auf den Titelblättern wurde jeweils auf den großen Applaus hingewiesen, den das Stück im Theater hervorgerufen hatte.

Shakespeare schrieb das Drama wahrscheinlich 1595, als er sich mit seinen Stücken und Dichtungen in London schon einen Namen gemacht und nach einer kurzen Zeit des Lernens und Nachahmens zu seiner eigenen dramatischen Formensprache gefunden hatte. In rascher Folge entstehen in dieser Zeit *Ein Sommernachtstraum*, *Romeo und Julia* und *Der Kaufmann von Venedig*, alles Dramen, in denen Shakespeare die Gattungsgrenzen zwischen Komödie und Tragödie überschreitet, indem er in den Komödien die Möglichkeit des Tragischen aufscheinen lässt, in die Tragödien Komödienelemente und Derbkomisches oder scheinbar Unvereinbares einfügt: So die Welt des Hofes, den Zauberwald der Elfen, biedere theaterbegeisterte Handwerker und unglückliche Liebespaare im *Sommernachtstraum* oder die heitere Welt der venezianischen

Jugend mit dem grausamen Schicksal eines verachteten Juden wie im *Kaufmann von Venedig* verbindet.

In dieser außerordentlich schöpferischen Zeit wendet sich Shakespeare mit *Romeo und Julia* zum zweiten Mal der Tragödie zu, nachdem er einige Jahre zuvor mit *Titus Andronicus* eine blutige, von Greueltaten nur so strotzende Römertragödie auf die Bühne gebracht hatte, in der Morde, Vergewaltigung, Verstümmelung und ein kannibalisches Mahl, indem der Mutter ihre Kinder als Fleischpastete serviert werden, zu besichtigen sind.

Den Stoff für seine zweite Tragödie entnahm Shakespeare der italienischen Novellenliteratur, in der die Geschichte zum ersten Mal von Tomaso Masuccio Salernitano 1476 erzählt wurde, und dann in immer neuen Fassungen in Italien, Frankreich und England weite Verbreitung fand. Um 1530 gibt Luigi da Porto der Geschichte dann weitgehend die Gestalt, wie wir sie heute kennen: Er verlegt den Schauplatz nach Verona, entnimmt die Namen der verfeindeten Familien Montecchi und Cappelati dem „Fegefeuer" von Dantes *Divina Comedia* (VI, 105), lässt Romeo und Giulietta sich auf einem Ball ineinander verlieben, schildert die berühmte Balkonszene und lässt die Geschichte mit dem Selbstmord der beiden enden, wobei Giulietta sich allerdings durch Anhalten ihres Atems umbringt. Shakespeare wird diese Todesart in bedeutsamer Weise ändern, wie wir noch sehen werden. Bei Porto ist der Gegner der Liebenden Fortuna, „die Feindin jeder irdischen Freude". In England wird die Geschichte in den 1560er Jahren zweimal erzählt, als Prosanovelle und als ebenso lange wie langatmige Verserzählung von über 3000 Zeilen von Arthur Brooke mit dem Titel *The Tragicall Historye of Romeus and Juliet*. Shakespeare wählte diese Verserzählung als Vorlage, obwohl er mit der Weise, wie Brooke diese Geschichte erzählt hatte, überhaupt nicht einverstanden gewesen sein konnte. In seiner Vorrede erklärt Brooke nämlich dem Leser, dass er diese tragische und gottlose Geschichte zur moralischen Belehrung verfasst habe, weil das Schicksal zweier unglücklicher Liebender geschildert werde, die sich der unehrenhaften fleischlichen Begierde hingeben, die Autorität der Eltern missachtet und die Ratschläge von Freunden in den Wind geschlagen hätten. Bei Brooke zieht sich die Liebesgeschichte über Monate hin, die Shakespeare zu wenigen Tagen zusammenraffen wird. Juliet ist bei Brooke eine „wily wench", ein verschlagenes kleines Biest, das über die erfolgreiche Täuschung seiner Mutter jubelt und den Eltern weismacht, in Paris verliebt zu sein, um sie von Romeus' Fährte abzulenken. Brookes Sprache ist voller schwerfälliger Bilder und Vergleiche, wenn er diese unmoralische Liebe schildert, und für den Katholikenfeind Brooke ist die Zelle des Bruder Lawrence nur ein übler Ort der Sünde, in dem sich die Liebesleute ungestört ihren Trieben widmen können. Obwohl Brooke in der Erzählung anders als in der Vorrede die Liebenden auch mit Anteilnahme schildert und sogar Mitleid mit ihrem Schicksal zeigt, ist für ihn der Tod der Beiden letztlich doch die verdiente Strafe für ihre schweren Sünden.

Als Shakespeare diesen Stoff für eine Tragödie wählte, verstieß er gegen etliche Regeln, die damals für Tragödien galten: Tragische Helden sollten aus der Geschichte, vorzugsweise aus der klassischen Antike oder aus den klassischen Mythen gewählt werden. Dargestellt werden sollte, wie diese mächtigen aber verblendeten Helden durch Hybris das Schicksal herausfordern, das sie schließlich in Elend und Tod stürzt.

Novellen der italienischen Renaissance waren hingegen eher geeignet, Figuren und Motive für Komödien zu liefern. Shakespeare stellte überdies keine handlungsmächtige Figur in den Mittelpunkt einer Tragödie, sondern Jugendliche, die in ihre patriarchalisch organisierten Familien noch fest eingebunden sind und ihren Eltern unbedingten Gehorsam schulden.

Aber das Motiv einer von den Partnern selbst getroffenen Gattenwahl, die in schärfstem Gegensatz zu den Interessen der Familien steht, gab Shakespeare die Möglichkeit, den Konflikt zwischen den Generationen, die Beziehungen zwischen den Geschlechtern und die Chancen der Selbstentfaltung und Selbstbestimmung von Menschen in einer patriarchalisch geprägten Ordnung der Gesellschaft, in der sich aber bereits Spannungen und Krisen bemerkbar machten, dramatisch zugespitzt auf die Bühne zu bringen.

Dass dieses Motiv dramatisch außerordentlich ergiebig war und auf großes Interesse des Publikums stieß, geht schon aus seiner häufigen Verwendung bei Shakespeare hervor: In den zeitlich nahe zu *Romeo und Julia* entstandenen Stücken *Ein Som-*

mernachtstraum und *Der Kaufmann von Venedig* spielt das Motiv ebenfalls eine wichtige Rolle. Im *Sommernachtstraum* wird Hermia von ihrem Vater, der sich dabei auf die Gesetze Athens berufen kann, vor die Wahl gestellt, entweder den von ihm ausgesuchten Bräutigam zu heiraten oder aber ins Kloster gesperrt zu werden oder zu sterben. In der von den Handwerkern als Spiel im Spiel aufgeführten Tragödie von Pyramus und Thisbe, die ihnen zur grotesken Komödie gerät, wird auf den tragischen Ausgang dieses Konflikts angespielt. Im *Kaufmann von Venedig* wird Portia durch das Testament des Vaters gezwungen, die Wahl ihres Mannes den drei Kästchen zu überlassen, und Jessica, die Tochter Shylocks, kann ihren Lorenzo nur durch Flucht aus ihrem Heim, Diebstahl des Goldes und der Juwelen ihres Vaters und Wechsel der Religion gewinnen.

Shakespeare schrieb seine Stücke in einer Zeit, die früher unter der Bezeichnung englische Renaissance als einheitliche, festgefügte Epoche galt. Heute dagegen macht sich die Forschung ein ganz anderes Bild von dieser Zeit, die deshalb auch in „Frühe Neuzeit" umbenannt wurde. In dieser Zeit werden seit Jahrhunderten unangefochtene religiöse, politische und philosophische Autoritäten zusehends in Frage gestellt und neue Autoritäten treten mit ihnen in Wettbewerb. Die strenge gesellschaftliche Ordnung wird durch tiefgreifende wirtschaftliche und soziale Veränderungen gelockert und gerät in Bewegung. Der Spielraum für die selbstständige Ausgestaltung des eigenen Lebens, in der englischen Forschung als *Self-Fashioning* bezeichnet, wird nun deutlich größer. Der Wettstreit religiöser, politischer und kultureller Diskurse um die Vorherrschaft und die wachsenden Spannungen zwischen den verschiedenen gesellschaftlichen Gruppen entluden sich schließlich im Bürgerkrieg der Englischen Revolution von 1641, mit der Hinrichtung König Charles I., der Abschaffung der Monarchie, der Ausrufung des Commonwealth und der Diktatur Oliver Cromwells als Folgen.

Mann und Frau

In dieser brüchig werdenden patriarchalischen Ordnung am Ende des 16. Jahrhunderts geriet auch die Beziehung zwischen den Geschlechtern in die Diskussion. In den Jahrzehnten um 1600 äußerte sich dies in einem vielstimmigen Diskurs über die Frau und die Ehe, wo die Frau bald übel beschimpft und herabgewürdigt, bald als Partnerin entdeckt oder aber als fast überirdisches Wesen auf ein Podest gestellt wurde, wo sie unerreichbar für den Mann den Weg zur Erfahrung der absoluten Schönheit und Wahrheit wies. Diese verwirrende Debatte wurde immer noch auf der Grundlage des so genannten, durch Aristoteles legitimierten *one-sex models* (oder teleologischen Geschlechtsverständnisses) geführt, das seit Jahrhunderten das Verständnis der beiden Geschlechter und ihre Beziehung zueinander bestimmte. Hiernach war der vollausgebildete Mensch nur der Mann. Die Frau dagegen wurde nicht als ein vom Mann verschiedenes Geschlecht betrachtet, sondern als ein nicht voll ausgebildeter Mann: Ihr fehlten jene Körpersäfte, die dem Mann Geist, Tapferkeit und Aktivität verliehen. Stattdessen leide sie an einem Übermaß von kalter Feuchtigkeit, was die Ausbildung des Gefühllebens, der Sanftmut und Passivität als typisch weiblich begünstige. Die weiblichen Genitalien deutete man als weniger ausgebildete und nach innen gestülpte männliche Geschlechtsorgane. Die Frau wurde also vom Manne her durch ihre Mängel definiert, eine Definition, die natürlich auch die gesellschaftliche Stellung der Frau bestimmte.

Diese Auffassung, dass es nur ein Geschlecht gebe, wurde übrigens erst im Lauf des 18. Jahrhunderts von dem Verständnis abgelöst, dass Mann und Frau zwei verschiedene Geschlechter sind. Aber bereits um 1600 begannen sich die Beziehungen zwischen Mann und Frau zu verändern. Vor allem vom Bürger wurde die Familie als ein Ort entdeckt, in den man sich von der Öffentlichkeit zurückziehen konnte, wo man Ruhe und Geborgenheit, Nähe und Wärme fand. Dies setzte jedoch voraus, dass die Ehepartner nicht nur eine wirtschaftliche Zweckgemeinschaft bildeten oder freundschaftlich miteinander verbunden, sondern sich in gegenseitiger Liebe zugetan waren. Für die Partnerwahl bedeutete dies, dass

nicht mehr der Vater die Braut oder den Bräutigam seiner Kinder
bestimmen sollte, sondern die künftigen Partner selbst. Dass dies
für reichlich Konfliktstoff zwischen den Generationen sorgte, liegt
auf der Hand. Es erklärt die Häufigkeit des Motivs auf den Londoner Bühnen und die Beliebtheit der sogenannten City-Komödien ab
1600, in denen heiratsfähige Burschen und Mädchen der Londoner
Bürger mit vielen tollen und listigen Einfällen ihren verstockten
und widerspenstigen Eltern nicht nur deren Zustimmung zur
Heirat abringen, sondern aus diesen auch noch ein beträchtliches
Heiratsgut herauspressen.

In der Liebesdichtung der Zeit, in der *Romeo and Julia* entstand,
zeigt sich am deutlichsten, wie stark einerseits die Beziehung zwischen den Geschlechtern noch von der Vorherrschaft des Mannes
geprägt war und andererseits schon neue Formen der Beziehung
entdeckt wurden. Die 90er Jahre des 16. Jahrhunderts waren die
große Zeit der Sonettzyklen, die in der Tradition Petrarcas in großer Zahl geschrieben wurden. In diesen oft über hundert Sonette
umfassenden Zyklen mit Titeln wie *Astrophel and Stella*, *Caelica*,
Coelia, *Diana*, *Delia* oder *Idea* wird ein ideales Bild weiblicher
Schönheit verehrt, das unnahbar bleibt und letztlich menschliche
Vollkommenheit, religiöse Wahrheit oder philosophische Weisheit
verkörpert. Die Frau, in den Schönheitskatalogen dieser Sonette in
allen Einzelheiten mit ausgesuchten Vergleichen beschrieben, bleibt
nicht nur unnahbar, sondern auch stumm. Umso mehr spricht der
Mann über seine Befindlichkeit, seine Gefühle, seine Leiden, seine
verzehrende Sehnsucht, die erst im Tod zur Ruhe und Erfüllung
kommen sollen. Diese Sonettmode gerät dann zunehmend in die
Kritik. Parodien werden geschrieben und Shakespeare selbst schildert in seinem Sonettzyklus die wechselvolle Beziehung zwischen
einem schönen Jüngling und einem alternden Dichter, der gleichzeitig einer verheirateten dunkelhäutigen oder schwarzhaarigen
Frau sexuell hörig ist, die riecht und von mäßiger Schönheit ist, die
es mit vielen Männern treibt und deren Verführungskunst auch
der junge Freund erliegt. Ebenfalls in den 90er Jahren schreibt der
brillante, große John Donne, bevor er sich zum größten Prediger
Englands wandelt, Liebesgedichte, nicht mehr in Sonettform, in
denen die Frau ganz selbstverständlich Bettgenossin und Partnerin

des Mannes ist; sie äußert ihr erotisches Begehren und er erlebt gemeinsam mit ihr die seelischen und körperlichen Ekstasen des Liebesakts.

Sprachen der Liebe

In dieser Zeit, in der zwar die patriarchalische Ordnung das Verhältnis zwischen den Generationen und zwischen Mann und Frau noch weitgehend bestimmte, aber schon durch andere Diskurse nachdrücklich in Frage gestellt wurde, schreibt Shakespeare seine erste Liebestragödie. Welche Liebe hat er in diesem Stück auf der Bühne entfaltet? Um diese Frage beantworten zu können, müssen wir zum einen sehr genau auf seine Verwendung traditioneller dramatischer und literarischer Ausdrucksformen, von den dramatischen Gattungen bis hin zu zitierten Gedichtformen in diesem Stück achten, die Shakespeare jeweils bedeutungsvoll abändert, ohne sich dabei an geltende Regeln zu halten. Zum anderen müssen wir seine Sprache genau betrachten. Denn gerade in diesem Stück hören wir ein vielstimmiges Nebeneinander und Durcheinander der verschiedensten Sprachebenen, die in Übersetzungen nur unzulänglich oder gar nicht wiedergegeben werden können. In keinem seiner anderen Stücke hat Shakespeare die hohlen Phrasen und Floskeln der Verliebtheit so unvermittelt neben die zarten und wilden Bekenntnisse leidenschaftlicher Liebe gestellt. Und in keinem anderen Stück hat Shakespeare so derb und munter mit anzüglichen Wortspielen und zweideutigen Wortverdrehungen geferkelt. *Romeo und Julia* ist, wie fleißige Shakespeare-Philologen herausgefunden und nachgezählt haben, Shakespeares an sexuellen Anspielungen reichstes, aus prüder Sicht gesehen unanständigstes Stück, was zur Folge hat, dass in Amerika bis heute gereinigte Ausgaben gedruckt werden und deutsche Übersetzer seit Wieland, Eschenburg, Schlegel und Tieck, wenn sie die Anspielungen und Wortspiele überhaupt verstanden, diese entweder strichen oder aber bis zur Unkenntlichkeit glätteten. Nur ein Beispiel: In der ersten Szene des 2. Akts macht Mercutio sich über den verliebten Romeo lustig, indem er sich vorstellt, wie dieser unter einem Mispelbaum sitzt und an seine Geliebte Rosalinde denkt:

> *Now will he sit under a medlar tree*
> *And wish his mistress were that kind of fruit*
> *As maids call medlars when they laugh alone.*
> *O Romeo, that she were, O that she were*
> *An open-arse, and thou a poperin pear!*

Die wörtliche Übersetzung:

> *Nun wird er wohl unter einem Mispelbaum sitzen*
> *Und wünschen sein Mädchen wäre diese Art von Frucht*
> *Die Mädchen Mispel nennen, wenn sie unter sich kichern.*
> *O Romeo, dass sie doch, o dass sie doch*
> *Ein offener Arsch wäre und du eine Poperinbirne!*

Medlar, die Mispelfrucht, war wegen ihrer Form ein Symbol für das weibliche Geschlechtsteil. Zugleich war *medlar* gleichlautend mit *meddler*, ein derber Ausdruck für einen Mann mit ausgeprägtem Geschlechtstrieb. *Open-arse*, war ein derbes Dialektwort für die Mispel bzw. für das weibliche Genitale. Und *poperin pear* war eine Birnensorte aus der flämischen Stadt Poperinghe, die wegen ihrer Form ein Symbol für das erigierte männliche Glied samt Hoden war. Zugleich ist in dem Wort *poperin* die Aufforderung *„pop her in"* also „tu ihn rein" versteckt. Der elisabethanische Zuschauer hörte also hier eine Vielzahl derber sexueller Anspielungen. Wie sehr die Übersetzung Schlegels geglättet hat, zeigt seine Fassung:

> *Nun sitzt er wohl an einen Baum gelehnt*
> *Und wünscht, sein Liebchen wär die reife Frucht*
> *Und fiel' ihm in den Schoß …*

Man würde Shakespeare bitter Unrecht tun, würde man diese Wortspiele als Zeugnisse seiner sexuellen Phantasien oder als Anbiederung an ein auf Zoten wildes rohes Publikum verstehen. Wortspiele waren zur Zeit Shakespeares noch ein legitimes

Mittel, um die Vielgestaltigkeit der Dinge und ihre vielfältigen Verbindungen untereinander sprachlich zu erschließen. Diese *puns* und *quibbles* oder Kalauer verfielen ab dem 17. Jahrhundert der schärfsten Verurteilung und sind bis heute aus der literarischen Hochsprache verbannt. In diesem Stück bildet diese zotige Sprache vielmehr den Hintergrund für die anderen Sprachen, in denen bald gekünstelt und gedrechselt, bald geschäftsmäßig kühl über Liebe und Ehe gesprochen wird, eine Sprachenvielfalt, in der Romeo und Julia ihre eigene Sprache finden müssen, um überhaupt über ihre Liebe sprechen zu können.

Die Liebe zwischen Romeo und Julia ist, wie der Titel und der erste Prolog, in dem die Handlung skizziert wird, aussagen, als Tragödie gestaltet. Dieser Prolog ist ein Sonett, ebenso wie der Prolog zum zweiten Akt. Mit der Wahl dieser Form stellt Shakespeare seinen Text in eine literarische Reihe und macht damit deutlich, dass dieser eine Auseinandersetzung, eine Revision vorausgehender Texte sein wird. Im ersten Prolog werden die beiden Liebenden als *star-cross'd*, als unter einem bösen Stern stehend, und ihre Liebe als *death-mark'd* bezeichnet. Aber im zweiten Prolog wird die Verliebtheit Romeos in die abwesende Rosalinde klar abgesetzt von Romeos und Julias gegenseitiger Liebe:

> *Romeo liebt jetzt und wird geliebt; Und voll*
> *Verzauberung sind ihre beiden Seelen;*

Schon damit wird angedeutet, dass diese Liebe nicht in der Sonett-Tradition stehen wird, in der nur der Mann liebt, sondern dass diese Liebe zur Vereinigung der beiden Liebenden führen wird. Das zweite Sonett endet:

> *Doch Liebe schenkt die Kraft, den Weg, die Nacht,*
> *Dass höchstes Glück in höchster Not erwacht.*

Eine solche Liebe, die auf körperliche Vereinigung hindrängt, ist aber der Stoff für eine Komödie, in der am Ende eine Hochzeit gefeiert wird. Und folgerichtig hat Shakespeare diese Tragödie zur Komödie hin geöffnet.

Tatsächlich entfaltet sich die Handlung zunächst als Komödie, genauer gesagt, nach dem Muster der plautinischen Liebeskomödie. Deren typische Handlung: Ein junger Mann und eine junge Frau verlieben sich ineinander. Aber die Gesellschaft, zumeist vertreten durch die Eltern des Mannes, ist mit dieser Liebe nicht einverstanden, weil sie den Normen und Interessen der Gesellschaft nicht entspricht, die auf die Mehrung des Reichtums oder des sozialen Ansehens gerichtet sind. Die Braut ist entweder bettelarm oder eine Sklavin. Letztendlich gelingt es jedoch den beiden Liebenden, die unbeirrt zueinander stehen, die gesellschaftlichen Widerstände zu überwinden und die allgemeine Zustimmung zur Hochzeit zu erlangen. Mit der Heirat erkennt die Gesellschaft an, dass sie in lebensfeindlichen Normen und Werten erstarrt war und dass sie sich in Zukunft zu den Werten des Lebens, der Liebe und der Fruchtbarkeit, für die die beiden jungen Liebenden stehen, bekennen will.

Die Handlung von Romeo und Juliet entwickelt sich über weite Strecken nach diesem Muster: Erste Begegnung, gegenseitige Liebesbekenntnisse, die Trauung und die Hochzeitsnacht. Aber dieses Handlungsmuster wird in tragischer Ironie abgewandelt: Die Trauung muss in aller Heimlichkeit stattfinden, und die Anerkennung dieser Ehe durch die Gesellschaft erfolgt erst nach dem Tod der beiden Liebenden an deren Leichen. Ob damit auch ein Bekenntnis zur Liebe der beiden verbunden ist, wird noch zu erörtern sein.

Wie bereits die erste Szene zeigt, entfaltet sich diese Komödienhandlung in einer Gesellschaft, die bis hinunter zur Dienerschaft von der Norm der Männlichkeit durchdrungen ist. Diese Norm fordert Streitlust und Gewalt gegen Feinde und Rivalen, und unbedingte Loyalität gegenüber der eigenen Großfamilie oder Gruppe. Frauen, auch dies wird in der ersten Szene mit drastischen Wortspielen verdeutlicht, sind in dieser Gesellschaft Objekte sexueller Lust, die man auch mit Gewalt nehmen kann:

Simson: (…) Die Männer von Montagues – die zerdrück ich an der Wand, und die Weiber – die drück ich an der Wand. (…) erst massakrier ich die Männer, dann charmier ich die Weiber: ich zerfetz ihnen die Haut.

Gregor: Die Haut? Den Weibern?
Simson: Ja, die Haut der Weiber, oder die Häutchen der Jungfern oder
die Jungfernhäutchen, nimms wie dirs passt.
Gregor: Passen muss es denen, die's einstecken müssen.
Simson: Denen werd ichs stecken, solang ich stehen kann, und bekannt-
lich hab ich Stahl in den Knochen.

In dieser von Männern beherrschten Welt, deren Symbole Degen und Phallus sind, wird Romeo in der modischen Pose eines unendlich leidenden Liebhabers einer abweisenden Dame namens Rosalinde vorgestellt, die im Stück niemals auftreten wird, weil sie ja ohnehin nur als ideales Bild in Romeos überhitzter Phantasie lebt. In dieser Pose kultivierten die höfisch gebildeten Männer ihr erotisches Begehren und bestätigten damit zugleich ihre Überlegenheit gegenüber dem weiblichen Geschlecht. Denn nur Männer galten als fähig, so hingebungsvoll zu lieben und an dieser Liebe zu leiden. Romeos Sprache in dieser Pose besteht allerdings nur aus abgegriffenen paradoxen Bildern und Vergleichen aus der Sonettliteratur:

O schwerer Leichtsinn, ernste Spielerei,
Bizarres Chaos trügerischer Formen!
Bleifedern, klarer Rauch, eiskalte Glut,
Todkrankes Wohlsein, immerwacher Schlaf,
Und nichts ist, was es ist! Ist Liebe das,
Was ich jetzt fühl? (…)
Liebe ist Rauch, gemacht aus Seufzerschwaden;
Geschürt: ein Augenfeuer, drin Verliebte baden;
Erstickt: ein Meer, gespeist aus Tränenströmen.
Was ist sie sonst? nur kühlste Raserei,
Zuckrige Galle, schale Näscherei.

So wie Romeo in der gesellschaftlich angemessenen Rolle eines in die Liebe Verliebten vorgestellt wird, der sich nur in der vorgeprägten Sprache äußern kann, so wird auch Julia in der Rolle einer jungen Frau vorgestellt, die an der Schwelle zur Heiratsfähigkeit steht. Behütet von Mutter und Amme wird sie in Richtung einer für die Familie wirtschaftlich und gesellschaftlich günstigen Heirat mit dem Grafen Paris gedrängt. Die Mutter, die Paris in gestelzten Worten als Buch vorstellt, zu dem Julia den kostbaren Einband bilden soll, versucht ihrer Tochter das vorteilhafte Tauschgeschäft dieser Ehe klar zu machen:

> *Schau, du gewinnst, was seinem Wert entspricht,*
> *Vergibst dir nichts, verlierst nichts an Gewicht.*

Was von der Amme kommentiert wird: „Verliert Gewicht? Ein Mann macht Frauen dicker!" Die geschwätzige Amme, die mit ihrer derben Rede die grob sexuelle Sprache des Anfangs fortführt, weist mit der nach Art einfacher Leute gleich dreimal erzählten Anekdote aus Julias Kindheit auf die Rolle der Frau als Sexualobjekt hin: Als einmal die kleine Julia nach vorn aufs Gesicht fiel, und sich eine Beule so groß wie ein Hähnchenhoden holte und weinte, hob der Mann der Amme sie auf und sagte:

> „[W]as fällst du aufs Gesicht?
> Wirst schon noch auf den Rücken fallen lernen,
> Was, Julchen?" Und, Jesus Maria, gleich
> Vergißt der Spatz die Tränen und sagt „ja".

JENSEITS DER GESCHLECHTERROLLEN

In den folgenden Szenen wird Shakespeare dramatisch entfalten, wie Romeo und Julia inmitten einer von Gewalt, Feindschaft und frauenverachten – der Geilheit beherrschten und von wirtschaftlichen und gesellschaftlichen Interessen geprägten Gesellschaft sich immer mehr aus ihren vorgegebenen Rollen herauslösen werden, um sich nur noch als liebender Mann und liebende Frau begegnen zu können. Noch auf dem Weg zum Ball, dem Ort der ersten Begegnung der beiden Liebenden, wird von den Freunden Romeos kräftig über die Liebe zotig gekalauert und gewitzelt, die insbesondere für den vitalen Mercutio nur Triebbefriedigung ist; alles andere, wie er in seinem berühmten „Queen Mab"-Monolog deutlich macht, ist für ihn nur Einbildung und Traum. Auf dem Ball, der von einer Atmosphäre mühsam unterdrückter Gewalttätigkeit beherrscht ist, begegnen sich Romeo und Julia zum ersten Mal beim Tanz. Romeo berührt ihre Hand und beginnt die ersten vier Zeilen eines Sonetts zu sprechen, in denen er sich ganz in der Sonetttradition als Pilger entwirft, der das Heiligenbild mit unwürdiger Hand berührt hat, und diese raue Berührung nun mit einem zarten Kuss sühnen möchte. Da geschieht das unerhört Neue: Nicht Romeo fährt fort, das Sonett zu sprechen, sondern Julia antwortet mit dem zweiten Quartett, in dem sie als Heiligenbild dem Büßer die Buße erlässt. Das dritte Quartett wird abwechselnd gesprochen ebenso der abschließende Zweizeiler, in dem Romeo um einen Kuss bittet und Julia diesen gewährt:

Julia: Das Bild erhört, doch darf sichs nicht bewegen.
Romeo: Beweg dich nicht, ich hol mir selbst den Segen.

Er küsst sie und sie beginnen sofort mit einem neuen Sonett, aber noch vor dem Ende der ersten vier Zeilen küssen sie sich bereits wieder, was Julia mit leichter Ungeduld über Romeos sehr formelle Art, um einen Kuss zu bitten, kommentiert: „You kiss by th' book" (Sie küssen nach Vorschrift). Denn Julia empfindet den Widerspruch zwischen der Sprache der Sonettisten, in der jede erotische Berührung ausgeschlossen war, und dem Spiel der Hände und Lippen, in dem die Körper zueinander drängen. Unmittelbar danach erfahren die beiden, dass ihre Familien Todfeinde sind. Beide wissen sofort, was das bedeutet: Julia hat erste Todesahnungen, Romeo weiß sein Leben in der Hand seiner Feinde. Die Berührung der Hände, das im Dialog gesprochene Sonett und die Küsse zeigen, dass hier keine konventionelle Werbung eines Mannes um eine Frau beginnt, sondern eine neue Art von Liebesbeziehung, in der Mann und Frau ihr Begehren aussprechen, in dem ihre Körper selbstverständlich eingebunden sind.

In der zweiten Begegnung, der berühmten Balkonszene, sind die Liebenden allein: Romeo hat sich vor seinen Freunden versteckt, die ihn suchen und ihn mit ebenso wüsten wie ausgeklügelten Ferkeleien über Rosalindes Körper dazu bewegen wollen, dass er sich meldet. Aber Romeo ist über die Gartenmauer der Capulets gesprungen; mit diesem Sprung in den feindlichen Bezirk, wo ihn nicht länger das Gastrecht wie auf dem Ball schützt, kündigt er auch seine Loyalität zur eigenen Familie auf. Man hat die Balkonszene auch Romeos Werbeszene genannt. Dies ist nur insofern richtig, als Romeos Sprache zunächst immer noch von den herkömmlichen Liebesfloskeln geprägt ist, die er unter dem Einfluss Julias aber rasch beiseite lässt. Denn Julia verzichtet ausdrücklich darauf, umworben zu werden. Sie hält nichts von der traditionellen Rolle der Frau, in der diese die Abweisende spielen muss. Geschützt durch die dunkle Nacht, die ihre Schamröte verbirgt, sagt sie:

> *Ich würd gern Formen wahren, gern gern leugnen,*
> *Was ich verriet. Doch Artigkeit ade!*
> *Nun, liebst du mich? Ich weiß schon, du sagst „ja",*
> *Und ich, ich glaub dir dann.*

> *O sanfter Romeo, wenn du mich liebst, sag's wahr.*
> *Doch, wenn du glaubst, ich sei zu leicht gewonnen,*
> *Tu ich kokett und zickig und sag nein,*
> *Damit du mich hofierst; doch sonst – nicht um die Welt.*

Und als Romeo als Trost um einen Liebesschwur bittet, sagt sie: „Ich gab ihn dir lang eh du ihn verlangt hast". Und dann definiert Julia diese Liebe nicht als einseitige Verehrung des Mannes, nicht als gutes Tauschgeschäft, sondern als Schenken, das die Schenkende immer reicher macht:

> *Mein Herz ist weit, weitherzig wie die See,*
> *Die Liebe grad so tief: Je mehr ich geb,*
> *Um so mehr hab ich – beides ist unendlich.*

Die ganze Begegnung ist geprägt von dem Wissen der beiden, dass ihre Liebe in dieser Gesellschaft mit ihren Rollen, ihren Interessen und ihrer Gewalttätigkeit nur gelingen kann, wenn sie beide aus ihren vorgegebenen Rollen heraustreten und sogar auf ihren Namen, ihre soziale Identität verzichten, um nur noch Liebende zu sein:

Julia: O Romeo, Romeo! – Warum bist du Romeo?
Leugne den Vater, wehr dich deines Namens,
Oder wenn du nicht willst, bind dich an mich,
Und ich will keine Capulet mehr sein.
Dein Name, nur dein Name ist mein Feind:

Du bleibst du selbst, auch ohne Montagu.
Was ist schon Montagu? Nicht Hand noch Fuß
Noch Arm noch Kopf noch irgend sonst ein Teil,
Das einen Menschen macht. Tausch deinen Namen!
Was sagt ein Name? Das, was Rose heißt,
Würd gleichsüß unter anderm Namen duften.
Romeo: Ich nehme dich beim Wort.
Nenn mich Geliebter, und du taufst mich neu.

Es ist Julia, die Romeo den Vorschlag der heimlichen Trauung macht, dem er sofort zustimmt. Verwandelt kehrt er zu seinen Freunden zurück, nicht mehr als melancholischer Liebhaber, sondern fröhlich und voller Energie und er witzelt, albert und kalauert mit seinen Freunden um die Wette.

DAS ENDE DER TRAGÖDIE

Die heimliche Trauung führt die beiden Liebenden in eine schier ausweglose Lage. Als bereits gebundene Ehefrau steht Julia immer noch unter der Forderung ihrer Eltern, die Verbindung mit dem Grafen Paris einzugehen, die für ihre Eltern so wichtig ist. Romeo ist als angetrauter Mann Julias nicht mehr nur gegenüber seiner Familie zur Loyalität verpflichtet, sondern als Verwandter auch gegenüber dem Haus Capulet. Dieses Konfliktpotential explodiert unmittelbar nach der Trauung, als Romeo zwischen die Kampfhähne gerät. Sein Versuch, seinen neuen Verwandten Tybalt zu besänftigen, wird von Mercutio als Feigheit ausgelegt und sein Eingreifen ermöglicht es Tybalt erst, gegen Mercutio den tödlichen Stoß zu führen. Der Tod seines Freundes und Tybalts Beleidigungen bewirken, dass Romeo in die traditionelle Rolle des Mannes zurückfällt. Durch seine Liebe aus dieser Rolle herausgeführt, glaubt er nun, dadurch ins Weibische abgeglitten zu sein:

> *O süße Julia,*
> *Weibisch hast mich gemacht mit deiner Schönheit,*
> *Daß mir im Herzensbrand der Stahlmut schmolz.*

Er fällt in das alte Verhaltensmuster zurück, fordert Tybalt zum Kampf und tötet ihn. Auch Julia wird durch diese Tat in einen Loyalitätskonflikt gestürzt werden. Aber zunächst ist sie in Unkenntnis des Geschehenen von der Vorfreude auf die Hochzeitsnacht erfüllt. Wieder macht Shakespeare deutlich, wie sehr sich Julia aus ihrer traditionellen Frauenrolle herausgelöst hat. Denn es ist Julia, die Braut, die das Hochzeitslied, das Epithalamium, spricht, und nicht der Bräutigam, der als traditioneller Sprecher des englischen Epithalamiums darin seine Ungeduld und Vorfreude auf die Hochzeitsnacht zum Ausdruck bringt und die Schönheit seiner Braut preist. Julia bekennt in ihrem Epithalamium ohne Scheu, wie sehr sie die körperliche Vereinigung herbeisehnt:

> *Galopp, galopp, ihr Sonnenwagenrosse,*
> *Heimwärts zum Stall! Phäton als Wagenlenker*
> *Würd euch mit Peitschenhieben westwärts jagen*
> *Und schneller Wolkennacht zum Himmel ziehn.*
> *Breit aus den Vorhang, liebesschwere Nacht,*
> *Mach scharfe Augen stumpf und Romeo huscht*
> *Unsichtbar ungesehn in meinen Arm.*
> *Verliebten leuchtet ihre eigne Schönheit*
> *Zum Liebesspiel; und ist die Liebe blind,*
> *Sei's drum, sie passt zur Nacht. Komm, ernste Nacht,*
> *Schlicht schwarzgekleidete Matrone du,*
> *Und lehr mich mit Gewinn ein Spiel verlieren,*
> *Wo zweimal Unberührtheit Einsatz ist.*
> *Ummantel mein Gesicht, drin falkenwild*
> *Mein Blut nach seinem Falkner glüht und brennt,*
> *Bis scheue Liebe kühn und mutig wird,*

Und sieh den Liebesakt als Keuschheit an.
Komm, Nacht. Komm, Romeo.

Die Nachricht von Tybalts Tod stürzt nun Julia in einen Loyalitätskonflikt, da sie Romeos Tat als Treubruch empfinden muss. Romeo
ist zugleich ihr Geliebter und ihr Todfeind, was sie in einer Reihe
von biblischen Metaphern, die zu Oxymora gefügt werden, zum
Ausdruck bringt:

Du Natternherz am Grund der Engelsmiene!
Gibts einen Drachen, der noch schöner wohnt?
Du schöner Heuchler! Engelhafter Satan!
Rabe im Taubenflaum! Wölfisches Lamm!
Verkommener Auswurf göttlichster Gestalt!
Grad krumm bist du, wo du recht grade scheinst;
Verdammt als Heiliger, ehrenwert als Lump!

Die Hochzeitsnacht feiern die beiden in einer verzweifelten Lage:
Romeo steht unter dem Urteil, das ihn mit Tod oder Verbannung
bedroht. Julia steht unter dem Druck des Vaters, der sich für ihr
Jawort gegenüber Paris verbürgt hat und dies mit aller Brutalität,
wie seine wüsten Beschimpfungen der Tochter zeigen, durchsetzen
will. Der zynische Rat der Amme, Romeo einfach zu vergessen und
Paris zu heiraten, nimmt Julia die letzte Vertraute.

In der Sterbeszene werden von Paris in seiner Trauerklage zum
letzten Mal in diesem Drama die abgedroschenen Floskeln der
Sonettsprache benutzt, die in starkem Kontrast zu Romeos von
Liebes- und Todessehnsucht geprägter Sprache stehen. Den Selbstmord empfinden beide als Liebesakt. Er stirbt mit einem Kuss; sein
letztes Wort ist doppeldeutig: In der Liebessprache bedeutet „to
die" immer auch den sexuellen Höhepunkt. Auch Julia wird das
Eindringen des Dolches als Liebesakt empfinden:

Yes, noise? Then I'll be brief.
O happy dagger.
This is thy sheath.
There rust, and let me die.

Ach, Lärm? Dann mach ichs kurz.
Ein Dolch, wie schön!
Das wird die Scheide, Roste drin und laß
Mich sterben.

Und auch ihr letztes Wort ist das doppeldeutige „to die".

Noch in der Wahl der Todesarten, für die die Tradition mehrere Möglichkeiten anbot, macht Shakespeare deutlich, dass beide aus den traditionellen Geschlechterrollen herausgetreten sind. Denn die traditionelle Selbsttötung des Mannes geschah auf dem Theater durch den Dolch oder das Schwert, während die Frauen Gift bevorzugten. Hier wählt Romeo das weibliche Gift und Julia den männlichen Dolch.

Nach dem Tod der beiden folgt ein ungewöhnlich langer Auftritt, in dem die Gesellschaft über diese Liebe im Verborgenen, die nur das Publikum erleben durfte, unterrichtet wird. Der Grund für diese Ausführlichkeit ist, zu zeigen, wie die patriarchalische Gesellschaft diese Liebe aufnimmt und sich mit ihr auseinandersetzt. Bruder Lorenzo berichtet in dürren Worten von der Trauung und seiner gutgemeinten Intrige, aber über die Liebe von Romeo und Julia verliert er kein Wort. Es ist der Fürst, der den Tod des Liebespaars als göttliches Strafgericht für seine eigene Milde und für den Hass der beiden Familien deutet, und in den Schlusszeilen ihre Liebe als „story of woe", als Jammergeschichte bezeichnet. In der Versöhnung der beiden Patriarchen an den beiden Leichen findet das Paar endlich die gesellschaftliche Anerkennung, die ihm im Leben niemals zuteil geworden wäre. Die zur Versöhnung ausgestreckten Hände werden zum Heiratsgut Julias, die goldenen Statuen, die beide Väter dem Paar errichten wollen, sollen bezeugen, dass sie als rechtmäßiges Ehepaar von der Gesellschaft anerkannt werden.

Im Bild der goldenen Statuen aber wird auch die Beunruhigung und Bewegung, die von dieser Liebe für die Gesellschaft hätte ausgehen können, indem die Beiden vorgegebene Rollen abstreiften, sich gegen die Verfügbarkeit durch Andere wehrten und starre Bindungen überwanden, zur Ruhe gebracht. Solange eine Gesellschaft so verfasst ist, dass sie dieser Liebe keinen Ort in ihr gewähren kann, sondern nur ihre Normen und Interessen bedroht sieht – so macht Shakespeare in dieser Schlussszene deutlich – muss diese Liebe eine Utopie bleiben und der Versuch, sie trotzdem zu leben, muss in die Katastrophe führen. Aber im Gegensatz zur Gesellschaft auf der Bühne hat das Publikum die verwandelnde Kraft dieser unbedingten, weltbedeutenden, absoluten Liebe erlebt, und es liegt an ihm, sprich an uns, ob wir sie nur mit Rührung zur Kenntnis nehmen wollen oder aber bereit sind, uns von ihr verwandeln zu lassen.

QUELLEN

William Shakespeare, Romeo und Julia, Zweisprachige Ausgabe, deutsch von Frank Günther. München, 1995. (Alle Zitate nach dieser Ausgabe.)

William Shakespeare, Romeo and Juliet. Romeo und Julia. Englisch-deutsche Studienausgabe. Deutsche Prosafassung, Anmerkungen, Einl. u. Komm. v. U. Fritz. Tübingen, 1999.

LITERATURHINWEISE

Greenblatt, Stephen 1980: Renaissance Self-Fashioning from More to Shakespeare, Chicago.

Laqueur, Thomas 1990: Making Sex: Body and Gender from the Greeks to Freud, Cambridge, Mass.

Leimberg, Inge 1980: Shakespeares Romeo und Julia. Von der Sonettdichtung zur Liebestragödie, München.

Snyder, Susan 1979: The Comic Matrix of Shakespeare's Tragedies, Princeton.

Tetzeli von Rosador, Kurt 1995: „Vom Mythos romantischer, weltbedeutender Liebe", in: W. Shakespeare, Romeo und Julia. München, S. 275–290.

Leonardo da Vinci;
Selbstporträt, um 1512

LEONARDO, EHRENBÜRGER DER GEGENWART

Thomas Frangenberg

Zunächst sei daran erinnert, dass in einer Abbildung des so beti-
telten Bildes von Leonardo da Vinci nicht die Mona Lisa zu sehen
ist. Zum einen sehen wir natürlich nicht die Gattin des Francesco
del Giocondo selbst, sondern ein Bild. Darüber hinaus aber sehen
wir auch nicht Leonardos Gemälde, sondern eine Photographie.
Mehr noch – auch wenn wir uns in den Louvre bemühen, sieht die
Sachlage kaum besser aus. Das Malwerk ist unter dunklen Schichten von Firnis und schützender Verglasung weitgehend verborgen,
selbst wenn es uns gelingt, über Schultern und zwischen Köpfen
einen Blick darauf zu werfen. Radikaler als aller Firnis aber hat
noch eine weitere opake Schicht das Bild unsichtbar werden lassen
– sein beispielloser Ruhm, der das Gemälde zum bekanntesten der
Welt macht. Warum richtet sich so viel Interesse auf dieses kleine
und eigentlich recht unscheinbare Kunstwerk?

Der Louvrebesucher begegnet in der *Mona Lisa* nicht in erster
Linie einem Kunstwerk der Renaissance, sondern den Mythen,
die im Lauf der Jahrhunderte um das Werk und seinen Meister
gesponnen worden sind. Diese Mythen konstituieren sich auf
der einen Seite aus dem Verständnis des Meisters als „aktuell"
für die jeweilige Jetztzeit. In jeder Periode wird Leonardo erneut
zum Ehrenbürger der Gegenwart. In der *Mona Lisa* begegnet der
Besucher des 20. und 21. Jahrhunderts einem Werk desjenigen, der
den Hubschrauber und das Fahrrad erfunden hat. Solche Auffas-
sungen lassen sich durchaus auch in der Wissenschaft dingfest
machen: In seinem 1969 publizierten Aufsatz ‚Leonardo: Prophet
of Automation' ist es Bern Dibners erklärtes Ziel, zu untersuchen,
„ob Leonardo wahrlich ein Mensch des 20. Jahrhunderts war, der
im 15. Jahrhundert lebte".[1]

Auf der anderen Seite sind Leonardo und seine Werke untrenn-
bar geworden von der Suche nach Geheimnissen, sogar nach
Mysterien. Auch in dieser Hinsicht lassen sich selbst in höchst

ernsthafter kunsthistorischer Forschung Indizien finden. Was sich in jedem anderen Kontext als Forschungsfrage darstellen würde, wird in der Leonardoforschung nicht selten zum Geheimnis umgemünzt.[2] Populäre Belletristik der letzten Jahre trägt ein ihres dazu bei, dass unser Blick auf die Werke Leonardos verstellt bleibt.

Auch wenn Solmis Aussage, dass „Leonardo nicht die Aufmerksamkeit der Menschen seiner Zeit auf sich zog",[3] in einiger Hinsicht revisionsbedürftig ist, bleibt festzuhalten, dass sich für den Leonardokult der letzten zwei Jahrhunderte im 16. Jahrhundert kein Äquivalent finden lässt. In Baldassarre Castigliones *Il Cortegiano*, erstmals 1528 publiziert, wird zwar der von Leonardo entwickelte Vergleich der Künste *(paragone)* aufgegriffen,[4] der Künstler wird aber in diesem Zusammenhang nicht namentlich genannt. Dasselbe gilt für einen Passus über einen Meister, dessen intellektuelle Konzepte sich der malerischen Darstellung entziehen, obwohl hier eine Anspielung auf Leonardo zu erkennen ist. Wo Leonardo mit Namen genannt ist, erscheint er als ein bedeutender Maler unter anderen.[5] Auch in den frühesten Künstlerviten des 16. Jahrhunderts, geschrieben von Paolo Giovio, dem sogenannten Anonimo Magliabechiano, und Antonio Billi, wird Leonardo keine Sonderstellung eingeräumt.[6] Die Aussage des anonymen Autors, Leonardo sei ein Wunder der Natur, geht nicht über die in der Renaissance verbreiteten Künstlermythen hinaus.[7] Im Verlauf des 16. Jahrhunderts wurde zudem der Ruhm Leonardos zunehmend von der Hochschätzung für Michelangelo und Raphael überschattet, ein Phänomen, das sich in Ansätzen schon zu seinen Lebzeiten beobachten lässt. In seinem *Orlando furioso* beginnt Ariost eine Liste bedeutender Künstler, in der auch Mantegna, Giovanni Bellini, sowie Dosso und Battista Dossi genannt werden, zwar mit Leonardo, aber als Höhepunkt wird Michelangelo vorgestellt, „mehr als nur sterblich, ein göttlicher Engel".[8]

Für Giorgio Vasari, den Autor der wichtigsten frühen Biographie Leonardos, stellt sich dieser Künstler nicht als Geheimnis dar – im Gegenteil: Vasari präsentiert den Meister als exemplarisch und sein Leben als symptomatisch.[9] Vasaris *Vite*, erstmals 1550 erschienen und in erweiterter und revidierter Form 1568 erneut gedruckt, räumen Leonardo eine sehr prominente Stellung ein. In seiner publizierten Form ist dieser Text in drei große Abschnitte unterteilt, die der Neubelebung der Künste im späten 13. und 14. Jahrhundert, ihrer parziellen Perfektionierung im 15. und ihrer Hochblüte im 16. Jahrhundert gewidmet sind. Der dritte Abschnitt beginnt mit der Lebensbeschreibung Leonardos. In seinem Werk sieht Vasari die wichtigsten künstlerischen Errungenschaften seines eigenen Jahrhunderts verwirklicht: „Perfektion in der Bereitschaft [der Figuren] zur Aktion, Lebhaftigkeit, Qualität [der Ausführung], Schönheit und Grazie".[10]

Vasari unternahm die kolossale Aufgabe der *Vite* vornehmlich aus zwei Gründen: Er wünschte, die Leistungen seiner Künstlerkollegen zu verewigen, und er wollte seinen unmittelbaren Zeitgenossen und späteren Lesern durch konkrete Beispiele Belehrung bieten. Alle einzelnen Lebensbeschreibungen haben also einen exemplarischen Charakter, wollen zur Nachahmung der guten Beispiele und zur Vermeidung des Problematischen anregen. In diesem Rahmen stellen sich Persönlichkeit und Werk Leonardos für Vasari als symptomatisch dar – symptomatisch für die Gefahren der Ablenkung. Vasari, anfänglich für die Karriere des Hofmanns ausgebildet und später im Dienst verschiedener Höfe tätig, sah in der raschen und effizienten Erfüllung der Wünsche des Auftraggebers ein Hauptziel eines jeden Künstlers. Leonardo dagegen, so stellt Vasari gleich im Anschluss an die vorher zitierte Charakterisierung von Leonardos Stil fest, „begann viele Dinge, und hat davon keines je zu Ende geführt".[11]

Auch von der *Mona Lisa* behauptet Vasari, der das Bild nicht aus eigenem Augenschein kannte, da es bereits in den Besitz der französischen Krone gelangt war, das Bild sei unvollendet,[12] eine Auffassung, der sich die neue Forschung nicht anschließt. Vasari konstruiert die *Mona Lisa* im Rückgriff auf seine allgemeine Sicht des Künstlers und trägt damit zur Mythenbildung um Leonardo bei. Leonardo, der unfähig ist, irgend etwas zuende zu führen, – diese Thematik zieht sich wie ein Leitfaden durch die Lebensbeschreibung Vasaris und die Texte anderer Autoren.[13] In dieser Hinsicht ist Leonardo als imitationswürdiges „Modell" fundamental disqualifiziert. Vieles andere aber macht Leonardo in den

Augen Vasaris zum leuchtenden Vorbild: Neben seinen stilistischen Errungenschaften ziehen auch seine naturwissenschaftlichen Studien, die ihn von der Malerei abhielten, Vasaris Bewunderung auf sich.

Obwohl Vasari über die Farbgebung der *Mona Lisa* falsch informiert war, wusste er von ihrem Lächeln. Dieses Charakteristikum, das auch heute seine Faszination nicht eingebüßt hat, erklärt Vasari mit einer Anekdote. In den *Vite* werden immer wieder kurze Erzählungen eingesetzt, wenn es gilt, dem Leser außergewöhnliche Fakten zu verdeutlichen; einige sind früherer Literatur entnommen, andere sind als Vasaris Erfindungen anzusehen. Vasari berichtet, dass Leonardo Musiker und Schausteller habe auftreten lassen, um die Dame während der Sitzungen bei guter Laune zu halten.[14]

Der Mythos des Unvollendeten findet sich auch in Vasaris Aussagen zum *Letzten Abendmahl* in Sta. Maria delle Grazie in Mailand. In der ersten Ausgabe der *Vite* von 1550 ist zu lesen, dass Leonardo den Kopf Christi nicht vollendet habe, weil er sich nicht in der Lage fühlte, seinem göttlichen Charakter angemessenen Ausdruck zu verleihen.[15] Auch in diesem Fall betrachtet die neue Forschung Vasaris Aussage als unzutreffend. In der zweiten Ausgabe von 1568 wird dieses Thema weiter ausgesponnen.

Vier Jahre nach der ersten Edition waren zwei Werke erschienen, die Vasari weiteres Material liefern konnten. In einer seiner Novellen berichtet Matteo Bandello, dass Leonardo auf Perioden intensiven Schaffens oft Tage folgen ließ, an denen er sich stundenlang der Prüfung des Erreichten widmete, und dass er manchmal auf das Gerüst stieg, um nur einige wenige Pinselstriche auszuführen.[16] 1590 sollte Lomazzo in dieser Hinsicht noch viel weiter gehen. Er schreibt, dass Leonardo sich zitternd ans Malen begab, da er sich der Gewichtigkeit der Kunst so sehr bewusst gewesen sei.[17] Weitere Themen werden von Giovambattista Giraldi Cinzio eingeführt. Dieser merkt in seinen *Discorsi* an, er habe von seinem Vater vernommen, dass Leonardo nach der Fertigstellung der Gesichter Christi und der Apostel den Kopf des Judas nicht in Angriff nahm. Von dieser Verzögerung in Unmut versetzt, beklagten sich die Mönche beim Herzog von Mailand, der daraufhin Leonardo zur Rede stellte. Dieser antwortete mit der Behauptung, er arbeite jeden Tag zwei Stunden an dem Werk. Davon in Kenntnis gesetzt, insistierten die Mönche, der Meister habe seit einem Jahr das Bild nicht berührt. Erneut zum Herzog gerufen, rechtfertigte sich Leonardo damit, dass er ein geeignetes Modell, das den Charakter des Judas angemessen ausdrücke, zu finden nicht in der Lage gewesen sei; er schloss mit dem Vorschlag, dass im Notfall das Gesicht des lästigen Klosterpriors für Judas Verwendung finden könne – eine sicherlich als Witz zu verstehende Äußerung, die vom Herzog mit Lachen aufgenommen wurde. Giraldi beendet seinen Bericht damit, dass Leonardo schließlich doch ein Modell gefunden habe, das er, verbunden mit Motiven, die er den Studien des letzten Jahres verdankte, für den Verräter benutzte.[18] Es ist offensichtlich, dass Giraldi eine vollständige Vollendung des Wandgemäldes annimmt.

In der Ausgabe von 1568 beharrt Vasari weiterhin darauf, das Haupt Christi sei unvollendet, weil unvollendbar. Die Aussagen zum Judas dagegen scheinen direkt oder indirekt auf Giraldi zu fußen; wieder wird von der Klage der Mönche, der Erklärung Leonardos vor dem Herzog und vom Lachen des letzteren berichtet. Wie Giraldi legt Vasari nicht nahe, das Gesicht des Priors sei tatsächlich in die Physiognomie des Judas eingeflossen;[19] dennoch aber ist seine Aussage, der Judaskopf sei ein „wahres Porträt des Verrats und der Unmenschlichkeit", später verschiedentlich so verstanden worden. Im frühen 17. Jahrhundert publizierte Giovanni Botero eine weitere Version dieser Geschichte, in der die Gesichter von Petrus und Judas ihrer Vollendung harren.[20]

Das unvollendete Christushaupt findet sich auch in einem Text Gian Paolo Lomazzos von 1584. Lomazzo war als enger Bekannter von Francesco Melzi, dem Schüler und Erben Leonardos, in bester Lage, Informationen über den Meister einzuholen. Dennoch finden sich in seinen Werken, wie auch im Folgenden zu zeigen ist, Mythen neben verifizierbaren Aussagen. Im vorliegenden Fall behauptet Lomazzo, Leonardo habe den Rat seines Malerkollegen Bernardo Zenale befolgt, dass, nachdem in der Charakterisierung der beiden Jakobusköpfe Höchstes erreicht worden sei, eine Vollendung des Christus nicht versucht werden solle.[21]

Die außerordentlich weite Verbreitung von Vasaris *Vite* sicherte seinen Aussagen zum *Letzten Abendmahl* das reichste Nachleben. Giovanni Domenico Ottonelli und Pietro da Cortona zitieren 1652 Vasari zum unvollendeten Christushaupt,[22] und auch Roger de Piles behauptet 1699, der Christuskopf sei unvollendet; zudem ist er der Überzeugung, im Judas sei der Prior dargestellt.[23] 1730 geht Mariette so weit zu behaupten, an Vasaris Text sei nicht zu zweifeln, da er von Giraldi und Lomazzo bestätigt werde, was, wie zu sehen war, nur partiell der Fall ist; dennoch lehnt er die Aussage von de Piles ab, im Judas sei der Klosterprior dargestellt.[24] 1745 beruft sich Dézallier d'Argenville auf Vasari und de Piles, wenn er behauptet, das Haupt Christi sei nicht mehr als eine Skizze, und das Porträt des Priors sei für den Judas verwendet worden.[25] Jedoch war bereits 1722 beobachtet worden, dass das Gesicht Christi „auf [Leonardos] gewöhnliche Weise vollkommen zu Ende gebracht ist";[26] zudem zeigte sich Domenico Pino 1796 für den Vorschlag offen, aus der Unterschiedlichkeit der Versionen in den Textquellen sei zu schließen, dass der Judas als Porträt des Priors als Fiktion anzusehen ist; auch weist er darauf hin, dass ein jeder sich selbst von der Fertigstellung des Christuskopfes überzeugen kann.[27]

Im Erfolg Leonardos am Hof Lodovico Sforzas in Mailand und dem Hof von François I. in Frankreich sind Vasaris eigene Ambitionen exemplarisch verwirklicht. Vasaris literarische Konstruktion, dass Leonardo in den Armen von François I. gestorben sei, ist der Höhepunkt seiner Präsentation Leonardos als Hofkünstler. Diesem Mythos war, obschon bereits im späten 18. Jahrhundert eine Widerlegung erfolgte,[28] ein langes Nachleben beschieden. Das Thema war nicht nur in der Literatur und Kunstliteratur prominent, sondern es wurde auch mehrmals in der französischen und italienischen Malerei des späten 18. und 19. Jahrhunderts aufgegriffen,[29] wobei beide Seiten den Meister als den ihren reklamierten. Die Macht dieses Mythos wird von Lomazzo bestätigt, der den Tod Leonardos in den Armen des Königs referiert, obwohl er in einem seiner Gedichte die wohl historisch zutreffende Information gibt, Francesco Melzi habe den Monarchen vom Ableben des Malers in Kenntnis gesetzt.[30]

Vasari präsentiert in den Ausgaben von 1550 und 1568 fundamental verschiedene Persönlichkeitsbilder. Die erste Ausgabe stellt Leonardo als Häretiker dar, dem Wissenserwerb weit wichtiger war als alle Religion.[31] Dementsprechend konstruiert Vasari die Sterbeszene als bußfertige Rückkehr zum wahren christlichen Glauben. In der zweiten Ausgabe dagegen ist der Satz zu Leonardos Ablehnung des Christentums gestrichen, und in dieser weit weniger kontroversen Textversion wird sein Sterben durch eine Versenkung in katholische Doktrin vorbereitet.[32]

Vasari beendet seine Lebensbeschreibung mit der Bemerkung, dass „wegen seiner so vielen und so göttlichen Qualitäten, und obwohl er viel mehr mit Worten als mit Taten erreichte, sein Name und Ruhm nie verlöschen werden."[33] Wie sehr dieser Ruhm die historische Figur des Malers überlagern würde, konnte Vasari nicht voraussehen.

Es ist festzuhalten, dass Vasari das Werk Leonardos als wichtigen Schritt in der Kunstgeschichte versteht, es ist aber auch darauf hinzuweisen, dass in seinen Augen die Entwicklung der Künste im Werk anderer Meister ihre Vollendung erreichen sollte. In der Ausgabe von 1550 ist dies Michelangelo, in derjenigen von 1568 sind es – in jeweils verschiedener Hinsicht – Raffael und Michelangelo.

Diese Einschätzung sollte für Jahrhunderte bestimmend bleiben. So charakterisiert Benedetto Varchi in seiner Begräbnisrede auf Michelangelo Leonardo als den „ersten, welcher dem dritten und letzten Stil der Malerei, der moderner Stil genannt wird, den ersten Anfang und fast die letzte Vollendung gab"; dennoch begreift er als „Wunder" nur das Werk Michelangelos.[34] Paolo Mini ist überzeugt, dass Leonardo die Kunst zur antiken Hochblüte zurückgeführt habe, aber er merkt auch an, dass die Malerei zu seiner Zeit noch in verschiedener Hinsicht verbesserungsbedürftig war.[35] Sebastiano Serlio und Ugolino Verino stellen fest, dass er wegen seiner künstlerischen Skrupel nur wenige Werke zu Ende zu führen in der Lage war.[36] Mariette reflektiert die Einschätzung des 18. Jahrhunderts in seiner Aussage, dass Raffael und Michelangelo dem Studium der Werke Leonardos viel verdankten, dass aber beide ihn weit übertrafen.[37] In diesen Chor führt die Stimme des Venezianers Lodovico Dolce 1557 eine gewisse Dissonanz ein. Er betrachtet Leonardo und

Michelangelo in jeder Hinsicht als ebenbürtig,[38] eine Auffassung, die jedoch vornehmlich als ein Angriff auf den Michelangelokult der Kunsttheoretiker Zentralitaliens zu sehen ist.

Die Leonardobiographien der Folgezeit konnten bis um 1800, als die Leonardoforschung neuen Aufschwung nahm, über das von Vasari Geleistete kaum hinausgehen. Obwohl also die Menge faktischer Informationen sich nur unwesentlich vergrößerte, ist eine konsekutive Lektüre der verschiedenen Lebensbeschreibungen nicht monoton. Immer wieder wurde mit vorhandenem Wissen ein neuer Leonardo konstruiert, der den jeweiligen Interessen der Periode und des Autors angeglichen war. Darauf wird zurückzukommen sein.

LEONARDO ALS WISSENSCHAFTLER UND KUNSTTHEORETIKER

Nach dem Tod Leonardos im Jahr 1519 waren nur sehr wenige seiner Werke zu besichtigen, so etwa das *Letzte Abendmahl* in Mailand, das bald erhebliche Schäden aufwies. Eine geringe Anzahl von weiteren Werken war in Privatsammlungen und im Besitz des französischen Königshauses der breiten Öffentlichkeit so gut wie unzugänglich. Ein ähnliches Schicksal war den Manuskripten Leonardos beschieden. Obwohl der Künstler zahllose Blätter mit wissenschaftlichen Untersuchungen, kunsttheoretischen Betrachtungen, Zeichnungen und anderem füllte, entwickelte er keines seiner Projekte bis zur Publikationsfähigkeit. Nach dem Tod von Leonardos Schüler und Erben, Francesco Melzi, im Jahr 1570 wurden Leonardos Handschriften über verschiedene Sammlungen und Bibliotheken verstreut; ein hoher Prozentanteil muss als verloren angesehen werden. Einem Großteil von Leonardos Denken war also kein unmittelbares Nachleben beschert.

Lediglich die in der Ambrosianabibliothek in Mailand aufbewahrten Manuskripte zogen im 17. Jahrhundert das Interesse einiger weniger Wissenschaftler auf sich, deren Bemühungen aber nicht unmittelbar in Veröffentlichungen einflossen. Dennoch blieb vom 16. bis zum 18. Jahrhundert ein vages Bewusstsein von der

Vielfalt von Leonardos Forschungsunternehmen lebendig, genährt vornehmlich von der Lebensbeschreibung Vasaris, aber auch von anderen Quellen. So schreibt Gerolamo Cardano 1550, dass Leonardo sich erfolglos mit dem Flug beschäftigt habe, während Pierre Boaystuau 1561 anmerkt, dass Leonardo in diesem Unterfangen fast erfolgreich gewesen sei.[39]

Gemessen an diesem weitgehenden Verschwinden von Leonardos Denken aus dem Bewusstsein der Folgezeit ist das überaus fruchtbare Nachleben eines Aspekts seiner literarischen Arbeit um so bemerkenswerter. Francesco Melzi stellte sich die Aufgabe, zumindest einen Teil des Denkens seines Meisters zugänglich zu machen. Er kompilierte viele von Leonardos Überlegungen zur Kunst in einem Volumen, das heute als Codex Urbinas Latinus bekannt ist.[40] Diese Kompilation ist jedoch ihrerseits als Beitrag zur Bildung des Leonardomythos zu verstehen. Melzis Exzerpte transformieren Leonardos Denk- und Vorgehensweise fundamental. Während Leonardo von allgemeinen Untersuchungen über Phänomene der Natur zu deren malerischer Umsetzung fortschritt, ordnete Melzi das Material nach thematischen Gesichtspunkten;[41] in der Regel löste er Passagen aus dem Kontext, für den sie konzipiert worden waren; auf der anderen Seite übernahm er zahlreiche Passagen, die Stadien in Leonardos Denken zum selben Problem repräsentieren. Der Codex Urbinas verzerrt also Leonardos Zugang und ist häufig repetitiv.

Melzis Kompilation wurde nach der Mitte des 16. Jahrhundert noch einmal exzerpiert.[42] In dieser neuen, auf 365 Kapitel reduzierten Form ist die Anordnung der Argumente nicht weiter verändert. Dennoch finden gerade durch die Auswahl der Argumente Transformationen statt. Fast immer werden Passagen theoretischen Charakters eliminiert, das Lob künstlerischer Freiheit wird zurückgenommen – kurz, Leonardos subtiles Denken wird in ein nicht über die Maßen ambitiöses Textbuch für die künstlerische Ausbildung umgeformt. Dieser Text, der nicht nur in lediglich dritter Generation Leonardos Interessen widerspiegelt, sondern auch durch Schreibfehler, Missverständnisse und Ungereimtheiten charakterisiert ist, trug schon im 16. Jahrhundert den Titel *Malereitraktat*.

In dieser in vieler Hinsicht entstellten Form wurde Leonardos Denken zu einem der wichtigsten Grundsteine der Kunstliteratur und Kunstpraxis der Folgezeit. Der Autor der Kompilation ist nicht bekannt. Möglicherweise ist sie in Florenz entstanden, wo um 1580 eine erhebliche Zahl von Abschriften vorhanden war. Die Vermutung liegt nahe, dass sie als Lehrmaterial für die 1563 gegründete florentinische Kunstakademie dienen sollte.

Zur Publikation kam es aber im 16. Jahrhundert nicht, dasselbe gilt auch für die 1630er Jahre, als Cassiano dal Pozzo in Rom sich mit dem *Traktat* beschäftigte. Erst 1651 wurde der Text in der italienischen Version und in französischer Übersetzung in Paris gedruckt. 1653 wurde das Werk von Charles Lebrun in die Kunstakademie in Paris eingeführt, und fortan bildete es den fundamentalen Grundstein der Akademiepraxis und der Entwicklung französischer Kunsttheorie; Leonardo ist zum Ehrenmitglied der Akademie umgeformt. Durch Übersetzungen in viele Sprachen – eine deutsche Ausgabe erschien 1724 – wurde ein so missverstandener Leonardo zum Ferment kunsttheoretischer Entwicklungen in ganz Europa.

Eine jede Epoche bildet Leonardo zum Abbild ihrer eigenen Interessen um.[43] So ist es nicht verwunderlich, dass, im Kontext der wissenschaftlichen Revolution des 17. Jahrhunderts und der Aufklärung, Leonardo als moderner Wissenschaftler konstruiert wurde. In den *Memorie per le Belle Arti*, einer römischen Kunstzeitschrift, ist 1787 zu lesen: „[…] das letzte Abendmahl […] dieses eine, gemalt im delle Grazie Kloster in Mailand, hat jedem neueren Maler bleibend die Hoffnung genommen, dem berühmten Werk des ersten Malerphilosophen gleichzukommen oder es gar zu übertreffen, dem Werk des Vorläufers von Newton betreffs der Theorien des Lichts, von Galileo betreffs mechanischer Erfindungen und der Wissenschaft des Wassers, […] kurz, des größten Genies der Geschichte der Malerei, Leonardo da Vinci".[44] Auffällig in diesem Passus ist zudem, dass der im 18. Jahrhundert umdefinierte Geniebegriff auf Leonardo angewandt wurde,[45] und dass einige seiner Werke verstärkt in den Gesichtskreis rückten.

LEONARDO – KONSTRUKTE NEUERER ZEIT

Eine neue Gedankenwelt wird in Wilhelm Heinrich Wackenroders *Das Muster eines kunstreichen und dabey tiefgelehrten Mahlers, vorgestellt in dem Leben des Leonardo da Vinci, berühmten Stammvaters der Florentinischen Schule* von 1797 deutlich, wo Leonardo zum romantischen Künstler umgedacht wird. Zu Leonardos Aufzeichnungen in der Ambrosiana sagt er: „Aber ach! es ist auch diese [...] Handschrift [...] ein unangerührtes Heiligthum, vor welchem die unverständigen Söhne unsers Zeitalters, höchstens mit einer leeren Ehrfurchtsbezeugung, vorübergehn. Das Manuscript wartet noch auf denjenigen, welcher den Geist des alten Mahlers, der darin verzaubert schläft, daraus erwecken, und aus den lange getragenen Banden erlösen soll".[46] Solche „Ehrfurchtsbezeugungen" sind in der Tat zu belegen. Mariette schreibt von seiner Erinnerung an die Skizzen in den Manuskripten,[47] und auch Heinrich Wilhelm Tischbein schenkte den Handschriften bei seinem Mailandbesuch Aufmerksamkeit.[48] Keiner der beiden spricht jedoch davon, dass sie die Manuskripte auch gelesen hätten. Eine sorgfältige Lektüre war jedoch, als Wackenroder schrieb, bereits erfolgt, ein Faktum, von dem er offensichtlich keine Kenntnis hatte. Nach der Überführung nach Paris im Jahr 1796 wurden die Handschriften von Giambattista Venturi studiert, der im Folgejahr in seinem *Essai* eine erste umfassende Bewertung Leonardos als Wissenschaftler vorlegte.[49]

Die künstlerische und literarische Beschäftigung mit dem *Letzten Abendmahl* erlebte um 1800 einen Höhepunkt; seither ist es das meistreproduzierte Werk christlicher Kunst,[50] dies nicht nur in Europa, sondern sogar auf den Fiji Inseln.[51] Die Vorrangstellung des Wandbildes in der Gedankenwelt des deutschen Sprachraums wurde wesentlich gefördert durch einen Aufsatz Goethes von 1817, in dem das Werk akribisch beschrieben wird. Goethes Hauptinteresse gilt den Gemütsbewegungen, der Gestik und Mimik. In seiner Auffassung arbeitet die Natur „von innen heraus". Goethe schreibt, dass die menschliche Gestalt „zwar die höchsten innerlichen Vollkommenheiten äußerlich offenbart; das Rätsel aber wohinter die Natur sich verbirgt mehr zu verwickeln als zu lösen scheint".[52] Während der Autor die Gesten den ihm

vorliegenden Abbildungen problemlos entnehmen zu können
glaubte, betrieb er bezüglich der Gesichter, über deren prekären
Erhaltungszustand er sich voll bewusst war, subtile Kopienkritik,
um zu einer angemessenen Bewertung des Werks vordringen zu
können.[53]

Nach ihrer Aufhängung im Louvre 1804 war die *Mona Lisa* erstmals
öffentlich zugänglich. Nach Vasari war das Bild verschiedentlich
erwähnt worden. Pierre Dan ging 1642 so weit, es als das meist-
geschätzte Bild Leonardos in Fontainebleau und als ein Wunder
der Malerei zu preisen.[54] Um 1800 war es aber weitgehend aus
dem Gesichtskreis verschwunden. Dennoch errang das Bild im
Verlauf der folgenden Jahrzehnte vor allem in der Literatur Frankreichs und Englands eine unvergleichliche Popularität, die auch
dem Maler selbst zu einer nie zuvor wahrgenommenen Aktualität
verhalf.[55] 1869 schreibt Arsène Houssaye zu Leonardo: „Er lebt zu
sehr, sich der Vergangenheit zuzuwenden. Seine Heimat ist die
Zukunft. Er wird in Frankreich sterben, weil Athen nicht mehr in
Athen ist, Rom nicht in Rom, weil Frankreich bereits den neuen
Geist an ihre fruchtbare Brust hält".[56]
    Die spätere Leonardorezeption wurde fundamental beeinflusst
von einem Aufsatz Walter Paters von 1869. Der Wissenschaftler
Leonardo, wie ihn das 18. Jahrhundert konzipiert hatte, wird hier
zum Mystiker und Magier umgedeutet.

Die Wissenschaft jenes Zeitalters war ganz und gar ein Erraten, ein
Hellsehen, unbehelligt durch unsere heutige exakte Methode [...] Für
ihn bedeutete die Philosophie so etwas wie einen magischen Spiegel,
ein zweites Gesicht, um verborgene Quellen in der Erde zu entdecken,
oder einen besonderen Ausdruck in den Gesichtszügen des Menschen
zu deuten.[57]

Pater beschreibt hier letztlich nicht Leonardo, sondern projiziert
seine eigene literarische Praxis auf ihn. Er selbst ist nicht ein Vertreter dessen, was er „unsere heutige exakte Methode" nennt. Im
selben Ausmaß ist seine berühmte Passage zur *Mona Lisa* mehr
Introspektion und Projektion als Werkanalyse:

*Die Gestalt, die hier so seltsam neben den Wassern auftaucht, drückt
die Erfüllung eines tausendjährigen Begehrens des Mannes aus. [...]
Alle Gedanken und Erfahrungen der Welt haben an diesen Zügen
mitgeformt, um dem veredelten Ausdruck sichtbare Gestalt zu geben:
der tierische Trieb von Hellas, die Wollust Roms, das Traumleben des
Mittelalters [...] Sie ist viel älter als die Felsen rings um sie her; gleich
dem Vampyr hat sie schon viele Male sterben müssen und kennt die
Geheimnisse des Grabes; sie tauchte hinunter in die See und trägt der
Tiefe verfallenen Tag in ihrem Gemüt; sie hat mit den Händlern des
Ostens um seltene Gewebe gefeilscht; sie wurde als Leda die Mutter
Helenas von Troja, und als Heilige Anna die Mutter Marias; und
das alles war für sie doch nur wie ein Ton der Lyra und der Flöten,
und seine Spur lebt in der Feinheit allein, mit der ihre wechselnde
Liniensprache sich gebildet und ihre Hände und Augenlider so weich
getönt sind.*[58]

Mit diesen auch in Frankreich weit rezipierten schaurig-schönen
Zeilen, die ihrerseits auf französische Entwicklungen reagierten,
waren die Schleusen geöffnet für die zahlreichen Neulesungen
des Bildes in Kunst und Literatur des Symbolismus, in denen das
von Goethe noch in der Natur gesehene Geheimnis in das Werk
und die Persönlichkeit des Malers projiziert wurden. Im gleichen
kulturellen Kontext wurden jedoch auch Leonardos Schriften zur
Malerei ausgiebig gelesen. Joséphin Péladan, der Leonardos *Heiligen Johannes* als dessen wichtigstes Bild auffasste und sein Konzept
des Androgynen auf das Werk projizierte, war als Übersetzer des
Codex Urbinas Latinus zugleich an der Verbreitung von Leonardos
eigenem Denken aktiv beteiligt.[59] In der Tradition des Symbolismus ist auch Freuds Leonardoverständnis verankert. Sein Aufsatz
geht von der Annahme aus, Leonardo sei seinen Zeitgenossen im
gleichen Maß ein Rätsel gewesen, wie er sich für den kulturellen
Kontext Freuds darstellte.[60]

Weniges hat so sehr dazu beigetragen, die *Mona Lisa* in der Kultur der Jetztzeit zu verankern, wie der Diebstahl des Bildes im Jahr
1911.[61] Die materielle Präsenz des Werks wurde ersetzt durch eine
Flut von Reproduktionen, die das Bild zur Schablone, zur fast leeren Projektionsfläche werden ließen, welche die ikonoklastischen

Angriffe modernistischer Kunst – man denke an Marcel Duchamps L.H.O.O.Q. von 1919 – genau so auf sich zog wie die Hommage Andy Warhols. In dessen Siebdrucken teilt sich Leonardos Bild den Ruhm mit Dosen von Tomatensuppe und Marilyn Monroe, einen Ruhm, der in den Augen vieler eine Konservierung des Bildes verbietet, nicht allein, weil dadurch der malerischen Substanz Schaden zugefügt werden könnte, sondern nicht zuletzt auch, weil Parisbesuchern nicht das Hauptobjekt ihres Interesses entzogen werden soll.

Im Leonardokult der Jetztzeit spielen nicht nur die Bildschablonen, sondern auch Leonardos Wissenschaft eine erhebliche Rolle, sie ist mit der Publikation der Manuskripte seit den 1880er Jahren erneut zugänglich. Forschungswille und Technikbesessenheit sehen in Leonardo einen Verbündeten. Obwohl die historische Forschung immer wieder auf der Zeitgebundenheit von Leonardos Denken insistiert – er kannte zum Beispiel keinen Unterschied zwischen Erfahrung und Experiment[62] – ist dennoch ein jüngst erschienener Band *Leonardo. The First Scientist* betitelt.[63] Zur Mythenbildung tragen auch die dreidimensionalen Verwirklichungen der in Leonardos Manuskripten vorliegenden Erfindungen bei. In Florenz sind nicht weniger als zwei permanente Ausstellungen diesen Objekten gewidmet, die den Blick darauf trüben, dass ein Großteil der Erfindungen auf Papier geblieben ist und nicht zu einem Bestandteil der visuellen und technischen Kultur des 16. Jahrhunderts werden konnte.

Im Anblick der zahllosen und nicht selten sich widersprechenden Lesungen von Leonardo liegt die Annahme nahe, dass auch die Menschen kommender Zeiten ihre eigenen Interessen in Leonardo gespiegelt sehen werden; wie Houssaye schreibt: „Seine Heimat ist die Zukunft".

Anmerkungen

1 Dibner 1969, S. 101. Die Übersetzungen der fremdsprachigen Zitate obliegen, wenn nicht anders angegeben, dem Verfasser des Artikels.

2 So z. B. Kemp 1992.

3 Solmi 1907, S. 290.

4 Farago 1992, S. 17–18.

5 Castiglione 1528, I, l–lii, II, xxxix, I, xxxvii; Verga 1931, I, 58–59.

6 Giovio 1971, S. 7–9; Frey 1892/I, S. 110–112; Frey 1892/II, S. 51–52.

7 Frey 1892/I, S. 110; Kris & Kurz 1934.

8 Ariosto 1516, XXXIII, 2.

9 Rubin 1990.

10 Vasari 1966 ff., IV, 19.

11 Ibid.

12 Ibid. S. 30.

13 Venturi 1919, S. 99–100.

14 Vasari 1966 ff., IV, 31; s. Barolsky 1991.

15 Vasari 1966 ff., IV, 25.

16 Bandello 1992 (Erstdruck 1554), S. 513; Verga 1931, I, 62.

17 Lomazzo 1973/74, I, 333; Solmi 1907, S. 306.

18 Giraldi Cinzio 1554, S. 194–196; Verga 1931, I, 62.

19 Vasari 1966 ff., IV, 25–26.

20 Botero 1610, fol. 82r–v.

21 Lomazzo 1973/74, II, 53; Solmi 1907, S. 312.

22 Ottonelli & Pietro da Cortona 1652, S. 210.

23 De Piles 1699, S. 162–163.

24 Mariette, in De Caylus 1730, S. 13, 16.

25 Dézallier d'Argenville 1745, S. 73.

26 Richardson 1722, S. 23.

27 Pino 1796, S. 66–76.

28 De Toni 1924, S. 145.

29 Damiani 1997.

30 Lomazzo 1973/74, I, 293, Lomazzo 1587, S. 109; Solmi 1907, S. 328.

31 Vasari 1966 ff., IV, 19.

32 Ibid., IV, 36.

33 Ibid., IV, 37.

34 Varchi 1564, S. 54, 56; Verga 1931, I, 63.

35 Mini 1577, S. 199–200.

36 Serlio 1551, fol. 12v, Verino 1583, fol. 17r; Verga 1931, I, 61, 65.

37 Mariette, in De Caylus 1730, S. 21.

38 Dolce 1960, S. 198; Verga 1931, I, 62.

39 Cardano 1550, fol. 267v, Boaystuau 1561, fol. 117r; Verga 1931, I, 61, 64.

40 Pedretti 1977, I, 12–14.

41 Farago 1992, S. 164–165.

42 Pedretti 1977, I, 14–31.

43 Turner 1993.

44 Memorie 1787, S. CXCVI–CXCVII.

45 Sommer 1998.

46 Wackenroder 1991, I, 79.

47 Mariette, in De Caylus 1730, S. 3–4.
48 Tischbein 1956, S. 221.
49 De Toni 1924.
50 Hüttel 1994.
51 Toren 1991.
52 Goethe 1994, S. 410.
53 Goethe 1994, S. 407–409, 427–437.
54 Dan 1642, S. 135–136; Verga 1931, I, 74.
55 S. u. a. Zinke 1978, Migliore 1994, Zöllner 1994, Bickmann 1999, Wolf 2002.
56 Houssaye 1869, S. 321–322; Turner 1993, S. 113.
57 Neu publiziert in Pater 1873, dort S. 99–100, zitiert nach Pater 1902, S. 147–148.
58 Pater 1873, S. 118–119, zitiert nach Pater 1902, S. 172–173.
59 Bickmann 1999, S. 30–31, 92–95.
60 Freud 1910, S. 1; s. Herding 1998.
61 Belting 1998, S. 310–332.
62 Gombrich 1994, S. 40.
63 White 2000.

Literaturhinweise

Ariosto, Lodovico 1516: Orlando furioso, Ferrara.

Bandello, Matteo 1992: La prima parte de le novelle, hg. v. Delmo Maestri, Alessandria.

Barolsky, Paul 1991: Why Mona Lisa Smiles and Other Tales by Vasari, University Park, Pennsylvania.

Belting, Hans 1998: Das unsichtbare Meisterwerk. Die modernen Mythen der Kunst, München.

Bickmann, Isa 1999: Leonardismus und symbolistische Ästhetik. Ein Beitrag zur Wirkungsgeschichte Leonardo da Vincis in Paris und Brüssel, Frankfurt a. M.

Botero, Giovanni 1610: Detti memorabili di personaggi illustri, Vicenza.

Boaystuau gen. Launay, Pierre 1561: Le Theatre du monde ou il est faict un ample discours des miseres humaines, Paris.

Cardano, Gerolamo 1550: De subtilitate libri XXI, Paris.

Castiglione, Baldassarre 1528: Il libro del Cortegiano, Venedig.

Damiani, Giovanna 1997: La biografia illustrata, in L'immagine di Leonardo. Testimonianze figurative dal XVI al XIX secolo, hg. v. Roberto Paolo Ciardi & Carlo Sisi, Florenz, S. 109– 118.

Dan, P. Pierre 1642: Le Tresor des merveilles de la Maison Royale de Fontaine-bleau, Paris.

De Caylus, Comte 1730: Recueil de Testes de caractere & de Charges dessinées par Leonard de Vinci Florentin, Paris.

De Piles, Roger 1699: Abregé de la vie des peintres, avec des reflexions sur leurs ouvrages […], Paris.

De Toni, Giovanni Battista 1924: Giambattista Venturi e la sua opera vinciana. Scritti inediti e l'Essai, Rom.

Dézallier d'Argenville, Antoine-Joseph 1745: Abregé de la vie des plus fameux peintres […], I, Paris.

Dibner, Bern 1969: Leonardo: Prophet of Automation, in Leonardo's Legacy, hg. v. C. D. O'Malley, Berkeley & Los Angeles, S. 101 123.

Dolce, Lodovico 1960: Dialogo della pittura intitolato l'Aretino, in Trattati d'arte del Cinquecento fra Manierismo e Controriforma, hg. v. Paola Barocchi, Bari, I, 141–206.

Farago, Claire J. 1992: Leonardo da Vinci's *Paragone*. A Critical Interpretation with a New Edition of the Text in the *Codex Urbinas*, Leiden, New York & Kopenhagen.

Freud, Sigmund 1910: Eine Kindheitserinnerung des Leonardo da Vinci, Leipzig & Wien.

Frey, Carl 1892/I: Il Codice Magliabechiano, Berlin.

Frey, Carl 1892/II: Il libro di Antonio Billi, Berlin.

Giovio, Paolo 1971: Leonardi Vincii Vita, in Paola Barocchi (hg.), Scritti d'arte del Cinquecento, Mailand & Neapel, I, 7–9.

Giraldi Cinzio, Giovambattista 1554: Discorsi […] intorno al comporre de i romanzi, delle comedie, e delle tragedie, e di altre maniere di poesie, Venedig.

Goethe, Johann Wolfgang 1994: Joseph Bossi Über Leonard da Vinci Abendmahl zu Mayland, in Divan-Jahre 1814–1819, Bd. 2, hg. v. Johannes John u. a. (Sämtliche Werke nach Epochen seines Schaffens. Münchner Ausgabe, Bd. XI, 2), München, S. 403–437.

Gombrich, Ernst H. 1994: Keeping Up with Leonardo, in New York Review of Books, June 23, S. 39–40.

Herding, Klaus 1998: Freuds *Leonardo*. Eine Auseinandersetzung mit psychoanalytischen Theorien der Gegenwart, München.

Houssaye, Arsène 1869: Histoire de Léonard de Vinci, Paris.

Hüttel, Richard 1994: Spiegelungen einer Ruine. Leonardos Abendmahl im 19. und 20. Jahrhundert, Marburg.

Kemp, Martin (hg.) 1992: Leonardo da Vinci. The Mystery of the *Madonna of the Yarnwinder*, Edinburgh.

Kris, Ernst & Otto Kurz 1934: Die Legende vom Künstler. Ein geschichtlicher Versuch, Wien.

Lomazzo, Gian Paolo 1587: Rime, Mailand.

Lomazzo, Gian Paolo 1973/74: Scritti sulle arti, 2 Bde., hg. v. Roberto Paolo Ciardi, Florenz.

Memorie 1787: Memorie per le Belle Arti, III, Rom.

Migliore, Sandra 1994: Tra Hermes e Prometeo. Il mito di Leonardo nel decadentismo europeo, Florenz.

Mini, Paolo 1577: Difesa della Citta di Firenze, et de i Fiorentini, Lyon.

Ottonelli, Giovan Domenico & Pietro da Cortona 1652: Trattato della pittura, e scultura. Uso, et abuso loro, Florenz (Reprint Treviso 1973, hg. v . Vittorio Casale)

Pater, Walter H. 1873: Studies in the History of the Renaissance, London; dt.: Die Renaissance. Studien in Kunst und Poesie, übers. v. Wilhelm Schölermann, Leipzig 1902.

Pedretti, Carlo (hg.) 1977: The Literary Works of Leonardo da Vinci Compiled and Edited from the Original Manuscripts by Jean Paul Richter, 2 Bde., Oxford.

Pino, Domenico 1796: Storia genuina del Cenacolo insigne dipinto da Leonardo da Vinci nel refettorio de' padri domenicani di Santa Maria delle Grazie di Milano, Mailand.

Richardson, Jonathan sen. & jun. 1722: An Account of Some of the Statues, Bas-reliefs, Drawings and Pictures in Italy, etc. with Remarks, London.

Rubin, Patricia 1990: What Men Saw: Vasari's Life of Leonardo da Vinci and the Image of the Renaissance Artist, in Art History, XIII, 34–46.

Serlio, Sebastiano 1551: Il secondo libro di perspettiva, Venedig.

Solmi, Edmondo 1907: Ricordi della vita e delle opere di Leonardo da Vinci raccolti dagli scritti di Gio. Paolo Lomazzo, in Archivio storico lombardo, XXXIV, 8, S. 290–331.

Sommer, Hubert 1998: génie. Zur Bedeutungsgeschichte des Wortes von der Renaissance zur Aufklärung, Frankfurt a. M.

Tischbein, Heinrich Wilhelm 1956: Aus meinem Leben, hg. v. Kuno Mittelstädt, Berlin.

Toren, Christina 1991: Leonardo's ,Last Supper' in Fiji, in The Myth of Primitivism. Perspectives on Art, hg. v. Susan Hiller, London & New York, S. 261–279.

Turner, A. Richard 1993: Inventing Leonardo, New York.

Varchi, Benedetto 1564: Orazione funerale […] fatta, e recitata da lui pubblicamente nell'essequie di Michelagnolo Buonarroti in Firenze, nella Chiesa di San Lorenzo, Florenz.

Vasari, Giorgio 1966 ff.: Le vite de' più eccellenti pittori scultori e architettori nelle redazioni del 1550 e 1568, hg. v. Rosanna Bettarini & Paola Barocchi, Florenz.

Venturi, Lionello 1919: La critica e l'arte di Leonardo da Vinci, Bologna.

Verga, Ettore 1931: Bibliografia Vinciana 1493–1930, 2 Bde., Bologna.

Verino, Ugolino 1583: De illustratione urbis Florentiae libri tres, Paris.

Wackenroder, Wilhelm Heinrich 1991: Das Muster eines kunstreichen und dabey tiefgelehrten Mahlers, vorgestellt in dem Leben des Leonardo da Vinci, berühmten Stammvaters der Florentinischen Schule, in Sämtliche Werke und Briefe. Historisch-kritische Ausgabe, hg. v. Silvio Vietta & Richard Littlejohns, 2 Bde., Heidelberg, I, 73–81.

White, Michael 2000: Leonardo: The First Scientist, London.

Wolf, Gerhard 2002: Das Mona Lisa-Paradox oder Leonardos „unnachahmbare Wissenschaft der Malerei", in Leonardo da Vinci. Natur im Übergang. Beiträge zu Wissenschaft, Kunst und Technik, hg. v. Frank Fehrenbach, München, S. 391–411.

Zinke, Detlef 1978: Vom Weiterleben der Gioconda. Zur Geschichte der Bildrezeption bis 1800, in Mona Lisa im 20. Jahrhundert, Duisburg, S. 22–39.

Zöllner, Frank 1994: Leonardo da Vinci. Mona Lisa. Das Porträt der Lisa del Giocondo, Legende und Geschichte, Frankfurt a. M.

GIFT IN MARMORNEN SÄRGEN?

Die Borgia und ihr Mythos von Volker Reinhardt

UNSTERBLICHE MYTHEN

Ein Mythos ist überdosierte Geschichte. So wie aus einer simplen chemischen Verbindung durch kunstvolle Hinzufügung weiterer Moleküle eine nicht mehr geheure Kombination mit unberechenbaren Eigenschaften entsteht, ist der Mythos Geschichte plus X. Dabei kann X klein sein oder gegen Unendlich tendieren. Mit anderen Worten: die Zutat, die aus simplen historischen Fakten

Papst Alexander
VI. Borgia;
aus einem Fresko
Pinturicchios im Vatikan

Mythen aufkeimen lässt, kann eine geringe Zutat oder ein macht-
volles Ferment ausmachen. Letzteres ist z. B. bei Wilhelm Tell der
Fall. Dass der Tyrannenmörder keine historische Persönlichkeit
war, mussten schon vaterländisch gesinnte Schweizer Historiker
des 18. Jahrhunderts zu ihrem Leidwesen feststellen – um sich ob
dieser unpatriotischen Entdeckung dann auch noch strafrechtli-
cher Verfolgung ausgesetzt zu sehen.

Der genialste Dekodierer von Mythen, der neapolitanische
Geschichtsphilosoph Giambattista Vico, wies in seinen 1744 in dritter Auflage erschienenen „Prinzipien einer neuen Wissenschaft"
den Mythen eine zentrale Funktion für das Selbstverständnis
des Menschen in der Geschichte zu. Ja, für Vico machen Mythen
Geschichte, auch wenn sie – wie in den älteren Zeitaltern der
Menschheit ganz überwiegend der Fall – nicht auf historisch verbürgte Persönlichkeiten zurückgehen. So ist der tugendhafte und
tatkräftige Halbgott Herakles ohne unmittelbare geschichtliche
Vorlage und hat dennoch als Matrix und Muster aristokratische
Gesellschaften der Antike wie der Neuzeit stärker geformt als jeder
von den Annalen sicher verbürgte Fürst. Kennzeichen der letzten,
mit den römischen Gracchen einsetzenden und sich nach Vicos
Ansicht in seiner eigenen Zeit erneuernden Menschheitsentwick-
lungsstufe aber ist, dass sich Mythen von jetzt an um Menschen
ranken, die gelebt und gewirkt haben. Mythen in diesem Verständnis sind, um die Eingangsformel abzuwandeln, überlebensgroße
Figuren, die zum mentalen Andocken locken. Sie kommen durch
Weglassung oder Überhöhung zustande, sie verdichten Mensch-
liches zum allgemeingültig Ewigmenschlichen. Mythen schlagen
Schneisen durch die unwegsamen Wälder der Historie, in denen
man sich ohne sie verläuft. Mythen geben somit vor, Wege zu weisen, die immer ans Ziel führen. Mythen leugnen per definitionem
Wandel, ja sie schreiben die immerwährende Wiederholung der
Historie oder zumindest die regelmäßige Wiederkehr des Ähnlichen in der Geschichte fest. Wer glaubt, dass sich Geschichte
wiederholt und dass man daher aus ihr lernen kann, wird wie
Machiavelli zum Mythenbildner. Wer Geschichte als Aufbruch
ins Unbekannte abbildet wie sein großer Widerpart Guicciardini,
betätigt sich als unerbittlicher Mythenzerstörer. Das gilt bis heute.

Mythen sind also, um es ironisch auszudrücken, die falschen Freunde der Geschichte. Sie beanspruchen, Ursprung, Entwicklung, Ausgang und Ende zu kennen. Mythen zersetzen Geschichte, sie zerstören ihr kompliziertes Gewebe, implantieren hier, transplantieren dort – und schaffen eine virtuelle Vergangenheit, die doch die ultimativ wahre zu sein vorgibt. Mythen reduzieren Geschichte auf leichtfassliche, eingängige, einleuchtende Denkfiguren. Deshalb sind Mythen zäh; wie bestimmte heimtückische Erreger werden sie schnell resistent gegen faktengestützte Widerlegungsversuche. Sie überleben gemeinhin die wissenschaftlich auftretende Geschichte, viele Mythen sind sogar unsterblich. Und noch eine Analogie zum Reich der Anophelesmücken und der von ihnen verbreiteten Viren: Mythen besitzen die unheimliche Fähigkeit, gleichzubleiben und sich dennoch zu verwandeln. Will sagen: die Kernbestandteile des Mythos bleiben dieselben, doch die Botschaft, die Quintessenz verändert sich. Man kann darin eine Anpassungsleistung der Mythen an ihr Biotop, die Geschichte, sehen. Da sich diese – zumindest an der Oberfläche der Institutionen, Gesellschaftsformen und Staatsmechanismen – ändert, müssen sich die Mythen den neuen Sachverhalten angleichen, ja geradezu anschmiegen, um zu überleben. Da die Mentalitäten der Menschen sich jedoch viel langsamer wandeln als die historischen „hard facts" wie Regierungsformen und Verfassungen, geschieht der Wandel der Mythen eher gleitend.

Das alles gilt in hohem Maße für den Mythos der Borgia. Eine Familie als historischer Kern des Mythos: das ist keine Seltenheit, sondern im Gegenteil, heute, wo man die Schicksalsmacht der Gene, ihre Größe und Tragik wiederentdeckt zu haben glaubt, geradezu die Zeitgeistmode schlechthin. Schauen Sie auf die Spiegelbestsellerliste Sparte Sachbuch, was immer das heute auch heißen mag, oder ins gehobene Autorenkino. Ob die Mutter der Gattin eines bekannten Schriftstellers oder der nach 19 Jahren plötzlich ans Tor klopfende unbekannte Sohn: Familie ist heutzutage mehr denn je Fatum und damit mythenhaltig. Das ist zugleich Geist vom Geist der Frühen Neuzeit. Was immer auch Jacob Burckhardt über Individualisierung in der Renaissance ausführt, es ist längst

selbst als Mythos erwiesen – und wird vom Mythos der Borgia en
passant widerlegt. Für Menschen des 16. Jahrhunderts nämlich ist
der Mensch ein Familienwesen; sein Charakter, Rang und Wert
bestimmt sich aus der Generationenabfolge. So bilden die Borgia
selbdritt einen gemeinsamen Mythos.

Es ist eine unheilige Familientrinität, ja geradezu ein Mythos
der Entweihung. Die Profanierung des Heiligsten, für welche die
Borgia so lange einstehen, kann – Wandelbarkeit des Mythos –
aber auch umgewertet werden. Für Friedrich Nietzsche war Cesare
Borgia an der Spitze der Kirche der herrlichste Triumph der Historie, perfiderweise in letzter Minute zunichte gemacht durch das
Auftreten des schlechten Mönchs Luther, der die Kirche erneuerte
und damit die verhasste Sklavenmoral des Christentums wieder in
Kraft setzte. Cesare Borgia verkörperte für Nietzsche den leider nur
allzu kurzen Triumph über dessen unselige Moral.

Nietzsches Deutung Cesare Borgias ist natürlich selbst ein
Mythos. Nicht Cesare, sondern sein Vater Rodrigo Borgia, alias
Papst Alexander VI., stand an der Spitze der Kirche. Und er verkörperte nicht den herrisch-heroischen Antichrist, den Befreier
vom Joch des Sündenbewusstseins, sondern verstand sich als guter
Christ. Zumindest sehe ich Alexander VI. nach Ausweis aller verfügbaren Quellen so. Doch ist auch das vielleicht schon wieder ein
neuer Mythos, wer weiß. Die dritte im Bunde des Familienmythos
ist Lucrezia Borgia, wie Cesare ein Kind des späteren Papstes und
wie dieser von ihm legalisiert sowie in der Öffentlichkeit ganz
offiziell als leibliche Tochter bezeichnet. Alexander VI., Cesare
und Lucrezia Borgia: zu dritt verkörpern sie den Mythos der sich
exzessiv auslebenden, alle Schranken der Moral niedertretenden,
keinem anderen Gesetz als dem in der eigenen Brust folgenden
Renaissancemenschen. Die übrigen Borgia – und es gab ganze
Schwärme von ihnen, den letzten Sprössling setzte Alexander VI.,
der Papst mit dem Stier im Wappen, im Alter von siebzig Jahren
in die Welt –, die übrigen Borgia zählen nicht, zumindest nicht
für den Mythos. Oder allenfalls als Epilog: wie eine eigentümlich
erbauliche Nachgeschichte zum bösen Borgiamythos mutet es an,
dass ein Borgia Jahrzehnte nach dem unheimlichen Papst General
des Jesuitenordens und heilig gesprochen wurde. Man sieht, es

ging auch anders; oder anders ausgedrückt: tiefste Verworfenheit und höchste Erhabenheit liegen dicht beieinander, auch das ist eine Facette des Mythos.

Aber ich will hier im Folgenden nicht mit der sich ablösenden Abfolge von Borgiabildern ermüden, wie sie jede Zeit für ihre spezifischen Bedürfnisse stets aufs neue produziert. Ich will etwas Elementareres und, wie ich hoffe, Fesselnderes versuchen. Ich will am Beispiel der drei Originalfiguren Alexander, Cesare und Lucrezia aufzeigen, was belegbare Fakten, was plausible Schlussfolgerungen, einigermaßen haltbare Hypothesen, schiere Vermutungen oder ziemlich sicher als solche bewiesene Legenden sind. Das heißt, ich will Geschichte und Mythos so weit wie möglich voneinander ablösen, um durch die Freilegung und Trennung dieser Schichten dann umso bestimmter das Aufkommen, den Aufstieg, den Siegeszug, die Dauerhaftigkeit und vor allem natürlich die Funktion des europäischen Borgia-Mythos darzulegen.

Im Gegensatz zu einem Rezensenten meiner Biographie Alexanders VI. glaube ich nicht, dass diese Unterscheidung zwischen Geschichte und Mythos eine leichte Aufgabe ist. Denn wie in kaum einem anderen Fall verschränken sich bei den Borgia Fakten, zeitgenössische Gerüchte, raunende Kolportagen, unerhörte Ondits, gesteuerte Propaganda und gezielte Verleumdung zu einem schwer durchdringlichen Dunstkreis.

Ein solcher Geschichtsnebel provoziert extreme Reaktionen. Bis heute erscheinen Publikationen über Alexander VI., oft bezeichnenderweise auf Spanisch, die schlichtweg alles leugnen, was nicht in eine Heiligenvita passt. Der Papst habe weder leibliche Kinder noch eine Mätresse gehabt. Vanozza Cattanei, die wir heute wohl als Alexanders Lebensabschnittsgefährtin bezeichnen würden, sei nichts als eine hilfesuchende arme Witwe gewesen, welcher der fromme Papst Werke der Liebe zuteil werden ließ – Werke der *agape*, nicht des *eros*, wohlgemerkt. Gerade weil man heute offenbar ungestraft wieder alles schreiben kann, soll im Folgenden exemplarisch zwischen historischem Nukleus und wild wuchernder Legende unterschieden werden.

Von Játiva nach Rom – der zweimalige
Weg der Borgia auf den Papstthron

Die Familie Borgia hieß ursprünglich de Borja und lebte, seit dem
13. Jahrhundert sicher nachweisbar, im Stile kleiner Landjunker
lange Zeit ziemlich unauffällig in und bei Játiva, in der Umgebung
von Valencia; nachgeordnete Familienzweige zählten allenfalls
zur amorphen Zwischenschicht lokaler Honoratioren. Zeittypisch
verlief auch ihr Aufstieg. Soziale Mobilität um 1400 ereignete sich
entweder durch Aufnahme ins Netzwerk einflussreicher Persönlichkeiten oder in der Kirche. Der Aufstieg Alonso de Borjas, der
den Rang der Familie begründete und damit den festen Sockel
des Mythos schuf, lief in charakteristischer Kombination über
beide Schienen. Zuerst machte er sich als ein führender Kanonist
der Zeit über Spanien hinaus einen Namen, dann trat er als enger
Berater in den Führungskreis um Alfonso V., den jungen und
dynamischen König von Aragón, ein. Dieser herrschte nicht nur
über Nordspanien, sondern auch über Korsika sowie Sardinien
und bald auch über Süditalien, wo er als Alfonso I. bis zu seinem
Tode 1458 regierte. Dorthin war ihm sein Minister Alonso de Borja
gefolgt. Von Neapel aus setzte sein Herr und Meister, der König,
1444 Borjas Erhebung zum Kardinal durch. Als solcher übersiedelte
der immerhin schon 65-jährige Kirchenfürst nach Rom – und als
solcher leistete er dem König weiterhin treue Dienste: als Vermittler
an der Kurie, als Sprachrohr und Fürsprecher des Hauses Aragón.

Alonso de Borjas Kapital waren seine Lebenskraft und seine
Unauffälligkeit. Diese ließ ihn alt, sehr alt werden – jene machte
ihn im Konklave des Jahres 1455 zusammen mit seinem Lebensalter
zu einem idealen Übergangskandidaten auf dem Papstthron. Am
8. April 1455 wurde so aus Alonso de Borja Papst Calixtus III. Das
blieb für seine Verwandtschaft naturgemäß nicht ohne Folgen.
Wieviel Nepotismus erlaubt und wieviel anstößig war, darüber gingen die Meinungen der Kurie seit jeher auseinander. Ab etwa 1420
schien man sich auf eine dezente Basisformel geeinigt zu haben:
ein Neffe als Kardinal, ein weiterer naher Verwandter zum adeligen
Stammhalter auserkoren, das mochte angehen, gerade noch. Der
77-jährige Calixtus stieß diese noch so junge Formel flugs um. Zwei

seiner Blutsverwandten wurden im Februar 1456 Kardinäle; einer
von ihnen war Alonsos Neffe Rodrigo, der spätere Alexander VI.
Ein dritter Nepot wurde mit weltlichen Gütern und Ämtern über-
schüttet. Doch das alles fiel noch nicht aus dem weiteren Rahmen
des an der Kurie Üblichen. Der künftige Mythos zeichnet sich
allenfalls in den letzten zwei Regierungsmonaten Calixtus' III.
ab. Ganz am Ende seiner Herrschaftszeit nämlich war der Papst
entschlossen, das Königreich Neapel und Sizilien für seine eigene
Familie zu erobern. Das aber war ein unerhörtes Unterfangen. Zum
einen, weil die de Borja, die sich jetzt Borgia zu nennen begannen,
wie gesagt, treue Klienten von König Alfonso gewesen waren.
Doch mit diesem hatte sich der Papst am Ende überworfen. Bei
Alfonsos Lebensende im Juni 1458 war die Feindschaft geradezu
tödlich. Skandalös aber war das Unterfangen, den Borgia die Krone
zu gewinnen, welche Normannen, Staufer, Anjou und Aragone-
sen getragen hatten, vor allem deshalb, weil die Borgia nach den
zeitüblichen Legitimationsmaßstäben diesen schwindelerregenden
Aufstieg nie und nimmer rechtfertigen konnten.

Doch die Borgia dachten und räsonierten nicht wie die anderen – hier zeichnet sich der Mythos schon deutlicher ab. Alonso,
dem späteren Calixtus III., war seine Wahl zum Papst geweissagt
worden. Das klingt nach einer verbreiteten Legende – kaum eine
vornehme Familie präsentierte sich ohne solche Überlieferungen – und ist doch ein hartes Faktum. Der Prophet war, wie aus
sicheren Quellen zu entnehmen, der berühmte Ordensprediger
Vicente Ferrer, den Calixtus III. – eine Hand wäscht die andere
– dann auch kurz nach seiner Erhebung heilig sprach. Mit anderen Worten: Calixtus und die Seinen glaubten sich zu Höchstem
berufen; die Krone von Neapel und Sizilien schien ihnen da nur
angemessen. Doch so weit kam es nicht. Der greise Papst starb vor
Beginn des Feldzugs, wenige Wochen nach dem König. Wie fast
immer beim Tod eines Pontifex maximus brach jetzt, im August
1458, die Dämmerung seiner Nepoten an. Die Borgia und ihre
Güter zerstoben in alle Winde, außer Kardinal Rodrigo, welcher,
27-jährig, die Stellung in Rom und damit den Rang seiner Familie
hielt. Dabei halfen ihm die vielen lukrativen Pfründen, die ihm sein
Onkel übertragen hatte. Im Laufe seiner langen kurialen Karriere

brachte es Kardinal Rodrigo Borgia auf sechzehn Bistümer, die
Zahl seiner Kommenden betrug ein Mehrfaches. Doch war der
Neffe des verstorbenen Papstes mehr als ein kurialer Plutokrat. Er
galt als intelligent, willensstark, nicht wenige sagten: skrupellos,
anpassungsfähig, ein Meister in der Kunst des Sich-Verstellens.
Verzwickte juristische Probleme kamen seinem Verstand und
Naturell entgegen. Schnell qualifizierte er sich als Spezialist im
Gnadenrecht. Darunter verstand man delikate Fälle, in denen Herrscher bzw. Mächtige Dispense, d.h. Ausnahmeregelungen, für teu-
res Geld erwirken mussten: so etwa bei Heiraten unter Verwandten
oder auch in hochpolitischen Scheidungsaffären. Als Vizekanzler
auf Lebenszeit war Kardinal Rodrigo Borgia für alle diese Angele-
genheiten in vorletzter Instanz, d. h. vorbehaltlich der Zustimmung
des Papstes, zuständig. Eingeweiht in die Geheimnisse der Mächtigen und damit in das Innenleben der Macht, schlug er aus dieser
Schlüsselposition materielles und soziales Kapital: Nicht wenige
gekrönte oder zumindest erlauchte Häupter Europas schuldeten
ihm einen Gefallen für gute Dienste oder, genauso wichtig, für
seine Verschwiegenheit.

So können wir die 36 Jahre von 1456 bis 1492 kurz abhandeln.
Ein ohnehin schon reicher Kardinal wird noch sehr viel reicher und
damit auch einflussreicher. Dieser Einfluss schlägt sich notwendigerweise im Konklave nieder. 1464 und 1471 ist Rodrigo Borgia
noch zu jung und zu sehr Neffe eines päpstlichen Onkels, um selbst
Chancen zu haben. So lässt er seinen Anhang aussichtsreichen
Kandidaten zukommen, in der Erwartung des kurialen „do ut
des", ich gebe, damit du gibst. 1484 aber steigt er erstmals selbst in
den Ring. Im August dieses Jahres ist die dreizehnjährige Regierung Sixtus' IV. aus der Familie Della Rovere zu Ende gegangen
– ein Wendepontifikat, wie es wenige in der Kirchengeschichte
gibt. Francesco Maria della Rovere war vor seiner Wahl General des
Franziskanerordens, doch vorwiegend geistlich ausgerichtet war
seine Herrschaft ganz und gar nicht. Sixtus ernannte sukzessive
sechs Blutsverwandte zu Kardinälen, verschaffte darüber hinaus
dem Meistbegünstigten der Familie, Girolamo Riario, eigene Terri-
torien in der Romagna und zettelte sogar einen italienischen Krieg
an, um das Königreich Neapel für diesen zu gewinnen. Rodrigo

Borgia müssen déjà-vu-Gefühle überkommen sein, und nicht zuletzt durfte er sich bestätigt fühlen. Kronen für Nepoten, das seinerzeit so anstößige Programm Calixtus' III. wurde hier in vollem Umfang übernommen. Aus der vielköpfigen Verwandtschaft Sixtus' IV. erwuchs Rodrigo Borgia mit Kardinal Giuliano della Rovere ein ebenbürtiger Gegner, der mit innerer Notwendigkeit zum lebenslangen Todfeind wurde – und in der Wahl seiner Mittel kaum zimperlicher war. Im Konklave von 1484 war Giuliano della Rovere zumindest geschickter. Die Anhänger Borgias und seines Verbündeten Ascanio Sforza ließen sich durch eine Finte täuschen und mussten zähneknirschend der Wahl Innozenz' VIII., eines treuen und wenig selbstständigen Klienten Della Roveres, zustimmen.

Zu dieser Zeit war Kardinal Rodrigo Borgia bereits mehrfacher Familienvater. Sind die Mütter seiner zwei ältesten Töchter und seines ersten Sohnes, dem der Vater das ertragreiche Herzogtum Gandía in Spanien verschafft, nicht bekannt, so tritt ab Mitte der 1470er Jahre Vanozza Cattanei als *maitresse en titre* unübersehbar hervor. Sie geht in Borgias Palast ein und aus, den uns wollüstig schwelgende Beschreibungen wie eine Art Harem aus Tausend und einer Nacht vor Augen führen; die sehr viel nüchterneren Inventare sprechen annähernd dieselbe Sprache. Dass ein Kirchenfürst Kinder zeugt, ist damals keine Seltenheit und wird nur von einem Teil der Kardinäle als skandalös angesehen; die Mehrheit dürfte es als eine eher lässliche Sünde betrachten. Ungewöhnlich im Falle des Vizekanzlers Borgia aber ist die Offenheit, mit der er nach der Wahl Sixtus' IV. seine leibliche Nachkommenschaft vorzeigt und legalisiert. Darin spiegelt sich ein Wertewandel wider, der für die Kirche bedeutsam geworden ist. Unter Sixtus IV. nämlich häufen sich die Ernennungen junger Kardinäle aus führenden und vor allem finanziell potenten Familien Italiens, die ihr kirchliches Amt als eine Investition in politischen Einfluss verstehen und dementsprechend agieren – schließlich machte es der Papst ja selbst vor. Die vier urkundlich anerkannten Kinder Vanozzas und des Kardinals sind, nach Geburtsjahren angeordnet, Cesare, Giovanni, Lucrezia und Gioffrè. Den letzteren können wir hier getrost außer Acht lassen, er war eine mittlere Figur auf dem Schachbrett der

Borgia, vielleicht ein Läufer, doch zum Mythos gehört er nicht. Giovanni schließlich zählt auf bizarre Weise, nämlich durch seinen gewaltsamen Tod dazu.

Eine kurze Standortbestimmung zu den bisher getroffenen Ausführungen: wir bewegen uns bislang im Reich der harten Fakten, die von der seriösen Forschung nicht bestritten werden, doch sind die zuletzt zusammengetragenen Tatsachen, die Nachkommenschaft betreffend, bereits mythogen, mythenträchtig.

Der skandalöse Papst – Urgrund des Mythos

Das gilt auch für die Art und Weise, wie Rodrigo Borgia im nächsten Anlauf, am 11. August 1492, doch noch Papst wird. Diesmal ist seine Taktik so simpel wie brachial – und durchschlagend erfolgreich. Er kauft sich seine Wähler und damit den Pontifikat. Lukrative Pfründe gegen Wahlstimmen: diese Taktik geht am Ende auf. Was wie böse Nachrede klingen könnte, ist unanfechtbar erhärtet. Wir kennen Namen und Belohnungen derjenigen, die am 11. August zur Adoration des neuen Papstes schreiten, sehr genau. Kaum einer geht leer aus. Nur die inzwischen zur Minderheit geschrumpfte Fraktion wertkonservativer Reformer, d. h. Normenwiederhersteller um die Kardinäle Todeschini, Piccolomini und Carafa, spielt nicht mit, bleibt unbestechlich und muss sich am Ende resignierend den unabänderlichen *faits accomplis* beugen. Sicher belegt sind auch die ersten, wiederum hochgradig anstößigen Kardinalsernennungen des neuen Papstes. Dass diese roten Hüte – mit Ausnahme Cesare Borgias, der ihn gratis bekommt – ohne bemäntelnde Umstände meistbietend verkauft werden, ist in den Machtzentren Italiens ein offenes Geheimnis; selbst die Summen und Zahlungsmodalitäten zirkulieren allerorten und sind im übrigen bis heute aus so nüchternen Quellen wie diplomatischen Aktensammlungen und Rechnungsbüchern zu ermitteln. Natürlich ist der Verkauf so hoher kirchlicher Würden wie schon die Papstwahl selbst Simonie, also kirchenrechtlich streng verboten und überdies eine schwere Sünde. Rechtsungültig aber werden simonistische Ernennungen und Wahlakte deshalb nicht. Mit der unverhüllten Versteigerung der

Kardinalate knüpft Alexander VI. im übrigen an seinen Vorvorgänger Sixtus IV. an, unter dem, wie gesagt, der Purpur zur politischen Währung wurde. Doch wurden diese Transaktionen unter dem Della-Rovere-Papst immerhin noch der Verschleierung für wert befunden. Was jetzt nach 1492 geschieht, ist also eine konsequente Ausdehnung bereits sehr weit gesteckter Normen.

Grenzverschiebungen dieser Art aber reichen in der Regel für Mythenbildungen nicht aus. Wäre Alexander VI. 1495 oder 1496 gestorben, er wäre als ein typischer Vertreter des lässlichen kurialen Zeitgeistes in die kirchlichen Annalen eingegangen, doch mythenlos ins Grab gesunken. Selbst seine Einschließung in der römischen Engelsburg durch die Truppen des französischen Königs Karls VIII., der 1494 seine Absetzung erwägt, um am Ende davor zurückzuschrecken und sich statt dessen mit dem übel beleumdeten Pontifex zu verbünden, hätte dazu nicht genügt, ebenso wenig wie die Heiraten der Papstkinder in den frühen Jahren. Eheschließungen mit einem Zweig der Familie Sforza und einer natürlichen Nebenlinie des Hauses Aragón schlagen zu Buche. Das bot kaum Grund zur Aufregung, ähnliche Allianzen hatten schon andere Nepotenfamilien zuvor geschlossen.

Mit diesem „So machten es die anderen auch" hat es ein Ende, als Alexander VI., aller akuten Bedrohungen und der meisten Feinde ledig, ab 1497 daran geht, Herrschaftsbildung der Borgia in großem Stil zu betreiben. Von jetzt an kann sich keine führende Familie Roms, ja Italiens vor den Ränken und Aggressionen der Borgia sicher fühlen; ein Klima der Angst, dem Mythos förderlich, breitet sich aus. Dazu trägt bei, dass der Lieblingssohn des Papstes, Giovanni, im Juni 1497, gerade einmal 21 Jahre alt, tot aus dem Tiber gezogen wird – mit neun Stichwunden in der Brust und am Hals. Als notorischer Wilderer in fremden Ehegefilden und erster Kandidat für Fürstentümer lebte der Papstsohn fraglos gefährlich. Dementsprechend gerieten viele vornehme Geschlechter Roms und Italiens in Verdacht. Offenbar hatten die Borgia das Risiko ihres skrupellosen Vorgehens unterschätzt. Als Nepoten des Statthalters Christi auf Erden hielten sie sich wohl für sakrosankt und unangreifbar. Auch wenn der Mörder Giovannis nie ermittelt wird, ist danach nichts mehr wie vorher.

Zum einen erfährt die Mythenbildung einen ersten intensiven Schub. So ist die italienische Öffentlichkeit ein Jahr nach dem Attentat plötzlich felsenfest davon überzeugt, dass Cesare seinen Bruder ermorden ließ. So unwahrscheinlich diese Täterschaft sich auch bei besonnener Betrachtung bis heute darstellt, die meinungsbildenden Eliten des Jahres 1497 sind leidenschaftlich entschlossen, daran zu glauben. Der Mord passt einfach zu schön ins Bild. Mehr noch: er passt nahtlos zum Image, das sich Cesare Borgia, immerhin Kardinal der römischen Kirche, zulegt. Dieses Image aber lautet: Cesare, der Beleidigungen nie vergisst, sondern Lästerern die Zunge herausreißen lässt, Cesare, der bei Nacht und Nebel zuschlägt, wenn es niemand erwartet, der schnell wie der Blitz auftaucht, wenn niemand damit rechnet, Cesare, der auf dem Petersplatz starke Kampfstiere mit einem Degenstich in den Nacken tötet. Das alles hat Cesare nach Ausweis glaubwürdiger Quellen wirklich getan. Ein ernst zu nehmendes historisches Faktum aber ist auch das Bild, das damit in der Öffentlichkeit lanciert werden soll. Wer so gesehen werden will, darf sich nicht wundern, wenn die Öffentlichkeit Legenden webt. Fakt ist schließlich auch, dass Cesare im August 1498 sein Kardinalat ablegt, um ganz Fürst sein und sich die Romagna, den nördlichen Teil des Kirchenstaats, als eigenen Staat zu erobern. Die Rückgabe des roten Huts ist ein Skandal, der durch die ganze Christenheit nachhallt – so etwas tut man einfach nicht, und schon gar nicht aus diesen Gründen.

Die Skandale reißen jetzt überhaupt nicht mehr ab. Schon einige Monate zuvor war Lucrezia Borgias Ehe mit Giovanni Sforza, dem Herrn von Pesaro, für ungültig erklärt worden – ausgerechnet wegen Impotenz des Gatten, eine brennende Blamage für den Frauenhelden Sforza und seine ganze Familie. Immerhin kommt er glimpflicher davon als sein Nachfolger im Ehebett Lucrezias drei Jahre später. Zuerst nämlich wird der junge Prinz Alfonso aus einer Seitenlinie des Hauses Aragón auf den Stufen von St. Peter halb tot geschlagen. Fast genesen, wird er wenige Wochen darauf auf Befehl Cesares, seines Schwagers, erwürgt. Auch das ist ein Faktum, denn Cesare steht zu seiner Tat. Alfonso habe auf ihn geschossen, als er nichtsahnend in den vatikanischen Gärten lustwandelte, so lautet die verblüffend ungeschminkte Begründung des Täters. Auch die

Cesare Borgia;
Kupferstich von Cristiano Federico da Brixina, um 1690

Hintergründe dieser dunklen Affäre bleiben verborgen. Sie ist der
Stoff, aus dem die Mythen sind. Spätestens jetzt, anno 1500, stirbt
kein vornehmer Prälat mehr, ohne dass das Gift der Borgia ins
Spiel gebracht wird. Ganz überwiegend ist darin Mythenbildung
zu sehen – zumindest vorerst.

Fakt und mythenträchtig zugleich aber sind vor allem die kriegerischen Taten Cesares in der Romagna und die diplomatischen
Maßnahmen seines Vaters, die sie überhaupt erst ermöglichen.
Alexander VI. nämlich hat ab 1498 ein außenpolitisches Manöver
größten Stils eingefädelt: ein kolossales „Ich gebe, damit du gibst"
mit dem neuen französischen König Ludwig XII. Dieser benötigt
dringend eine Ehedispens, während die Borgia einen französischen
Hochadelstitel, eine vornehme Braut für Cesare und Truppen für
die Eroberung der Romagna wollen. Auf dieser Basis wird man
sich schließlich einig, doch nach was für Verhandlungen! Mona-
telang operieren beide Seiten mit allen nur denkbaren Finten und
Druckmitteln.

Das ist Borgiastil, aber eben auch *style Louis XII*. Lange vor
Machiavellis Texten beherrscht Staatsräson die europäische Politik;
erlaubt ist, was nützt: Nach dieser Maxime gehen alle Mächtigen
vor. Den Titel der Großmeister im Lügen und Betrügen aber verleiht die Öffentlichkeit den Borgias, Vater und Sohn. Ob sie ihn
verdienen, muss offen bleiben; auf der nach oben unbegrenzten
Abgefeimtheitsskala sind Vergleiche schwierig. Fakt ist jedoch die
Kunst der *dissimulazione*, der Doppelzüngigkeit, wie sie Alexander
VI. an den Tag legt. Und auch daraus wuchert Mythos. So wird auf
venezianischem Herrschaftsgebiet ein Sendschreiben des Teufels
veröffentlicht, der seinem geliebten Sohn, dem Papst, für die vielen
Seelen dankt, die dieser der Hölle zuführt. Auch nachdenkliche,
kritikfähige Zeitgenossen wie die Botschafter Venedigs in Rom
überlegen ernsthaft, ob dieser Papst dem Herren des Himmels oder
dem Fürsten der Finsternis dient.

Für die Venezianer ist die Lage besonders prekär, weil sie
mit Alexander VI. verbündet sind und um dieser Allianz willen
alle ihre alten Schutzbefohlenen in der Romagna im Stich lassen
müssen. Flugs für vogelfrei erklärt, werden nicht wenige Ex-Stadt-
herrn ein Opfer der Ausrottungspolitik Cesares. Auch das sind

Tatsachen: Astorre Manfredi, der strahlend schöne, liebenswürdige Stadtherr von Forli, der sich Cesare gegen das Versprechen freien Geleits ergab, wird, gerade achtzehn Jahre alt, tot aus dem Tiber gezogen, zusammen mit seinem jüngeren Bruder. Sie sind nicht die einzigen ihrer Art und ihres Standes, die in diesem Fluss enden. Denn Cesare Borgia betreibt Menschenjagd. Nachdem er Guidobaldo da Montefeltro, den hochgeachteten Herzog von Urbino, mit List aus seiner Hauptstadt vertrieben hat, kann sich dieser, schwer krank und durch Gicht fast bewegungsunfähig, vor den gedungenen Mördern mit knapper Not auf venezianisches Gebiet retten. Sicher aber darf er sich auch dort nicht fühlen, der Botschafter des Papstes drängt unablässig auf seine Auslieferung. Doch dazu sind die Venezianer, aller politischen Opportunität ungeachtet, denn doch nicht bereit.

In den Jahren 1502 und 1503 schließlich werden die weiterhin harten Fakten für die Zeitgenossen immer unwirklicher. Dass der Papst Kreuzzugsgelder für Cesares Eroberungen verwendet, erscheint da fast als eine lässliche Zweckentfremdung. Dass Alexander VI. Lucrezia mit dem Erben des Herzogtums Ferrara aus der sehr noblen Familie Este verheiratet, mag gleichfalls noch angehen, dass er seiner Tochter als Mitgift unveräußerliche Rechte und Besitzungen der Kirche schenkt, hingegen nicht. Zu diesem Zeitpunkt ist der Ruf der Borgia längst so mythendurchsetzt, dass der Vater des Bräutigams, der regierende Herzog von Ferrara, diskret prüfen lässt, ob Lucrezia, künftige Mutter seiner Enkel, wirklich, wie man sagt, eine praktizierende Hexe sei. Die Nachrichten lauten beruhigend: eine sanfte, kluge, hochgebildete und zudem schöne blonde junge Frau von 22 Jahren. Lucrezia ist, wenn man so will, eine Irrläuferin des Borgiamythos. Sie hat nichts getan, was den schlechten Ruf als Zauberin, männermordenden Vamp oder neue Salome rechtfertigt, den ihr die Zeitgenossen und die späteren Historiker, dem jeweiligen Zeitbedarf entsprechend, andichteten. De facto tut Lucrezia wenig, stattdessen wird mit ihr getan. Einmal gegen ihren Willen geschieden, ihres zweiten, diesmal heiß geliebten Ehegatten durch Mord beraubt, hat sie ihr Missfallen über Vater und Bruder immer wieder auf die damals einzig mögliche Weise bekundet: durch ostentative Trauer und Sich-Entziehen, z. B. durch Übersiedlung ins

Kloster. Und schließlich ist sie 1519, 39 Jahre alt, als hoch verehrte
fromme, unablässig caritativ tätige Familienmutter und Mutter der
Armen im Kindbett gestorben. Dass man ihr Bild zur femme fatale
ausmalt, fällt unter die Rubrik lüsterner Männerphantasien bzw.
Männerängste. Das Gerücht, ihr Vater habe mit ihr Inzest getrieben, wird im übrigen von ihrem geschiedenen Ehemann Giovanni
Sforza aus nachvollziehbaren Gründen in die Welt gesetzt, wollte
er damit doch seinen Ruf wiederherstellen und die Ursache für die
Auflösung der Ehe auf die blutschänderische Lüsternheit des grei-
sen Papstes schieben. Aller Unwahrscheinlichkeit ungeachtet, ist
der Inzest des Papstes mit seiner Tochter zum zentralen Bestandteil
des Borgiamythos geworden.

Es ist unschwer zu erkennen, warum. Eine frei ausgreifende
Phantasie fand in den unbestreitbaren Fakten allenthalben einen
idealen Nährboden nach dem simplen, aber bis heute so wirkungs-
vollen Muster: Wer das eine unbestreitbar getan hat, dem traut man
auch das andere, dazu Erfundene mühelos zu. Das ist Humus für
Mythen bis in die Gegenwart. So versorgt spätestens ab 1501 eine
in den Kreisen der von den Borgia enteigneten römischen Barone
lokalisierbare Nachrichtenleitstelle Italien und das übrige Europa
mit weiteren unerhörten Meldungen der vermischten Art. Die
sensationellste dieser Nachrichten schildert eine Orgie im Vatikan.
An die fünfzig römische Huren und die gesamte Hautevolee einschließlich der Borgia sollen bei diesem Anlass einen öffentlichen
Potenzwettbewerb ausgetragen haben. Sorgfältige Quellenkritik
kann jedoch nachweisen, dass es sich dabei um eine klassische Pro-
fanierungsphantasie handeln dürfte. Gierig geglaubt aber wurden
dergleichen Geschichten, weil der 70-jährige Papst in der Tat so
manche Probe seiner Lüsternheit und Zeugungsfähigkeit ablegte,
doch wohlgemerkt hinter verschlossenen Alkovenvorhängen.

Die krönenden „Schlusssteine" des Borgiamythos bilden
wiederum mörderische Fakten. So lässt Cesare in der Neujahrs-
nacht 1503 die tödliche Falle von Senigallia zuschnappen. Opfer
des Henkers werden seine Unterfeldherren, die sich knapp drei
Monate zuvor aus Angst um ihr Leben gegen ihn verschworen
hatten, dann den versöhnlichen Worten Alexanders VI. glaubten
und diese unbegreifliche Leichtgläubigkeit jetzt mit der Würge-

schlinge bezahlen. Machiavelli hat aus dieser düsteren Geschichte ein Lob der Staatsräson gemacht. Gleichzeitig zu diesen erregenden Ereignissen lockt Alexander VI. den Kardinal Giovanni Orsini, auch er aus der Familie der Verschwörer, ins Verderben. Er spielt so lange Nacht für Nacht mit ihm Karten, bis die Eilnachricht von der Gefangennahme der Ex-Komplotteure eintrifft. Kaum klopft der reitende Bote an das Tor des Vatikans, da wandert der Kardinal auch schon ins Verlies der Engelsburg, wo er wenige Wochen später stirbt – aus Kummer, wie Alexander VI. verkünden lässt. Doch das glaubt ihm niemand. Zwei Monate später, im April 1503, geht der greise Kardinal Giovanni Michiel aus Venedig unter furchtbaren Qualen zugrunde. Seine Glieder sind kaum erkaltet, da lässt der Papst auch schon alles beschlagnahmen, was nicht niet- und nagelfest ist. Für den venezianischen Botschafter wie für die meisten Römer ist der Fall klar: das Gift der Borgia hat wieder einmal seine Schuldigkeit getan! Sie vermuten richtig. Aus Prozessakten und weiteren Quellen lässt sich sicher beweisen, dass der Papst und sein Sohn den Mord in Auftrag gegeben haben.

Vier Monate später ist Alexander VI. selbst tot, sein Sohn von der Macht vertrieben. Unvermeidlich, dass der Tod des Borgiapapstes selbst zum Teil des Mythos wird. Sein Leichnam – so verbreitet es sich in Windeseile im augustschwülen Rom – sei binnen kurzem grauenhaft aufgequollen: erst Gift und danach vom Teufel geholt. Beide Erklärungen ergänzen sich aufs harmonischste. Sehen wir von Satan einmal ab, so spricht alles dafür, dass der Papst an Malaria zugrunde ging. Für die meisten Zeitgenossen aber war diese Erklärung viel zu prosaisch. Besonders beliebt und bis heute unausrottbar ist die Legende, dass Alexander durch Verwechslung dem Gift zum Opfer fiel, das er einem anderen zugedacht hatte. Das ist göttliche Nemesis und hübsch erfunden, doch wohl kaum historisch wahr.

Historisch wahr ist stattdessen – um zu einem Fazit auf der Grundlage der harten Fakten zu gelangen –, dass die Borgia am Ende nicht nur Regeln ausdehnten, sondern Regeln brachen und neue, für die Zeitgenossen nicht geheure Regeln kreierten. Versucht man, sie nachträglich zu formulieren, so lauten sie wie folgt: Wir, die Borgia, sind die zur Führung der Kirche erwählte Sippe; unsere

Herrschaft über Rom und das Papsttum muss ewig dauern; zu diesem Zweck halten wir künftige Päpste durch unsere Herrschaft in der Romagna unter Kuratell. Dafür aber sind alle Methoden, auch Mord, Gewalt und Simonie, gerechtfertigt.

Unter diesen Voraussetzungen versuchten die Borgia, was – wiederum nüchtern betrachtet – nicht gelingen konnte. Doch sie sahen das anders, denn sie glaubten sich wahrscheinlich vom Schicksal vorherbestimmt. Noch kurz vor seinem Tod war Alexander VI., damals immerhin 72 Jahre alt und nach den Zeitmaßstäben damit ein Greis, davon überzeugt, noch lange zu regieren. Woher er diese Gewissheit bezog, wissen wir nicht.

DER MYTHOS UND SEINE FUNKTION

Wir sind am Ende unseres Weges durch den Dschungel von Fakten und Legenden angekommen. Mit dem Tode Alexanders VI. war auch der Mythos der Borgia beendet. Er handelt vom skrupellosen Aufstieg zur Macht, vom Bruch aller Normen, vom Mit-Füßen-Treten allen göttlichen, natürlichen und menschlichen Rechts. Der Mythos der Borgia war für die Zeitgenossen eine pervertierte Genesis, eine nachtschwarze Schöpfungsgeschichte. Denn die Borgia wollten letztlich sein wie Gott: allein die Regeln schaffen. Ihre Regeln aber waren Regeln der tiefsten Amoralität, der Käuflichkeit, der Servilität, der Selbstaufgabe, der Inhumanität. Für sich aber ließen die Borgia keine Normen gelten, sie standen über ihrem bösen Schöpfungswerk. Diese Umkehrung der gottgewollten Ordnung – so der Mythos – wurde durch eine geradezu exhibitionistische Lust daran, diese Verdrehung offenkundig zu machen, gekrönt. Die Gruppensexszene im Vatikan, die (im Gegensatz dazu belegte) Bestellung Lucrezias zur Stellvertreterin für die weltlichen Geschäfte des Papstes im Sommer 1501: das alles sind Elemente einer für fromme Gemüter geradezu wahnwitzig anmutenden Umwertung aller Werte – zu Nietzsches, des Philosophen mit dem Hammer, nachvollziehbarem Vergnügen. Auf diese Weise präsentiert der Mythos die Borgia als eine Sippe teuflischer Wesen und macht ihre Machtausübung zu einem nachtschwarzen Karneval.

Im Karneval herrscht die verkehrte Welt einen Tag lang über die wahre, legitime. Unter den Borgia dauerte dieses *upside down*, welches das Böse nach oben kehrt und als das Gute ausgibt, volle elf Jahre lang.

Alexander VI., der Herrscher mit der Teufelsfratze, seine Regierung ein nicht enden wollender Hexensabbat: Dieses Rohmaterial des Mythos war, bevor der Mythos sich festigte, erst einmal zweckgerichtete politische Propaganda. Dass Mythos wird, was vorher im politischen Tagesgeschäft polemische Verwendung findet, ist nicht selten. Im Falle Alexanders VI. dauerte dieser Verpuppungsprozess im Übrigen nicht lange. Versatzstücke des Mythos vom Teufelspapst finden wir schon rund zwei Jahrzehnte nach dem Tod des Papstes in der Bildpropaganda der Reformation. Eine solche Nutzanwendung bot sich an. Die alles beherrschende Argumentationsfigur dieser massenhaft verbreiteten Holzschnitte war nämlich die der extremen Profanierung: dass das Höchste auf Erden, das Papsttum, in Wirklichkeit das Niedrigste, Verworfenste ist, dass, was von Gott zu sein behauptet, in Wirklichkeit des Teufels ist. Auch hier also geht es um die Umwertung der Welt, soll der Nachweis im Sinne des Karnevals geführt werden: oben ist unten, unten ist oben. Das war damals und ist heute, allenfalls leicht abgewandelt, eine überaus beliebte Weltdarstellung. Mentalitäten, wie gesagt, wandeln sich langsam. Durch unsere archaischen Emotionen sind wir der fernen Vergangenheit näher, als uns lieb sein kann.

Der Borgia-Mythos kommt also einem in breiten Schichten tief verwurzelten Bedürfnis nach Profanierung entgegen. Profanierung aber ist ein konstitutiver Akt des Glaubens. Keine Konfession der Frühen Neuzeit dürfte sich ohne die Vorstellung von der Entweihung des ihr Heiligen lange behaupten können. Erst die Vorstellung permanenter Bedrohung des Sakralen erzeugt die Energien, welche zur Identifizierung mit der eigenen Heilslehre unabdingbar sind. Frühneuzeitliche Glaubenssysteme leben davon, dass sie ihren Anhängern Chancen zum aktiven Sich-Einbringen bieten und damit Möglichkeiten, dem Bösen im Alltag durch planvolle Prävention entgegen zu wirken. So betrachtet, ist der böse Mythos der Borgia geradezu eine Stütze der Kirche geworden, und zwar

in doppelter Hinsicht: Für die Kirche der Protestanten, die das
verklammernde Feindbild des Antichristen in Rom weidlich aus-
schlachtet. Erstaunlicherweise spielt der Borgia-Mythos dabei eher
eine Nebenrolle. Gewiss, Alexander VI. kommt in der Schreckens-
galerie der Holzschnitt-Traktate der Reformationszeit durchaus
vor, doch nicht als Haupttäter. Als polemisch verwertbare Urbilder
des bösen Papsttums scheinen Luther und seinen Medienmitstrei-
tern offenbar Julius II. und Leo X. besser verwertbar. Julius, der ver-
rohte Soldat, dem Blut an den Händen klebte, Leo, der Papst, der
Luther bannte und damit die wahre christliche Lehre verleugnete:
diese Botschaften werden als eingängiger betrachtet als Alexander,
der Papst, der alles, wirklich alles für seine Familie tat. Stichwort
Familie: Dass Alexander VI. in diesem Arsenal der bösen Päpste
unter „ferner liefen" rangiert, könnte damit zusammen hängen,
dass den reformierten Predigern der kinderreiche und den Seinen
blind ergebene Pontifex Maximus weniger sündig erschien als sein
waffenstarrender bzw. genusssüchtiger Nachfolger; schließlich
hatten die protestantischen Geistlichen selbst Familie und Kinder.

Für die kirchenhistorische Beweisführung der Protestanten, dass
das Papsttum vom lauteren Quell der wahren Lehre abgewichen
und die Reformation daher die notwendige, von Gott gewollte
Wiederherstellung der Urkirche war, ist der Borgiamythos von
allenfalls mittlerer Bedeutung. Er dient stattdessen vorrangig
innerkatholischen Abgrenzungs- und schließlich Reformzwecken.
Elementaren Bedarf am Mythos haben an erster Stelle natürlich
die vielen während des Pontifikats Alexanders VI. Verdrängten
und Geschädigten; ihre Auflistung füllt viele Seiten und kommt
einem „Who's who" Renaissance-Italiens gleich. Die Borgia haben
alles für sich gewollt und viel zu wenig abgegeben, daher stehen
sie am Ende ohne soziales Kapital dar. Sozialhistorisch lässt sich
ihr Untergang in diesem einen lapidaren Satz zusammen fassen.
Nepoten mussten, um zu überleben, die Kunst beherrschen, andere
an ihren Privilegien teilhaben zu lassen. Davon haben die Borgia
nichts verstanden und nichts gehalten. So sind sie, als Alexander
VI. im August 1503 stirbt und Cesare mit dem Tode ringt, bereits
verlassen und verloren. Ihre Feinde haben jetzt die Macht der Waffen, aber auch die Macht der verletzten Interessen, der empörten

Mentalitäten und damit auch die Macht des Mythos auf ihrer Seite, der sich frisch herauszuformen beginnt.

Speziell Julius II., geboren als Giuliano della Rovere, der lebenslange Hauptfeind, der nach dem kurzen Zwischenspiel des reformorientierten Pius III. ab dem Herbst 1503 die Kirche regierte, war vital darauf angewiesen, die Herrschaft seines Vorvorgängers und dessen Familie als durch und durch dämonisch auszuweisen und sich selbst als leuchtendes Gegenbild zu präsentieren. Auf diese Weise sollte so manches in Vergessenheit geraten, nicht zuletzt die Erinnerung daran, dass der neue Papst in seinem langen Vorleben als Kardinal zwar Gegenspieler Alexanders VI., in seinen Methoden dem verhassten Borgia-Papst jedoch nicht immer so unähnlich gewesen war. Daher jetzt die von allen Medien eingehämmerte Botschaft: Waren die Borgia die Zerstörer der Kirche und der gottgewollten Ordnung allgemein, so ist Julius II. der Retter in letzter Minute. Ja, er und seine Familie, die Della Rovere, retten die Menschheit nicht nur vor einer verdienten Gottesstrafe, sondern womöglich sogar vor dem drohenden Weltenende. Julius II. liebte es, seine Herrschaft als Hinführung zum Millennium, den seligen tausend Jahren im neuen Jerusalem Rom, verherrlichen zu lassen, und zwar in Wort und Bild, in den Fresken der vatikanischen Stanza della Segnatura. Julius II., der Papst, der nach dem zerstörerischen Wirken seines Vorvorgängers die Kirche wiederherstellt und damit die letzte selige Endzeit des Erlösers und seiner Gerechten auf Erden einleitet – durch die Verbreitung dieses Bildes gewinnen der Borgiapapst und sein Sohn in Rom die Züge des Antichristen: Mythos aller Mythen.

Diese Dämonisierung konnte für das Papsttum nicht ohne Risiken abgehen. Gewiss, man zitierte zustimmend den Satz Papst Leos des Großen, dass die Würde Petri auch in einem unwürdigen Nachfolger nicht verlorengehe. Schließlich hatte es, wie der katholische Kirchenhistoriker Baronius ein Jahrhundert später eingestehen sollte, Päpste des Unheils im 10. und 11. Jahrhundert reichlich gegeben. Dem Papstamt konnten sie theologisch betrachtet nichts anhaben. Und doch musste der schwarze Borgia-Mythos etwas Beunruhigendes an sich haben. Rom war Babylon. Das sollten schon 1527 deutsche Landsknechte in römische Renaissancefresken einritzen. Der Endzeitmythos saß tief.

Und so wandelte sich der Borgia-Mythos schon bald. Dass er sich abschwächte, wäre zu viel gesagt, doch wurde er – die Zeit heilt alle Mythen – allmählich in ein sinnstiftendes Geschichtsbild eingefügt und damit entschärft. Mehr noch: Er wurde zum heilsamen Memento der Macht und auf diese Weise geradezu ein konstitutives Element des Systems Rom. In Gestalt der Borgia – so der Mythos in seiner für lange Zeit endgültigen kurialen Gestalt – hatte jeder regierende oder künftige Papst warnend vor Augen, was mit dem geschah, der die Nachfolge Christi für schnöde Familienzwecke, zum Kult der eigenen Person, für irdische statt überzeitliche Zwecke missbrauchte. So wurde der Borgia-Mythos zu einer Lektion römischer Eliten-Selbsterziehung. Bedenke, auch du bist nur ein Mensch und kannst daher durch Unbeschränktheit der Macht dem Cäsarenwahn oder genauer: dem Borgiawahn verfallen. In dieser Sicht des Pontifikats wurde die katholische Reform zum Triumph über die Borgia. Ja, es ist kaum übertrieben, die Selbstdarstellung des Papsttums bis heute als Reaktion auf die Herrschaft der Borgia zu verstehen: So viel ununterbrochene Vorweisung unanfechtbarer Sittlichkeit, so viel unermüdliche Zurückweisung jeglichen Hauchs von Fleischlichkeit sollen zeigen, dass Alexanders Nachfolger ihre Lektion gelernt haben. Dass Papst Paul VI. in den 1970er Jahren im Appartemento Borgia ein Museum für moderne religiöse Kunst einrichten ließ, ist der letzte Akt in einer langen Reihe moralischer Exorzismen. Dabei stimmt die künstlerische Überlegenheit von Pintoricchios herrlichen Fresken über die meist ebenso frommen wie mittelmäßigen und nicht selten kitschigen Exponate allerdings nachdenklich.

Doch lebt der Borgia-Mythos, lange nach Nietzsche, auch umgekehrt fort. Bis heute sind die Borgia Kronzeugen für den Burckhardtschen Goldschnittmythos der Renaissance. Als archetypische Renaissancemenschen führen sie den von Gewissenszwängen und allzuvielen Triebhemmungen gequälten Zivilisationsmenschen vor Augen, wie herrlich ungezwungen man leben könnte, wenn man alle Konventionen abwirft und nach eigenen Regeln lebt. In gewisser Weise sind die Borgia ein europäischer Tahiti-Mythos; der *homo borgianus* ist das Gegenbild des Freudschen Menschen schlechthin. Insofern sind die Borgia wahrscheinlich heimliche

Lebenshilfe für uns alle; daher lebt der Mythos fort, immun gegen jede Wissenschaft.

Doch diese Funktion schließt verblüffende Verwandlungen nicht aus. Ja, heute zeichnet sich ein neuer Mythos mit ganz unerwarteten Umrissen ab. In unserer Zeit, die, wie gesagt, die Familie als Schicksal entdeckt hat, figuriert Alexander VI. plötzlich als engagierter Vater mit dem Mut zum Coming-out für seine Familie. Der Heilige Vater als väterlicher Beschützer der kleinen Borgia im Nest – das ist der vorläufige Endpunkt einer offenbar unendlichen Geschichte, die hier gleichwohl ihr Ende findet.

LITERATURHINWEISE

Dieser Beitrag basiert auf meiner Biographie des zweiten Borgiapapstes: Der unheimliche Papst. Alexander VI. Borgia 1431–1503; (2005); dort auch eine kommentierte Aufstellung der Quellen und der wichtigsten Literatur.
Wissenschaftliche Darstellungen zum Thema sind darüber hinaus rar.
Eine dem damaligen Forschungsstand entsprechende, aus heutiger Sicht den Papst und seine Familie allerdings zu sehr „normalisierende" Familiengeschichte ist: Michael Mallett, The Borgias. The Rise and Fall of a Renaissance Family, London; (1970)
Eine im Großen bis heute hinsichtlich der Fakten nicht überholte Gesamtdarstellung des Pontifikats bei: Ludwig Pastor, Geschichte der Päpste seit dem Ausgang des Mittelalters, Bd. 3/II, Freiburg i. Br.; (1955)
Zum Verständnis Roms in der Renaissance insgesamt erhellend: Marco Pellegrini, Ascanio Maria Sforza. La parabola critica di un cardinale principe del rinascimento, 2 Bde., Rom; (2002)
Vergleichend dazu: Volker Reinhardt, Rom. Kunst und Geschichte 1480–1650, Freiburg Würzburg; (1992)
ders., Rom. Ein illustrierter Führer durch die Geschichte, München; (1999)

Orlando reitet in den Kampf;
nach einem alten Holzschnitt

ORLANDO

von Javier Gómez-Montero

Der Ritter Orlando, Held des *Orlando furioso* aus der Feder des Italieners Ludovico Ariosto, gehört wohl kaum zu jenen mythopoetischen Figuren, deren bloße Erwähnung heute noch wiedererkennendes Kopfnicken auslöst. Das ändert sich meist, wenn man erwähnt, dass Orlando die italienische Version jenes Rolands ist, der als Ritter Karls des Großen in der Schlacht bei Roncevaux fiel. Vielleicht erinnert sich der eine oder andere an den spanischen Don Roldán, an dessen Taten Don Quijote sich in seinen Phantasien des Öfteren misst.

Die literarische Erfolgsgeschichte ist in zumindest einer Hinsicht beispiellos. Dass sich die Abenteuer um den Ritter Roland/Orlando vom 11. bis ins 16. Jahrhundert hinein größter Beliebtheit erfreuten, ist nicht eben ungewöhnlich. Da haben König Artus, der heilige Jakobus oder die Gottesmutter ganz andere „Bilanzen" vorzuweisen. Dass Orlandos Taten europaweit Begeisterung hervorriefen, dass sie in Frankreich ebenso wie in Spanien und Italien die Hörer fesselten, auch das ist noch nichts Besonderes. Gänzlich ungewöhnlich jedoch ist die Tatsache, dass Orlando als literarische Figur im Laufe einer langen Entwicklungsgeschichte mehrfach Identitätswechsel durchlebte und dennoch – oder vielleicht gerade deswegen? – zum Bestandteil eines europäischen Imaginariums wurde.

Wie wir sehen werden, ist Orlando keineswegs nur der strahlende Held, sondern eine Figur, die zwischen heroischer Würde und tölpelhafter Komik schwankt, die dem Lachen preisgegeben wird, die tragische Züge hat, die das Vorbild aller christlichen Ritter sein kann, oft aber auch nur als Protagonist unterhaltender Erzählungen auftritt. In welchem Gewand Orlando aber auch begegnete – die Zustimmung des jeweiligen Publikums war ihm sicher.

Um die Vielschichtigkeit dieses europäischen Mythos – und damit womöglich das Geheimnis seines Erfolgs – zu erläutern, lohnt sich ein Blick auf den Identitätskomplex, den ich in vier Kapitel gliedern möchte: Die Konstitution der heroischen Identität in der französischen *Chanson de Roland*; die anschließende Erosion dieser Identität durch eine heftige Liebesleidenschaft in Boiardos *Orlando innamorato*, die sich auf dem Höhepunkt der italienischen Renaissance in Ariosts *Orlando furioso* bis zum Wahnsinn steigert. Abschließend wenden wir uns kurz einem Phänomen zu, für das sich der Begriff Medialisierung anbietet. In Cervantes' *Don Quijote* aus dem Jahre 1605 ist Orlando einer der zahlreichen Referenten, mit deren Hilfe der Junker aus La Mancha seine ritterliche Identität konstruiert, ein Vorgang, der sich allein in Don Quijotes Phantasien abspielt. Ein kurzer Blick auf den Orlando-Stoff kann das Besondere, das Neue seiner Darstellung im 16. Jahrhundert hervorheben.

DER CHRISTLICHE GLAUBENSRITTER

Eine erste epische Bearbeitung tauchte im 11. Jahrhundert in Frankreich auf, die *Chanson de Roland,* in der die starke Identität Rolands als Primus der kaiserlich-christlichen Ritterschaft bereits ausgeprägt ist. Der anonyme Dichter griff eine historische Begebenheit auf, die sich aufgrund ihrer Umstände empfahl. 778 hatten einige Bergstämme am Pass von Roncevaux am Fuß der Pyrenäen die Nachhut der Streitmacht Karls des Großen überfallen, als der von einem Feldzug gegen die Mauren aus Spanien zurückkehrte. Einer der kaiserlichen Paladine, Roland, verlor dabei sein Leben. Nun hatte dieses Scharmützel allein kaum das Zeug zu einem Heldenepos, weshalb der Dichter das nüchterne Faktum ein wenig „aufpolsterte": mit der Legende vom Überfall sarazenischer, d. h. moslemischer Truppen auf das christliche Heer als Folge eines Verrats durch den Grafen von Mainz. Die Absicht ist deutlich: Aus den Strauchdieben mussten ebenbürtige Gegner werden, so dass Roland, der Anführer der kaiserlichen Truppen, im Kampf für die Christenheit den Heldentod sterben konnte. In der Tat stehen im Mittelpunkt der Schlachtbeschreibung Rolands Leiden, seine Tapferkeit und sein edler Mut:

Graf Roland schlägt sich tapfer, doch er ist schweißüberströmt, und ihm ist heiß. Im Kopfe fühlt er Schmerz und große Qual [...][1]

Als Graf Roland sie herankommen sieht, wird er so stark und kühn und tatendurstig [...][2]

Niemals mochte Graf Roland einen Feigling leiden noch einen Übermütigen oder einen Bösewicht, noch einen Ritter, der nicht tapfer war.[3]

Der entscheidende Moment – der Todesaugenblick – ist ein eindrucksvolles Beispiel, um uns die epische Tonlage der Erzählung und das streng konturierte Profil eines frommen christlichen Helden in Erinnerung zu rufen:

> Graf Roland lag unter einer Fichte und hatte sein Gesicht gen Spanien gekehrt. Da begann er sich an mancherlei Dinge zu erinnern: an manche Länder, die der Held erobert hatte, an das holde Frankreich, an die Männer seiner Familie, an Karl den Großen, seinen Herrn, der ihn erzogen. Er kann sich der Tränen und der Seufzer nicht erwehren. Doch auch sich selbst will er nicht vergessen. Er bekennt seine Schuld und bittet Gott um Gnade [...][4]

Nachdem Roland als Kaiser Karls treuester Vasall so überaus musterhaft gestorben ist, führen keine Geringeren als die Erzengel Michael und Gabriel die Heldenseele ins Paradies. Und dies ungeachtet der Tatsache, dass der Tod den Ritter nicht ganz schuldlos ereilte („cleimet sa culpe"), denn immerhin hatte er entgegen den Warnungen seines Mitstreiters darauf verzichtet, durch einen Hornstoß rechtzeitig Hilfe herbeizurufen. Trotz dieses Mangels an Einsicht ist die Botschaft eindeutig: Ritterlicher Kampf ist Glaubenskampf, der Ritter ist damit ein Glaubensheld, und Roland wird zum Exponenten dieser Ideologie. Wie das mittelhochdeutsche *Rolandslied* des Pfaffen Konrad von 1170 nahelegt, stand mit der *Chanson de Roland* fortan das geeignete Rüstzeug zur Verfügung, um die Kreuzritter des 12. Jahrhunderts auf ihre Fahrten ins Gelobte Land einzustimmen.

Die Textzitate lassen die wesentlichen Paradigmen erkennen, die Roland als *miles christianus* charakterisieren: *fortitudo* und *fides*, Tugenden also, die ihn zur ebenso tapferen wie frommen Lichtfigur des Religionskampfes gegen die Mauren machen. Bei soviel Vorbildlichkeit lag es nahe, den Ritter in den Jakobskult einzubinden und ihn für den Pilgerweg nach Compostela zu vereinnahmen. Dieser Weg hatte in Roncevaux eine wichtige Station und war zudem eng mit Karl dem Großen verbunden. Rolands Rolle wird im *Liber Sancti Jacobi* deutlich, einem noch vor der Mitte des 12. Jahrhunderts verfassten Text, der auch als *Codex Calixtinus* geläufig ist. Dessen viertes Buch, der sogenannte *Pseudo-Turpin*, auch *Historia Turpini* genannt, beginnt mit Kaiser Karls Traumvision einer Sternenstraße nach Santiago de Compostela und eines Eroberungszuges dorthin:

> Nachdem aber Karl unter vielen Anstrengungen in vielen Gegenden der Welt verschiedene Reiche, nämlich Anglien, Gallien, Theutonien, Baiern, Lothringen, Burgund, Italien, Britannien und die übrigen Regionen unterworfen hatte. (…) Und sofort erblickt er am Himmel eine Straße aus Sternen, die am friesischen Meer ihren Ausgang nahm, zwischen Theutonien und Italien, zwischen Gallien und Aquitanien hinführte und geradewegs die Gascogne, das Baskenland, Navarra und Spanien durchquerte bis nach Galicien, wo zu dieser Zeit der Leichnam des Heiligen Jakobus noch unentdeckt verborgen war.[5]

Und dementsprechend klärt der heilige Jakobus höchstpersönlich den Kaiser über die Bedeutung der Erscheinung auf:

> Die Sternenstraße, die du am Himmel siehst, bedeutet dies, dass du mit einem großen Heer (…) von dieser Küste bis nach Galicien ziehen wirst.[6]

Für die Zeitgenossen bedurfte es keiner weiteren Hinweise, denn an der Spitze dieses Heeres ritt selbstverständlich Karls treuester Paladin. Im Umfeld des Jakobswegs also beginnt die europäische Projektion des christlichen Musterritters, denn der Sternenweg leuchtete über dem heutigen Deutschland ebenso wie über Frankreich, Italien und Spanien. Reliefs und Skulpturen Rolands schmückten von nun an die Portale vieler Kirchen entlang des Jakobswegs, insbesondere in Frankreich und Nordspanien (etwa in Conques und Logroño), und in der Kirche zu Roncevaux bewahrte man den Olifant, das Horn des Ritters, wie eine Reliquie auf. Papst Calixtus II., der als Urheber des *Liber Sancti Jacobi* gilt, ließ einen Freskenzyklus in der römischen Kirche Sancta Maria in Cosmedin anbringen. Auch in San Zeno in Verona und im Dom von Modena entstanden im Laufe des 12. Jahrhunderts bedeutende Exponate. Selbst zwei Glasfenster in der nordöstlichen Umgangskapelle der Kathedrale von Chartres enthalten ein Karls- und ein Jakobsfenster (Nr. 7 u. 5), in denen die Rolandsmotivik beide narrativen Zyklen miteinander verschränkt. Aufschlussreich in unserem Zusammenhang ist das literarische Zeugnis der *Historia Turpini*, wo Rolands Heldentaten und sein Tod in Roncevaux in ähnlicher Weise beschrieben werden wie in der *Chanson de Roland*. Allerdings trägt die Darstellung bereits Züge einer Legendenbildung, die die Jahrhunderte anhaltende Faszination der Figur sowohl für die kirchlichen und weltlichen Machthaber, als auch für die breiten Volksschichten förderte.

Zu diesen legendenhaften Versatzstücken gehört Rolands Zweikampf mit dem Riesen Ferracut; diese Episode, die im 17. Kapitel der *Historia Turpini* erzählt wird, aktualisiert im Kontext des Karlsstoffes den biblischen Kampf zwischen David und Goliath und bleibt sowohl in der gelehrten Literatur als auch in der Volkskultur in Erinnerung. Als Steigerung eines solchen Referenzmodells ließe sich wohl die Tatsache deuten, dass man nicht nur aufeinander einschlägt; Rolands Sieg geht vielmehr ein Streitgespräch mit den Heiden über Glaubensdinge voraus, eine Episode, die in späteren Erzählungen mit variierenden Fragestellungen imitiert werden wird. Auch topographische Besonderheiten wie der *Poyo de Roldán* nahe dem nordspanischen Nájera beleben die Erinnerung an den Helden: An diesem markanten Hügel soll sich die Begebenheit zugetragen haben.[7]

Nicht nur im Volksgedächtnis, auch in der Landschaft hinterlassen Rolands Taten ihre Spuren. Im Anschluss an die *Chanson de Roland* berichtet die *Historia Turpini* vom Versuch des Ritters, das Schwert Durandal an einem Felsen zu zerstören, doch nicht die Waffe geht dabei zu Bruch, vielmehr trägt der Berg einen Riss davon. Das 6. sowie das 9. Kapitel des *Libellus Sancti Jacobi* (also das fünfte Buch des Codex Calixtinus) vermerken diese Episode und erwähnen zudem einen ähnlich deformierten Felsen bei Blaye. Dass auch dem Schwert eine phantastische Transformation zuteil wird, sei nur am Rande erwähnt. In der spätmittelalterlichen Karlsliteratur jedenfalls begegnet ein Ritter Durendal oder Durandarte, von dem viele spanische Romanzen künden, wovon noch der *Quijote* zu berichten weiß.

Im europäischen Mittelalter war sowohl in gelehrten pseudohistorischen Schriften als auch in der volkstümlichen Legendentradition Rolands Profil als religiös motivierter und säkular handelnder Held fest umrissen. Davon zehrt die Erzählliteratur des 14. und 15. Jahrhunderts, die je nach Ausrichtung auf einen höfischen, religiösen oder volkstümlichen Kontext auf einzelne Facetten zurückgreifen wird. Einige wenige Beispiele dieser Wandelbarkeit oder anders gesagt: der Universalität dieser zum europäischen Mythos avancierten Heldenfigur möchte ich im Folgenden vorführen.

VOM GLAUBENSRITTER ZUM HÖFISCHEN ABENTEURER

Im 13. Jahrhundert entstanden in Frankreich Romane in Versform und zahlreiche Versepen, die sogenannten *chansons de geste*. Sie beschränkten sich nicht auf die letzte todbringende Schlacht, sondern erzählten von Rolands an Heldentaten überreichem Leben. Und sie berichteten von anderen Vasallen Kaiser Karls, insbesondere den sogenannten Haimonskindern, von ihren Kämpfen gegen die Glaubensfeinde in Frankreich oder im Morgenland, aber auch von den Fehden untereinander, die oft durch die Launen des willenlosen, von seinem verräterischen Berater, dem Grafen von Mainz, beeinflussten Kaisers verursacht wurden. Auch diese Erzählungen waren von einem tiefen religiösen Geist durchzogen; die fiktive Welt spiegelte sowohl die feudale Grundordnung der zeitgenössischen Gesellschaft wider als auch das problematische

Verhältnis zwischen Kaiser bzw. König und Hochadel. Im Vordergrund standen die militärischen Auseinandersetzungen zwischen Christen und Heiden, dazu persönliche Werte wie Ehre und Tapferkeit, während die Liebe zunächst kaum eine Rolle spielte.

Geschichten um Roland verbreiteten sich zunehmend auch in Norditalien und erlebten dort eine erstaunliche Blüte. In der ersten Hälfte des 14. Jahrhunderts wurden in einer franko-venetischen Mischsprache einige Ritterepen verfasst, wie die *Entrée d'Espagne* oder die *Prise de Pampelune*, die den karolingischen Stoff in Italien heimisch machten und dessen spätere Entwicklung entscheidend konfigurierten. Die Handlung änderte sich grundlegend; sie nahm romanhafte Züge an, und die Heldentaten wurden auffallend gesteigert. Gewaltige Schlachten zwischen riesigen Heeren und Zweikämpfe zwischen verfeindeten Rittern rückten in den Mittelpunkt dieser *cantari*. Die Ritter waren erstaunlich mobil, sie dehnten ihren Aktionsradius bis ins Morgenland aus und durften, anders als in den Vorlagen, jetzt auch Liebesabenteuer erleben. Auf diese Weise bildete sich in Italien im 15. Jahrhundert eine eigenständige Form des Ritterepos heraus, die nur noch wenig an die altfranzösischen *chansons de geste* erinnerte, da die ritterliche Welt ihre ursprünglichen Konturen verlor und zum bloßen Rahmen für das turbulente Geschehen wurde. Diese vielfach anonymen *cantari* und *poemi romanzeschi* von gewöhnlich geringer literarischer Qualität – wie *La Spagna in rima* oder *Regina Ancroia* – konnten bis zu 50 000 Verse umfassen, wobei die achtzeiligen Strophen ein festes Reimschema aufwiesen. Sie wurden auf öffentlichen Plätzen von *saltimbanchi* und *cantastorie* vorgetragen und dienten der Volksunterhaltung und -belustigung. Der karge karolingische Stoff trieb geradezu exotische Blüten; die beliebten Helden vollführten immer unglaublichere Waffengänge und waren den furchtbarsten Gefahren ausgesetzt. Nicht selten traten miteinander verfeindete christliche Ritter gegeneinander an, oder sie verfielen den Reizen heidnischer Prinzessinnen und den Verführungskünsten wollüstiger Zauberinnen.

Im letzten Drittel des 15. Jahrhunderts lösten zwei Autoren die *cantari cavallereschi* aus ihrer weitgehend volkstümlichen Tradition heraus und führten das Rittergedicht an seine höfischen

Ursprünge zurück. Luigi Pulci und Matteo Maria Boiardo schufen in Florenz und Ferrara jeweils eine literarisch anspruchsvolle Bearbeitung des karolingischen Stoffes um Roland, die als Auftragswerke an den Höfen Lorenzos de Medici in Florenz bzw. der einflussreichen Familie Este in Ferrara entstanden. Beide Autoren verfügten über eine profunde klassische Bildung und über umfassende Kenntnisse der literarischen Tradition ihres Landes und der humanistischen Kultur Westeuropas. Diese begegnet uns in ihren Epen – Pulcis *Morgante*, 1483, und Boiardos *Orlando innamorato*, 1483-1495 – auf Schritt und Tritt.[8] (Morgante ist ein Riese, den Orlando besiegte und der ihn seitdem als Diener begleitete.) Mit Pulci und Boiardo verlassen wir das Mittelalter und befinden uns bereits in der Renaissance, einer Epoche, die das selbstbewusste Individuum feierte und dem christlichen Glaubensritter ein ganz anderes Gesicht gab. Es liegt nahe, die Transformation des Orlando-Stoffs in der italienischen Renaissance in den Kontext dieses aufkommenden modernen Individualitätsbewusstseins zu stellen.

Orlandos Wandlung zum höfischen Abenteurer bei Boiardo war unter anderem möglich, weil der alte karolingische Stoff auf eine andere wirkungsmächtige Tradition traf, auf den Sagenkreis um König Artus, der eine strenge Handlungsstruktur mit phantastischen Elementen verband. In der zweiten Hälfte des 12. Jahrhunderts hatte der französische Dichter Chrétien de Troyes in seinen Artus-Romanen nicht nur den Handlungsablauf und das Grundschema vieler Einzelepisoden konfiguriert, er prägte vor allem auch die ideelle Konzeption des *roman courtois*, des höfischen Romans, die fortan gattungsbestimmend sein sollte. Ausgewählte Ritter wurden von der Dame ihres Herzens oder von der höfischen Gesellschaft vor schwierige Aufgaben gestellt, woraufhin sie den Hof verließen und zahllosen Gefahren begegneten. Die einzelnen Abenteuer wurden durch immer wiederkehrende Motive ausgelöst: Zu ihnen gehören die *quête*, die Suche nach einer Person, die *costume*, die Sitte, die an einem bestimmten Ort eine konkrete Heldentat verlangt, und der *don contraignant*, d. h. die Zusage des Ritters, einer Dame auf deren Bitte hin zu helfen. Diese strukturellen Handlungsvorgaben werden sowohl von Boiardo als auch später von Ariost übernommen. Bevor ich auf die Texte beider Autoren eingehe, darf ich ganz kurz die Bedeutung dieser Abenteuer in Erinnerung rufen, die ja keinesfalls dem bloßen Zeitvertreib dienten.

Erich Auerbach hat sie als Prüfungen interpretiert, dank welcher der Held seine ritterliche Identität findet und öffentliche Ehre erlangt oder wiedererlangt[9]. Die *aventure* war für den Ritter das Mittel, um sich vor der höfischen Gesellschaft und insbesondere vor der eigenen Dame zu bewähren. Der Ritter gelangte zu persönlicher Vervollkommnung, indem er diese Abenteuer nach den Regeln der *courtoisie* bestand, d. h., indem er einem festgelegten ritterlichen Verhaltenskodex Folge leistete. Zu den Werten dieses Kodex gehörten die Treue und eine an Anbetung grenzende Liebe zu einer Dame, die Loyalität zum weltlichen Herrn, der Schutz der Schwachen und der Frauen – ein Synonym in der mittelalterlichen Gesellschaft. In diesem Kontext dient auch die Liebe im Artusroman der moralischen Vervollkommnung des Ritters, da, wie J. Frappier sagt, „l'amour doit conduire le chevalier, à travers d'autres aventures et d'autres épreuves s'il le faut […] à un renouvellement de l'être et un surcroît de valeur".[10] Jedes bestandene Abenteuer diente der Konsolidierung der höfischen Gesellschaft; der siegreiche Ritter mehrte sein soziales Ansehen und wurde auf persönlicher Ebene durch den Gewinn der Dame belohnt.

BOIARDOS ORLANDO INNAMORATO

In welchem Verhältnis steht nun der *Orlando innamorato* zur bisherigen literarischen Tradition des Stoffs? Zunächst fällt auf, dass die Textgestaltung dem bewussten Formwillen des Autors entspringt, der im Vergleich zu bisherigen Formen der Ritterliteratur überraschende Wandlungen erkennen lässt. *Orlando innamorato* … Man muss sich den Titel auf der Zunge zergehen lassen, denn der *verliebte* Roland ist ein Paradoxon, gehört doch die Liebe keineswegs zu den gängigen Attributen des Helden. Die literarische Tradition zeichnet Orlando vielmehr als Haudegen mit einem „fier

sembiante" und „erculeo aspetto", mit wildem Aussehen, dem
Herakles gleich[11], mit Schwert und Kampfesmut ausgestattet, ein
Held, aber kein schöner Mann[12], der dazu noch schielt. Natürlich
ist so einer nicht sonderlich redegewandt („di natura non usava
troppe [sc. parole]")[13], dafür schützt seinen Körper eine Haut, hart
wie ein Diamant („dura la pelle avea piú que diamante")[14]. Diesen
Motivkomplex führt Boiardo nun mit der Liebe zusammen und
bezeichnet das Zusammentreffen von *armi ed amore* in der Titelfigur
selbst als Novum.

Um das Neue noch interessanter zu machen, behauptet Boiardo
zu Beginn des Epos gar, Erzbischof Turpin, der im Text als fiktiver
Herausgeber und als Chronist der Geschichten um den fränkischen
Ritter fungiert, habe diese Erzählungen über die Liebe absichtlich
unterdrückt, wohl weil sie ihm für den besten Ritter der Christenheit als unwürdig erschienen.

Erschwerend kommt hinzu, dass Boiardo sein Spiel mit einer
literarischen Überlieferung treibt, die Orlando stets als keuschen
Ritter darzustellen pflegte, der unempfänglich für erotische Reize
war und sich nur für den Kampf und allenfalls in geziemender
Weise für seine Braut interessierte.[15] Das Motiv des keuschen Ritters ist lange vor der Entstehung des *Innamorato* in den italienischen
Erzählungen der *matière de France*, d. h. der Karlsepik, ausgeprägt.
So wird Orlandos Zurückhaltung beispielsweise bereits in dem um
1400 entstandenen Zyklus *I Reali di Francia* des Andrea da Barberino bezeugt. Zweimal meint der Dichter hier auf eine lebenslange
Keuschheit des Helden hinweisen zu müssen.[16] Damit das auch so
bleibt, übernimmt Alda als Orlandos Verlobte gemäß der höfischen
Stilisierung die Rolle der Dame, der Liebe und Heldenmut des
Paladins gelten, wobei hier eine Liebe gemeint ist, die ohne Erotik
auskommt. Diese Grundkonstellation wird in den *romanzi cavallereschi* des *Quattrocento* wie auch im *poema Morgante* konsequent
durchgehalten.

Wie auch immer, mit Boiardos *Innamorato* ändern sich die Dinge.
Es beginnt mit der Ankunft Angelicas am Hofe Karls in Paris. Die
unvergleichliche Schönheit der Heidin versetzt nicht nur die anwe-
senden Paladine in Entzücken, selbst Kaiser Karl und sein greiser
Berater können sich ihrem Zauber kaum entziehen. Doch insbeson-

dere in Orlando keimt die Leidenschaft auf, die ihn als Liebe zu
Angelica und als Eifersucht auf Reinhold/Ranaldo, auf Ferracut/
Ferraguto und auf alle, die sich ebenfalls um die Schöne bemühen,
dazu antreibt, auf ihren Spuren Paris und seinen Kaiser zu verlassen. Mit dem unerhörten Liebestaumel des bislang so keuschen
Ritters setzt die romaneske Gestaltung der *pazzia amorosa* Orlandos
ein, dessen Identitätsfundament als ausschließlich heldenhafter
Ritter ins Schwanken gerät. Während des Kampfes mit Agricane
muss er sich eingestehen:

> [...] Jener Roland bin ich,
> Der Almonte tötete und seinen Bruder Troiano;
> Amor hat mich ganz schutzlos gemacht, [...]
> Viele Male habe ich für die Ehre   .
> Und für meinen Glauben im Sattel gesessen;
> Jetzt aber ziehe ich in den Kampf nur,
> Um die schöne Dame zu gewinnen, und nach anderem gelüstet
> es mich nicht. [17]

Schließlich ergibt sich im *Innamorato* ein dritter Episodenkreis aus
der Aufgabe, die Angelica Orlando als letzte Heldentat abverlangt.
Es handelt sich um einen vermeintlich unerfüllbaren Auftrag, der
die Gewährung des verdienten Lohnes, die Erfüllung seiner erotischen Wünsche noch ein wenig aufschieben soll. Auch hier gibt
Orlandos schrankenlose Verliebtheit das entscheidende Struktu-
rierungsprinzip der mehrsträngigen Handlung des *Innamorato* vor,
denn der Auftrag, die Zerstörung eines Zaubergartens, ist Anlass
für unzählige weitere Abenteuer. In den traditionellen Erzählungen
des Artusstoffes wäre dem Ritter spätestens nach deren Bestehen
die redlich verdiente Belohnung zugefallen. Doch Orlando kommt
trotz aller Prüfungen noch immer nicht in den Genuss des ersehnten Liebeslohns. Die Dame führt ihn an der Nase herum; und
Boiardo führt die festgefügten Handlungsmuster des arturischen
Romans ad absurdum.

Die Belohnungsszene im 25. Gesang verdeutlicht, in welchem
Ausmaß der heroische Zuschnitt der Figur durch das neue Liebesmotiv verlorengeht. Zunächst verlaufen die Dinge erwartungsge-

mäß. Angelica bittet Orlando schließlich doch noch in ihre Gemä-
cher, wo sie ihm ein Bad bereitet und ihn eigenhändig wäscht.
Normalerweise käme jetzt, was kommen muss, doch der Erzähler
unterstreicht amüsiert, dass der nunmehr auch von der Dame
gewünschte Erfolg ihrer Bemühungen ausbleibt. Aus der erotischen
Szene wird eine komische, zumal Orlandos Impotenz Angelica zu
immer raffinierteren Verführungsanstrengungen verleitet, hofft sie
doch, den dergestalt motivierten Helden für weitere komplizierte
Aufgaben verpflichten zu können. Keuschheit, erotisches Begehren
und Versagen sind Versatzstücke eines pikanten Diskurses, der
dem Amusement eines höfischen Publikums diente. Das literarisch bedeutsame, weitreichende Novum der boiardoschen Erfin-
dungsgabe besteht jedoch darin, dass Orlandos Liebe zu Angelica
zur eigentlichen Antriebskraft der Erzählung wird, ein aus dem
karolingischen Stoffkreis gänzlich unbekanntes Phänomen, das
aber in der Artusliteratur eine herausragende Rolle spielt. Aus dem
Liebesmotiv ergeben sich auch die komisch-parodistischen Züge
der Erzählung, weil Angelica Orlandos Liebe nicht erwidert, da
sie seinem Cousin Ranaldo (dem französischen Renaut) verfallen
ist. Der wiederum findet Angelica überhaupt nicht reizvoll, was
dazu führt, dass die drei Protagonisten sich ständig hinterher- bzw.
voreinander davonlaufen und in eine Reihe höchst komischer Situationen verwickelt werden, die die traditionelle Ritterwelt und ihre
festgefügten Handlungsabläufe auf den Kopf stellen. Den Kämpfen
liegt kein missionarischer Auftrag mehr zugrunde, sie entspringen
vielmehr einer ungezügelten Liebesleidenschaft, die sich christlicher und heidnischer Helden gleichermaßen bemächtigt hat.
Hinzu kommt die durch Eifersucht hervorgerufene Feindschaft
zwischen Orlando und Ranaldo, die sie selbst einfachste ritterliche
Verhaltensnormen vergessen lässt. Orlando kommt seinen Pflichten gegenüber dem Kaiser und der Christenheit nicht mehr nach,
und seine Verlobte Alda gerät völlig in Vergessenheit.

Zugleich ist aber die Darstellung der ritterlichen Welt im Vergleich zur karolingischen Vorlage komplexer, man könnte auch
sagen verfeinerter geworden. Das Verhältnis zwischen christlichen und heidnischen Rittern gewinnt an Dichte, da sie sich nicht
nur in Waffengängen, sondern zunehmend auch im Gespräch

näherkommen. Dabei gewinnen Christen wie auch Moslems an menschlicher Größe, wie die Begegnung des Tartarenkönigs Agricane mit Orlando vor der Trutzburg Albraca zeigt. Der Glaubensunterschied beeinträchtigt die edle ritterliche Gesinnung in keiner Weise. Der Tartarenkönig verkörpert von Anfang an das ritterliche Ideal, zu dem *furore* in der Schlacht und *cortesia* im Umgang gehören. Als er sieht, wie Orlando sein Heer zu vernichten droht, führt er ihn vom Schlachtfeld und fordert ihn in der Einsamkeit zum Zweikampf heraus, um seine Krieger zu schonen. Bei Anbruch der Nacht schweigen die Waffen, und die Ritter zollen sich gegenseitig Respekt, nicht nur im Gespräch über Gott und die Welt, sondern auch bei der friedlichen Aufteilung des Schlachtfelds für die Nachtruhe in „antica pace".[18] Weder Glaubensdifferenzen noch unterschiedliche Prioritäten in der Erfüllung der ritterlichen Bestimmung trennen sie, daher kann Agricane Orlandos religiöse Belehrungsversuche im Gespräch zurückweisen:

Auch glaube ich nicht, dass es höfisches Verhalten verlangt,
Den ganzen Tag über den Büchern zu grübeln;
Vielmehr muss der Ritter sich in Körperkraft
Und Geschicklichkeit üben.
Die Doktrin steht dem Priester und den Gelehrten gut zu Gesicht.[19]

Die Ritter tauschen Argumente, achten einander und erweisen sich damit als ideale Träger eines ritterlichen Ethos. Orlando bietet Agricane sogar an, zu konvertieren, um ihm auf diese Weise den Tod zu ersparen. Kurzum: Die altfranzösischen Ependichter hätten sich angesichts soviel Zartgefühls und humaner Gesinnung die Augen gerieben! Die Idylle wird allerdings jäh gestört, als sich herausstellt, dass beide in Angelica verliebt sind. Da kennt der Zorn keine Grenzen mehr, Orlando formuliert wütend sein Selbstverständnis als verliebter Ritter, und mitten in der Nacht lodert der Zweikampf wieder auf. Es kommt zu einem Kampf auf Leben und Tod, an dem die Maßlosigkeit des Liebesanspruchs die Schuld trägt, also eine aus den Fugen geratene ritterliche Identität. Die Schilderung des Kampfes wird zwar hier und da durch

komische oder ironische Elemente gebrochen, doch schwingt sie
sich am Schluss noch einmal zu epischer Größe auf. Im Angesicht
des Todes konvertiert der Tartarenkönig schließlich; als Orlando
den todgeweihten Recken vom Pferd hebt, weinen beide Ritter
bitter.

Worum geht es hier? Insbesondere im Vergleich zum bereits
erwähnten Zweikampf zwischen Roland und Ferracut in der
Historia Turpini scheint die Szene bei Boiardo den hoffnungsvollen
Keim eines Ost-West-Dialogs im Gewand ritterlicher Fiktion zu
bergen. Ritterlichkeit verbindet die Gegner und macht sie gleich,
und darin scheint wohl auch die Utopie einer Wertegleichheit
zwischen Islam und Christentum auf. Insbesondere aber taugt die
Darstellung eines verfeinerten Rittertums auch als gesellschaft-
liches Ideal, in dem sich die aufstrebenden norditalienischen
Handelsaristokratien trefflich repräsentiert sahen, nachdem das
Rittertum seine real-gesellschaftliche Bedeutung längst eingebüßt
hatte.

In diesen Konstellationen wird das Neue greifbar, das Boiardos Adaption des alten Stoffes geradezu revolutionär erscheinen
lässt. Es ist nicht so sehr die bis dahin unbekannte Mischung aus
Ernst und Heiterkeit, aus Pathos und Komik in einem Heldenepos,
sondern die unbedingte Entfaltung des nur sich selbst verpflich-
teten Individuums. Der Ritter vernachlässigt seine politische und
religiöse Bestimmung, um persönliche Interessen zu befriedigen;
die ritterlichen Tugenden werden auf individuelle Werte reduziert.
Christliche wie heidnische Ritter setzen Kraft, Mut und Tapferkeit
nicht vorrangig ein, um gesellschaftliche Ehre zu erlangen, sondern
um ausschließlich persönliche Ziele zu erreichen. Der Glaubensritter des karolingischen Sagenkreises ist bei Boiardo zum liebestollen
Privatier geworden.

ARIOSTS ORLANDO FURIOSO

Wir kommen nun zu Ariost, der in seinem *Orlando furioso* den Lie-
beswahn des Helden bis zum pathologischen Irrsinn steigert. Dass
der Ritter heute nicht nur als christlicher Glaubensstreiter, sondern

als *pazzo* und *matto*, als verrückt gewordener Paladin, im literarischen Gedächtnis präsent ist, mag mit der Kanonisierung des *Orlando furioso* durch die deutsche Romantik zusammenhängen, die das Werk als paradigmatischen Text für die moderne europäische Literatur ausmachte. Einflußreich waren in dieser Hinsicht vor allem die Brüder Schlegel, die den *Orlando* in einem Atemzug mit Cervantes' *Don Quijote* nannten, aber auch Mme de Staël, die diese Einschätzung in der Romania verbreitete.

Ariost selbst gibt sein Werk als Fortsetzung des unvollendet gebliebenen *Innamorato* aus, so dass der Wahnsinn der Titelfigur ganz selbstverständlich als Steigerung des Liebeswahns und damit als Verstärkung des Identitätsproblems erscheint. Figurenkonstellation und Handlungsstruktur ändern sich auf den ersten Blick wenig, die parodistischen Verfahren werden im Vergleich zu Boiardo noch gesteigert. Ariost entfaltet einen atemlosen Episoden-Reigen, ein wahres Feuerwerk an Magie und Zauberei, und auch sein Orlando ist weit von der im Karlsstoff vorgegebenen ritterlichen Bestimmung entfernt. Mehr noch: Der Held des *Orlando furioso* vernachlässigt nicht nur seine ritterlichen Pflichten, er wird wahnsinnig und fällt damit auf eine ausschließlich durch Gewalt bestimmte primitive Existenzstufe zurück. Wie kam es dazu?

Da Ariosts Schilderungen im heiter-flüssigen Stanzen-Rhythmus zuletzt von Italo Calvino kongenial nacherzählt wurden, gestatte ich mir, einige Kostproben der Darstellung des wahnsinnigen Orlando bei Ariost vorzuführen. Der Auszug stammt aus der kürzlich in der *Anderen Bibliothek* publizierten deutschen Übersetzung von Calvinos *Rasendem Roland*. Orlando steht hier vor der Selbstaufgabe und dem damit einhergehenden Verlust seiner heroischen Identität:

Roland kommt an ein lauschiges Flussufer. Er sieht, dass die Stämme der Bäume voll eingeritzter Schriften sind. ‚He, diese Schrift kenne ich doch', denkt er, und wie man es tut, wenn man sich langweilt, beginnt er zerstreut, die Worte zu entziffern. Er liest *Angelica*. Ja sicher! Das ist ihre Unterschrift! Angelica ist hier vorbeigekommen!

Um Angelicas Namen sind durchbohrte Herzen, verschlungene
Knoten und turtelnde Täubchen in den Stamm geritzt. Angelica
verliebt? Und wenn, in wen dann? Roland hat keine Zweifel:
‚Wenn sie sich verliebt hat, kann sie sich nur in mich verliebt
haben!'
Aber auf diesen Herzen, auf diesen Knoten steht ein anderer
Name neben ihrem, ein unbekannter Name: *Medoro*. Wieso hat
Angelica diesen Namen geschrieben? Wieso hat sie den Namen
von jemandem eingeritzt, von dem man nicht weiß, wer er ist, von
jemandem, der gar nicht existiert? „Vielleicht", überlegt Roland,
„hat sie mich in ihren Liebesphantasien so getauft und schreibt
überall Medoro, weil sie nicht Roland zu schreiben wagt."

So sucht der Graf, dass er sich selbst betrüge,
Die Wahrheit zu entfernen mit Begier
Und weiß, im Kummer noch, mit regem Walten
Die selbstgeschaffene Hoffnung zu erhalten.

Doch immer nur entflammt er, durch das Streben,
Ihn zu verlöschen, heft'ger den Verdacht:
[…]
Die Grotte war am Eingang mit Gewinden
Von wildem Wein und Efeu eingefasst.
Hier hielt gar oft, bis zu des Mittags Schwinden,
sich das beglückte Liebespaar umfasst;
Hier war ihr Nam' allüberall zu finden,
Mehr als an jedem anderen Ort der Rast.
Geschrieben bald mit Kohle, bald mit Kreide,
Und eingeschnitten bald mit scharfer Schneide.[20]

Orlando ahnt das Schlimmste, versucht aber ein ums andere Mal
die Erkenntnis zu verdrängen und sich selbst zu täuschen. Er wird
gastlich von dem Hirtenpaar aufgenommen, das zuvor Angelica
und Medoro beherbergt hatte, doch als die Hirtin von Medoros
Hochzeit mit Angelica erzählt, dabei als Bestätigung den ihr zum
Dank zurückgelassenen Armreif zeigt, den er, Orlando, einst
Angelica als Liebespfand geschenkt hatte, da springt der Ritter

unverzüglich auf sein Pferd und „reitet heulend durch die Nacht". Calvino fährt fort:

> Er leidet so sehr, dass er denkt: ‚Das kann nicht mehr ich sein, denn Roland ist tot, von Angelica getötet. Ich bin das Gespenst meiner selbst, das nie mehr Frieden finden wird.'
>
> Im Morgengrauen erreicht er die Grotte, in der Medoro sein Bekenntnis eingeritzt hatte: Mit wütenden Durindana-Hieben zerschlägt er den Felsen und zerbröselt die Steine ins Wasser der Quelle, das sich für immer trübt. Dann legt er sich ins Gras, starrt mit aufgerissenen Augen zum Himmel und bleibt drei Tage und drei Nächte liegen, ohne etwas zu essen und ohne zu schlafen.
>
> Am vierten Tag steht er auf, zieht sich splitternackt aus und schleudert Rüstung und Waffen in alle vier Winde. Er bleibt nackt und waffenlos. Als erstes reißt er eine Fichte aus, dann eine Eiche, dann eine Ulme. Von diesem Moment an wird Rolands Wahnsinn immer heftiger, bis er alle Dämme einreißt und sich rasend über Felder und Dörfer ergießt:

Das Schwert wird da-, dorthin der Helm geschmissen,
der Harnisch weit, und weiter noch der Schild;
Kurz, alle seine Waffen, sollt ihr wissen,
Zerstreut er rings im waldigen Gefild.
Dann zeigt er, da er sein Gewand zerrissen,
Den rauhen Bauch, Brust, Rücken, nackt und wild.
Und so beginnt die Raserei zu toben,
Furchtbar, wie keine jemals sich erhoben.

Je heft'ger nun sich Wut und Tollheit regen,
Sinkt jeder Sinn in immer tiefre Nacht.
Ihm fällt nicht ein, die Hand ans Schwert zu legen,
Sonst hätt' er wohl der Wunder viel vollbracht;
Doch er bedarf nicht Streitaxt, Beil noch Degen,
Bei seines Armes ungeheurer Macht.
Hier zeigt er wohl, was seine Kraft verrichte:
Ein Ruck entwurzelt gleich die höchste Fichte.

Nach ihr entwurzelt' er noch mehr dergleichen,
Als wär' es Fenchel, Dill und Attich nur;
Was auch sodann den alten Ulmen, Eichen,
Bucheschen, Birken, Tannen widerfuhr.21

Heiter erzählt und launig übersetzt, wird der Verlust an heroischer
Identität noch gesteigert: Orlandos Raserei führt ihn über die Pyrenäen bis an die Strände Kataloniens, wo sich seine Wege mit denen
Angelicas und Medoros kreuzen, übrigens zum ersten und letzten
Mal im *Furioso*. Indes erkennen sie einander nicht, so entstellt ist
er in seiner verwahrlosten Nacktheit, und so wenig gelingt es ihm,
die Welt um sich herum wahrzunehmen.

Erst viel später gewinnt Orlando die Würde eines epischen
Helden zurück, der verlorene Ritter wird der Gemeinschaft
zurückgegeben und die gestörte Ordnung ist wiederhergestellt.
Dennoch sollten wir nicht übersehen, dass auch der Wahnsinnige
die zentrale Gestalt des Textes bleibt, die ihren besonderen Status
behält. Ariost kehrt gewissermaßen nur die Vorzeichen um: War
Orlando zuvor tugendhafter als alle anderen, so verhält er sich
jetzt bestialischer, als man es je von einem Menschen annehmen
würde. Gleichwohl haben die Qualen der Eifersucht dem entrück-
ten Tugendritter einen menschlichen Anstrich gegeben, und auch
wenn der nackte Baumausreißer nicht zum Vorbild taugt, dürfte
die Figur manchen Zuhörer mehr gerührt haben als der strahlende
Held in Helm und Rüstung.

Stärker als Boiardo inszeniert Ariost die Spannungen zwischen
ritterlicher Identität und deren Verlust als spielerisch-heiteres
Märchen. Die Figur scheint sich verdoppelt zu haben und tritt mal
als Held, mal als dessen Negation auf. Ariost verzichtet auf die
Synthese, die Verschmelzung beider Rollen, so dass die Spaltung
bestehen bleibt. In diesem Sinn ist Orlando keine Identifikations-
figur, und nur ein Gleichgesinnter wie Don Quijote vermag hier
Verhaltensmuster zu erkennen und sie für seine Zwecke zu aktivie-
ren. Auch dem Junker aus La Mancha hatte sich das Hirn verrückt,
allerdings nicht unglücklicher Liebe und quälender Eifersucht
wegen, sondern bekanntlich aufgrund der nachhaltigen Lektüre
von Rittergeschichten. Don Quijote wollte und konnte sowohl

den strahlenden Karlsritter Roland nachahmen als auch Ariosts
wahnsinnigen Orlando.

Dank seines phantastischen Bewusstseins ist Don Quijote
frei von Identitätsproblemen: „Yo sé quién soy, y sé que puedo
ser no sólo los que he dicho, sino todos los Doce Pares de Francia".[22] Tragische Tiefe erhält diese ritterliche Identität erst, als die
Entheroisierung des bedeutendsten Paladins in den Fokus seiner
Wahrnehmung gerät und er Orlandos Wahnsinn als Versatzstück
in sein imitatives Verhalten integriert. In den kahlen Bergen der
Sierra Morena erklärt er dem über die Liebesbuße seines Herrn
verwunderten Sancho Pansa seine Absicht:

> Habe ich denn nicht schon gesagt, dass ich die Rolle eines
> Verzweifelnden, Verrückten, Rasenden durchführen und
> den gewaltigen Don Roldán nachahmen will, da er bei einer
> Quelle die Beweise fand, dass Angelika die Schöne mit Medor
> Schändliches begangen, und da er aus Schmerz darüber toll
> wurde und die Bäume ausriss, die Wasser der klaren Quellen
> trübte, Hirten erschlug, Herden niedermetzelte, Hütten in
> Brand steckte, Häuser niederriss, Pferde hinwegschleppte und
> tausend andere Streiche vollführte, die ewigen Gedächtnisses
> und Ruhmes würdig sind? Und wenn ich den Roldán oder
> Orlando oder Roland – denn alle drei Namen führt er, jenen
> bei den Spaniern, den andern bei den Italienern, den dritten
> bei den Deutschen – nicht Punkt für Punkt in all den Tollhei-
> ten, die er tat, sagte und dachte, nachahmen will, so will ich
> doch wenigstens eine Skizze von denjenigen geben, die mir die
> wesentlichsten scheinen; auch könnte es sein, dass ich mich
> am Ende entschlösse, mit der alleinigen Nachahmung des
> Amadís mich zu begnügen, welcher keine Tollheiten schädli-
> cher Art beging, sondern nur tränenreiche und empfindsame,
> und dadurch so großen Ruhm erwarb wie der, so dessen am
> allermeisten gewonnen hat.[23]

Was Cervantes zunächst als Spiel in Anlehnung an die italienische
Vorlage konzipierte, erhält unversehens eine Tiefendimension,
denn Don Quijotes Wahnsinn konstituiert sich in der Imitation

einer wahnsinnigen literarischen Figur. Jenseits des Heldentums, seiner Erosion und dem Verlust dieser Identität konstruiert sich Don Quijote dank seines phantastischen Bewusstseins *seine* ritterliche Identität in der Form eines imaginären Spiels, man könnte präzisieren: in der Spiegelung seiner Lektüren.[24] Eine solche Spielkultur ist durch das individuelle Begehren getragen, eine ritterliche Existenz zu führen. Für Don Quijote ist das Ritterdasein eine Metapher des Begehrens, das sich zwischen Selbstbewusstsein und Wahnsinn fügt.

ROLAND-ORLANDO-ROLDÁN: EIN MYTHOS

Der große Erfolg des Roland-Orlando-Roldán insbesondere im 16. Jahrhundert erschließt sich heute nur noch schwer. Mag der heroische Glaubensritter die Kreuzzugsheere in ihrem Tun beflügelt haben, der liebestolle und auch der wahnsinnige Orlando dürfte zunächst der Unterhaltung und Kurzweil an den Höfen von Ferrara, Florenz, Urbino und zahlreichen anderen italienischen Städten gedient haben, wo man sich am schier unerschöpflichen Einfallsreichtum der Dichter delektierte. Gleichwohl ist die Figur mehr als ein gefallener Held, den sein Autor vom Sockel holt und der Lächerlichkeit preisgibt. Die Zeitgenossen haben in Orlando eine Metapher für Fortunas Launen gesehen, die den Keuschen der Liebe in die Arme treibt und den Liebenden dem Wahnsinn ausliefert.

Für mich liegt der Reiz in der bipolaren Identitätstruktur, die das Heldentum neben seine Negation stellt, den Wahnsinn neben das Begehren, die Euphorie neben die Depression, wobei die heroische Selbstbehauptung ihre Entsprechung in der Maßlosigkeit findet. Das macht die Figur verfügbar und sichert ihr eine nachhaltige mediale Existenz als Teil eines Imaginariums, wie Don Quijotes aus den Lektüren gespeiste Identitätsspiele zeigen. Nicht nur die Heldentaten des tapferen Don Roldán, auch noch die Zerstörungsorgien des wahnsinnigen Orlando kommen Quijote recht, um seiner eigenen ritterlichen Existenz eine Gestalt zu geben. Anders als Don Juan oder Faust, die die Hypertrophie ihres

Begehrens unausweichlich scheitern lässt, wird Orlando dank der heiteren Ironie seiner Erzähler jedoch aus den Albträumen der Maßlosigkeit gerettet – auch das scheint mir ein Teil seines Erfolgs zu sein.

Wir sollten allerdings nicht vergessen, dass Rolands Erfolgsgeschichte, gleichviel ob als Orlando, als französischer Roland oder als Don Roldán, auf seiner Popularität in der Volkskultur beruht. Nur dank einer nie versiegenden mündlichen Tradierung, die sich die Anpassungsfähigkeit der Figur zunutze machte und sie flexibel in nationale oder regionale Erzählzyklen integrierte, konnten sich die sagenhaften Erzählungen – sei es fernab einer Lese- und Buchkultur, sei es parallel zu ihr – durch ganz Westeuropa verbreiten. Ich darf in diesem Zusammenhang auf ein weiteres Beispiel problemloser Integration aufmerksam machen. Die enorme Verbreitung des Orlando-Stoffs in Italien rief ein besonderes Interesse an biographischen Details wie Geburt und Jugend des Helden hervor, die man ungeachtet fehlender historischer Informationen[25] kurzerhand in Sutri bei Viterbo unweit Roms lokalisierte. Davon berichtet nicht nur ausführlich der weitverbreitete Zyklus *I Reali di Francia*, auch volkstümliche *Cantari*, spätmittelalterliche Rittergedichte wie *Berta e Milone, Orlandino, Aspramonte* etc. machten sich den Ursprungsmythos zu eigen.

Abschließen möchte ich mit einer dieser mündlich überlieferten Erzählungen, die sich in meiner Heimat Galicien lokaler Verbreitung erfreut. Der Ethnograph Leandro Carré vernahm 1924 in einem Städtchen im gebirgigen Landesinneren namens Valdeorras, unweit der Stelle, wo der Jakobsweg bei Ponferrado den Fluss Sil überquert, von einem alten blinden Sänger eine Geschichte über Don Roldán und drei Prinzessinnen, die von Mauren als Geiseln genommen worden waren, als diese vor dem heranstürmenden Roland die Flucht ergriffen. Die Erzählung knüpft an die Feldzüge Karls des Großen an, die dieser aufgrund der Jakobserscheinung unternahm, um Spanien zu befreien. Regierender König war zu dieser Zeit übrigens jener Alfons II., dem Bischof Theodomirus von der Auffindung des Apostelgrabes berichtet hatte und der daraufhin den Bau einer Kathedrale in Santiago de Compostela verfügte.[26]

Don Roldán erscheint in dieser phantastischen Volkserzählung nicht nur als tapferster aller Paladine Karls, sondern vor allem als Heiliger („dicen que don Roldán era santo"[27]), dem das Wunder („milagro") gelingt, mit einem gewaltigen Sprung seines Pferdes über den breiten und äußerst gefährlichen Fluss zu setzen, um die Mauren in die Flucht zu schlagen. Natürlich sind Orlandos Spuren und Pferdesprünge an vielen anderen Orten Europas überliefert, und häufig ist wie hier für einen lokalen Bezug gesorgt: Heidnische Zauberer haben die drei Prinzessinnen in weiße Quarzfelsen verwandelt, die seitdem traurig auf die verlorenen Heimatgefilde hinunterblicken. Im Medium mündlich tradierter Erzählungen kehrt Roland gewissermaßen an seinen heroischen Ursprung zurück, von dem die italienischen Renaissance-Schriftsteller ihn getrennt hatten.

Die Geschichte belegt noch einmal die Wandelbarkeit einer Heldenfigur, die längst mythischen Status erlangt hat. In ganz Westeuropa verbindet sie der Volksglaube mit der National- oder Regionalgeschichte, mit lokaler Topographie und ansässigen Ortslegenden, oftmals in Verbindung mit kulturellen Praktiken des Pilgerwegs nach Santiago. Die weltliche Kultur der Höfe konstruierte den Mythos Roland/Orlando und machte ihn sich zunutze ebenso wie die kirchlichen Institutionen und das Volksgedächtnis. Die Linie ließe sich fortsetzen bis zu den vielfältigen Diskursen der Massenkultur im 20. Jahrhundert. Seit dem Mittelalter wird die Figur in der Schriftliteratur, der Kunstikonographie und durch mündliche Überlieferung in unterschiedlichen Medien tradiert. Für Spanien sind die Romanzendichtungen vom 15. bis zum 20. Jahrhundert besonders charakteristisch, für Frankreichs frühneuzeitliche und Deutschlands oder Englands bürgerliche Gesellschaft mag das höfische Singspiel bzw. das Musiktheater in hohem Maße repräsentativ sein – man denke nur an G. F. Händels *Orlando* – während in Sizilien das Volkstheater mit Szenen um den karolingischen Ritter in der beliebten *Opera di pupi* noch heute für Unterhaltung sorgt. Die Stärke der Figur liegt in der Fähigkeit, ganz unterschiedliche Projektionsmuster zu bedienen, die einerseits das Verlangen nach individueller Selbststeigerung, andererseits aber auch verdrängte Ängste artikulieren. Dabei hat die menschliche

Imagination immer wieder künstlerische Ausdrucksmedien gefunden, um diese Muster zu gestalten.

ANMERKUNGEN

1 *La Chanson de Roland*, V. 2099–2101 / S. 120/121.
2 Ebenda V. 2124–2125 / S. 122/123.
3 Ebenda V. 2134–2136 / S. 122/123.
4 Ebenda V. 2375–2383 / S. 134/135.
5 *Liber Sancti Jacobi*, S. 201.
6 Ebenda. Für die Übersetzungen aus dem *Liber Sancti Jacobi* danken wir Andreas Hartmann.
7 Vgl. Pedrosa, S. 165–189.
8 Einen guten forschungsorientierten Überblick über die Gattung bzw. ihren Höhepunkt mit Tassos *Gerusalemme* bietet der von K. W. Hempfer herausgegebene Band *Ritterepik der Renaissance* (1989).
9 Vgl. Auerbach, S. 120–138.
10 Frappier, 1973, S. 49.
11 *Orlando Furioso*, IX, 56.2.
12 Ebenda IX, 58. 3–4.
13 Ebenda IX, 57. 6.
14 Die Charakterisierungen stammen aus dem *Orlando Furioso*.
15 Ebenda 1, XXIV. 14. 5–7.
16 Vgl. dazu meinen Aufsatz in Hempfer, 1989.
17 *Orlando innamorato*, XVIII. 47 1–3/ 48.4–8. Diese Spur wird Ariosto aufnehmen: Ich bin nicht, ich bin nicht mehr der, den man sieht, jener, der Orlando war, ist gestorben und unter der Erde; seine überaus undankbare Frau hat ihn umgebracht, *Orlando Furioso*, XXIII, 128. 1–2.
18 1 XVIII. 40. 4–5.
19 1 XVIII. 43. 3–7. Für die Übersetzungen aus dem *Orlando innamorato* danken wir Michael Schwarze.
20 XXIII, 103. 5–8; 105. 1–2; 106 (die Versübersetzung stammt, leicht verändert, aus der Übersetzung von J. D. Gries).
21 XXIII, 133–135, 4.
22 Don Quijote, S. 79.
23 Don Quijote, in der Übersetzung von L. Braunfels, S. 228–229.
24 Vgl. Gómez-Montero, *Don Quijote Ilustrado*, S. 41–60.
25 Die historische Gestalt ist kaum bezeugt; lediglich Einhards *Vita Karoli magni* erwähnt Roland als Markgrafen der Bretagne, der bei dem erwähnten Gefecht in den Pyrenäen als Anführer der Nachhut ums Leben kam.
26 Vgl. Gómez-Montero 2002, S. 16–22.
27 Carré, S. 149.

QUELLEN

Ariosto, Ludovico: Orlando Furioso. A cura di Lanfranco Caretti, Torino, 1992.
Barberino, Andrea da: I Reali di Francia. Introduzione di Aurelio Roncaglia. Note di Frabrizo Beggiato, Milano, 1987.

Boiardo, Matteo Maria: Orlando Innamorato. A cura di Riccardo Bruscagli, Torino, 1995.

Calvino, Italo 2004: Ludovico Ariosts Rasender Roland, Frankfurt am Main.

Cervantes, Miguel de: Don Quijote de la Mancha, Edición del Instituto Cervantes. Cuarto Centenario 1605–2005, dirigida por Francisco Rico, Barcelona, 2005.

Cervantes, Miguel de: Der sinnreiche Junker Don Quijote von der Mancha, aus dem Spanischen von Ludwig Braunfels, 4. Aufl., Düsseldorf, Zürich, 2005.

Don Roldán y las tres princesas, in: Carré Alvarellos, Leonardo: Las Leyendas Tradicionales Gallegas, Colección Austral, Madrid, 2002.

La Chanson de Roland, übersetzt von Hans-Wilhelm Klein, München, 1963 [Klassische Texte des romanischen Mittelalters].

Liber Sancti Jacobi. Codex Calixtinus, hg. v. Klaus Herbers u. M. Santos Noia. Santiago de Compostela, 1998.

LITERATURHINWEISE

Auerbach, Erich 1994[9]: Mimesis: Dargestellte Wirklichkeit in der abendländischen Literatur, Bern [u. a.].

Bouza-Brey Trillo, Fermín 1982: Etnografía y Folklore de Galicia, hg. v. José Luis Bouza Álvarez, 2 Bde., Vigo, Bd. I, S. 27–60.

Ders.: Colette et Jean-Paul Vitraux de Chartres, Paris 2003.

Frappier, Jean 1973: „Le concept de l'amour dans les romans arthuriens", in: Jean Frappier: Amour courtois et table ronde, Genève: Droz, S. 43–56.

Fried, Johannes 2004: „Karl der Große. Geschichte und Mythos", in: Mythen Europas. Schlüsselfiguren der Imagination. Mittelalter, hg. v. Inge Milfull u. Michael Neumann, Regensburg, S. 14–47.

Gómez-Montero, Javier und Bernhard König (Hrsg.) 2005: Letteratura cavalleresca tra Italia e Spagna (Da „Orlando" al „Quijote") – Literatura caballeresca entre Italia y España (Del „Orlando" al „Quijote"), Salamanca: SEMYR; Kiel.

Gómez-Montero, Javier 2003: „Don Quijote lesen. Der Leser Don Quijote in Text und Bild", in: Don Quijote Ilustrado. Don Quijote als Leser und die spanische Renaissance. Hg.v. J. Gómez-Montero et alii . Madrid: SIAL-Fugger; Kiel, S. 41–60.

Gómez-Montero, Javier 1989: „Orlando, il cavaliere casto? Wandlungen eines erotischen Motivs im Orlando Innamorato und in seiner spanischen Prosa-Übersetzung, dem Espejo de cavallerías", in: Klaus W. Hempfer, S. 333–352.

Gómez-Montero, Javier: „Santiago de Compostela und der Identitätskomplex", in Tranvía. Revue der Iberischen Halbinsel, 64 (2002), S. 16–22.

Hempfer, Klaus W. (Hrsg.) 1989: Ritterepik der Renaissance. Akten des Deutsch-Italienischen Kolloquiums. Berlin 30. 3.–2. 4. 1987, Stuttgart.

Henkel, Nikolaus 2004: Roland, in: Enzyklopädie des Märchens. Handwörterbuch zur historischen und vergleichenden Erzählforschung, hg. v. Rolf Wilhelm Brednich, Bd. 11, Berlin und New York, S. 772–778.

Kremers, Dieter 1973: Der „Rasende Roland" des Ludovico Ariosto: Aufbau und Weltbild, Stuttgart [u. a.].

Lejeune, Rita u. Jacques Stiennon 1966: La légende de Roland dans l'art du Moyen Age, 2 Bd., Brüssel.

Mertens, Volker u. Ulrich Müller (Hrsg.) 1984: Epische Stoffe des Mittelalters, Stuttgart.

Pedrosa, José Manuel: „Roldán en las leyendas ibéricas y occidentales", Garoza, 1 (2001), S. 165–189.

Sholod, Barton 1966: Charlemagne in Spain: The cultural Legacy of Roncesvalles, Genève.

Reymund erblickt Melusinens Geheimnis;
Illustration zur Nürnberger Handschrift von Thüring von Ringoltingens Melusine

MELUSINE

Dämonin, Schlange, Spitzenahn von Beate Kellner

Geschichten von Melusinen, Undinen und anderen Feen, die sich mit sterblichen Männern verbinden, haben die Menschen über Jahrhunderte hinweg immer wieder fasziniert. Sie eignen sich als Projektionsflächen unterschiedlicher Imaginationen und sie nehmen verschiedene historische Funktionen ein. Sie diskutieren das prekäre Verhältnis von Wunderbarem und Tatsächlichem sowie von Erfundenem und Geschichte. Sie handeln von den Grenzen der göttlichen Naturordnung und führen von hier in den Gegenstandsbereich einerseits der Dämonologie, andererseits der Naturlehre. Sie zeigen Aufstieg und Verfall von dynastischen Geschlechtern. Sie lassen sich lesen als Spuren eines sich über die Jahrhunderte hinweg verändernden Diskurses der Differenz und Beziehung von weiblichem und männlichem Geschlecht, und sie lassen sich schließlich psychoanalytisch verstehen als Ausdruck von menschlichen Urängsten, Trieben und Wünschen. Immer wieder reflektieren sie auch das Verhältnis von Natur und Kultur.

Die literarischen Konkretionen des Mythos reichen vom 12. bis ins 20. Jahrhundert: Die lateinischen Erzählungen des Melusinentyps, die sich im 12. und 13. Jahrhundert in Walter Maps Sammlung *De nugis curialium*, in den *Otia imperialia* des Gervasius von Tilbury, in der Predigtsammlung *Super Apocalypsum* des Gaufredus von Auxerre oder im *Speculum naturale* des Vincenz von Beauvais finden, verknüpfen den Mythos mit gelehrten christlichen Wissensbeständen wie Sünden-, Buß- und Sakramentenlehre. Sie perspektivieren ihre Erzählungen im Horizont theologisch bestimmter Naturlehre und Dämonologie. Dementsprechend werden die Melusinenfiguren hier durchgängig negativ als Dämonen gewertet, und die Geschichten sind auf die Warnung der Menschen vor der Verbindung mit solchen Wesen ausgerichtet.

Bereits bei Giraldus von Cambrai im 13. Jahrhundert und bei Petrus Berchorius im 14. Jahrhundert wird der Mythos dagegen

– positiv oder negativ instrumentalisiert – zur Erklärung der Herkunft adliger Geschlechter herangezogen. Gegen die frühesten
Versionen der Melusinengeschichte sind die spätmittelalterlichen
und frühneuzeitlichen Romane, die französischen Versionen
des Jean d'Arras (1392/93) und Couldrettes (um 1400) sowie die
deutsche Fassung des Thüring von Ringoltingen (1456) von der
genealogisch-dynastischen Perspektive dominiert. Nach Drama-
tisierungen der Version Thürings im 16. Jahrhundert durch Hans
Sachs (1556) und Jakob Ayrer (1598) entfaltet der Stoff im 18. und
19. Jahrhundert neues Faszinationspotential. Zu erinnern ist an
die Aneignungen der Melusinengeschichte durch Justus Friedrich
Wilhelm Zachariae (1772) und Ludwig Tieck (1800) sowie die
Fragment gebliebenen Entwürfe Clemens Brentanos (1815/16) und
Achim von Arnims (1823). Goethe greift den Stoff in *Wilhelm Meis-
ters Wanderjahren* auf und gestaltet ihn zur ‚Neuen Melusine' um.
Friedrich Grillparzer verfasst 1823 ein Opernlibretto für Beethoven,
das Conradin Kreutzer nach Beethovens Tod vertonte. Und für das
20. Jahrhundert ist nicht nur auf Jean Giraudoux und Ingeborg
Bachmann zu verweisen, sondern auch auf Yvan Golls Drama
Melusine, welches (in der Bearbeitung durch Claus H. Henneberg)
Aribert Reimann als Opernlibretto diente. Die knappe Übersicht
mag genügen, um die *longue durée* des Stoffes zu zeigen.

Strukturell gesehen gehen die Erzählungen von einer Differen-
zierung der Welt in die Sphäre der sterblichen, der gewöhnlichen
Menschen und in eine überirdische, mythische Sphäre der Feen
oder Dämonen aus: Im narrativen Zentrum stehen die Begegnung
von ‚Menschenwelt' und mythischer ‚Anderwelt' sowie die daraus
resultierenden Konflikt-, Integrations- und Harmonisierungsab-
läufe. Näherhin berichten die Geschichten, die sich um Melusinenfiguren ranken, von der Begegnung eines sterblichen Mannes
mit einem mythischen, überirdischen, dämonischen Wesen, von
der Liebesbeziehung und Eheschließung auf der Grundlage eines
expliziten bzw. impliziten Tabus, der Zeugung von Nachkommen,
dem Tabubruch bzw. der Entlarvung der dämonischen Natur des
weiblichen Wesens und der Trennung der Partner. Die Art des
Tabus (Sicht, Frage nach der Herkunft, Verletzung), die Form der
magischen Gaben, die Umstände und Motivationen der Begegnung

sowie der Entdeckung und Trennung, das Schicksal der Partner und ihrer Familienmitglieder nach der Trennung variieren von Erzählung zu Erzählung.

Das zugrundeliegende Erzählschema wurde von der sagengeschichtlich und folkloristisch orientierten Forschung als das der ‚gestörten Mahrtenehe' beschrieben.[1] Die strukturalistische Perspektive darauf lässt die Ähnlichkeit der Geschichten hervortreten: So versuchte insbesondere die mentalitätsgeschichtliche Fragerichtung Jacques Le Goffs, Emmanuel Le Roy Laduries und Claude Lecouteuxs[2] aus den einzelnen literarischen Texten die *eine* Geschichte zu filtrieren, den ‚Sagen' – bzw. ‚Mythenkern', der hinter den aktuellen Versionen liege und der als der *eigentliche* Baustein einer ‚kollektiven Mentalität' und einer Geschichte der ‚kollektiven Imaginationen' zu erheben sei. Die jeweiligen Texte wurden dabei als Material betrachtet, dessen Besonderheiten mit Blick auf das ‚ideale' Schema zu vernachlässigen oder sogar als Entstellungen und Verzerrungen abzuwerten seien. Die Rekonstruktion der ‚Ähnlichkeit' der Erzählungen wurde um den Preis der literarischen Eigenart, der ästhetischen und medialen Dimension der Texte, ihrer jeweiligen historisch-sozialen Funktionen und Gebrauchsformen erkauft.

Von hier mag der Weg auch zu Lektüren führen, die, von einer emphatischen Vorstellung der Liebe sowie von anthropologisch konstanten bzw. psychoanalytisch invarianten Geschlechterrollen ausgehend, moderne Geschlechter- und Beziehungsthematik auch in den mittelalterlichen und frühneuzeitlichen Texten aufzuspüren versuchen oder umgekehrt, den Melusinenmythos etwa in vorgeschichtlich matriarchalische Zeiten zurückversetzen oder ihn, ebenfalls enthistorisierend, im Sinne eines überzeitlichen Liebesmodells verstehen.

Literarhistorisch angelegte Analysen fokussieren dagegen auf die Besonderheit der jeweiligen Texte, ihre Redestrategien, narrativen Kontexte, intertextuellen Bezugsfelder, situativen Bindungen und kommunikativen Funktionen. Das strukturale Gerüst, auf das man die Erzählungen reduziert hat, entfaltet sein jeweiliges Sinnpotential erst in der Bindung an den konkreten historischen Kontext und als Knoten verschiedener, sich in ihm kreuzender Wissensfor-

men. Die unterschiedlichen diskursiven Verknüpfungen der literarischen Texte mit den jeweiligen Ordnungen des Wissens zeigen
das eingangs skizzierte systematische und historische Spektrum
der Texte: Die Geschichten um Melusinen und Undinen weisen
zwar ähnliche Motivbestände und strukturelle Gemeinsamkeiten
auf, profilieren die mythischen Figuren jedoch in unterschiedlicher
Weise und verbinden sie mit je anderen Wissensbeständen (Natur-
kunde, Dämonologie, Genealogie, verschiedenen Liebeskonzepten
und Genderrollen).

Ich konzentriere mich im Folgenden auf die deutsche Version
des Thüring von Ringoltingen aus dem Jahr 1456, welche auf den
spätmittelalterlichen französischen Romanen von Jean d'Arras und
Couldrette basiert und insbesondere dem Versroman Couldrettes
folgt.[3] In durchaus unterschiedlichen sozialgeschichtlichen For-
mationen sind Fragen der Genealogie und Dynastie für die drei
genannten Texte leitend. Die Meerfee, Dämonin und Schlangenfrau
Melusine erscheint zunächst und vor allem als Ahnfrau, als Ahnfrau des Geschlechts derer von Lusignan.

DIE MELUSINEN-ROMANE VON JEAN D'ARRAS, COULDRETTE UND THÜRING VON RINGOLTINGEN – EIN VERGLEICH

Die drei Romane präsentieren sich als „Geschlechtermythologien"[4].
Sie lassen sich als literarische Formen genealogischer Geschichtsschreibung verstehen. Ihre Auftraggeber, Autoren und Adressaten
geben ebenso wie der zumindest ansatzweise aus der Überlie-
ferungslage erschließbare Besitzerkreis der Handschriften und
Frühdrucke das Interesse altadeliger Geschlechter oder auch wie
im Falle Ringoltingens adeliger Emporkömmlinge zu erkennen. In
den Texten werden die genealogisch prekären Konstellationen des
Ursprungs und der Kontinuität der Genealogie eines Geschlechts
über die Generationengrenze hinweg verhandelt und auch die
möglichen Gründe für den Verfall einer Dynastie diskutiert.

Die französischen Texte sind noch ganz in den genealogisch-
historischen Zusammenhang des Geschlechts der Lusignan und

ihres Zweigs, der Parthenay, eingebunden. Jean d'Arras schreibt für und im Auftrag von Jean, Herzog von Berry und seiner Schwester Marie, Herzogin von Bar. Da die von Bar mit den Lusignan verwandt sind, ist die Schreibsituation über die Auftraggeber noch unmittelbar an die Genealogie der *ystoire* geknüpft. Ähnlich verhält es sich bei Couldrette, dessen Herren und Auftraggeber die Familienmitglieder Guillaume de Parthenay-Larchevêque und sein Sohn Jean darstellen. Die genealogische Klammer zwischen den internen Strukturen der Handlung und der sozialen Situierung der Texte wird neben den Durchblicken auf die späteren Nachkommen, die die Romane an mehreren Stellen bieten, vor allem durch den Rahmen von Pro- und Epilog hergestellt:

Hier verweist Jean d'Arras auf seine Auftraggeber und das Interesse des Herzogs von Berry, die Geschichte von der Gründung des verwandten Geschlechts möglichst authentisch zu erfahren.[5] Jeans Bestreben ist es daher, die Wahrheit zu ermitteln und darzustellen, was er offensichtlich vor allem durch seine Berufung auf Chroniken sowie auf mündliche Erzählungen von Feen und *bonnes dames* leisten will. Letztendlich erscheint die Wahrheit der Geschichte in dieser Inszenierung aufgehoben in der Vorstellung von der Unergründlichkeit und den Geheimnissen der göttlichen Weltordnung: Das Wunderbare, *les merveilles*, zu dem auch die Feen zu rechnen sind, gehört zur Schöpfung Gottes. Die Konzeption überschneidet sich mit der in der frühneuzeitlichen Prodigienliteratur verbreiteten Vorstellung von einer Naturordnung, in der die *monstra* und *prodigia* als nicht alltägliche Phänomene an den Rändern des Kosmos angesiedelt sind. Sie stellen gewissermaßen eine Verirrung der Natur dar, doch sie zählen zu den göttlichen Geschöpfen.[6]

Der Ursprung des Adelsgeschlechts der Lusignan ist in dieser Argumentation über die Wunder der göttlichen Schöpfungsordnung erklärt und bedarf durch seine Begründung aus der Transzendenz eigentlich keiner weiteren Legitimierung. Auch das Romanende bindet Jean an den göttlichen Raum der Transzendenz zurück: Der Text mündet, nachdem er die Wahrheit der Geschichte noch einmal unter Verweis auf seine schriftlichen und mündlichen Referenzen unterstrichen hat, in eine kurze, gebetsartige Bitte für die verstorbenen und lebenden Familienmitglieder der Lusignan.

Couldrettes Text[7] setzt bei dem im Spätmittelalter zur Legi-
timierung von Wissen aller Art verbreiteten ersten Satz aus der
Metaphysik[8] des Aristoteles ein, nach welchem alle Menschen nach
Wissen und Erkenntnis streben. Couldrette möchte von jenen
Wissensformen berichten, die jedem *homme de bien*, sei er Baron,
Graf oder Herzog, in besonderem Maße zukommen, nämlich dem
Forschen mit dem Ziel, die eigene Herkunft und damit sich selbst
zu erkennen. Das genealogische Wissen, das für die Legitimierung
des noch blühenden Adelsgeschlechts zentral ist, soll, ja muss in
der *memoire* der Gemeinschaft bewahrt und verbreitet werden.
Am Romanende spannt Couldrette die genealogische Linie vom
Melusinensohn Geffroy au Grand Dent über dessen Bruder und
Erben Thierry auf die Herren von Parthenay. Der Preis der *lignie
de Partenay* wird kurzgeschlossen mit dem Lob des Auftraggebers
Guillaume, der Totenklage für ihn sowie dem sich anschließenden
Lob seines Sohnes *Jehan, sire de Partenay* und dessen zahlreicher bis
zu den Königen von Cypern und Armenien verzweigter hochadeli-
ger Verwandtschaft.

Das Gewicht liegt dabei zum einen auf den Anfängen des
Geschlechts, zum anderen auf der Gegenwart von Auftraggeber
und Autor. Sind jene in der Romanhandlung reflektiert, so wird
diese vor allem im breiten synchronen Schnitt durch die Verwandtschaft des *Jehan* repräsentiert. Die lückenlose Folge der Generationen dazwischen wird eher summarisch postuliert als *en détail*
expliziert. Das Wissen vom Ursprung wird solchermaßen eng an
die Gegenwart gerückt, was für Genealogien als Formen der Mne-
motechnik charakteristisch ist. Das Gebet für das Heil der Dynastie,
mit dem Couldrette den Roman schließlich beendet, verleiht ihm
insbesondere durch die zeremonielle Struktur der Litanei eine
nahezu rituelle Komponente, die den Funktionszusammenhang
dynastisch-genealogischer Haushistoriographie für ein in der
Gegenwart der Niederschrift noch blühendes Geschlecht einmal
mehr bestätigt.

Bei Ringoltingen dagegen wird die Situation des Textes von
dieser engen genealogischen Verbindung gelöst, das Rezeptions-
interesse verschiebt sich auf die allgemeineren Fragen von
Ursprung, Aufstieg und Legitimierung von Adelsgeschlechtern.

In dieser Generalisierung konnte der Text auch für adelige Emporkömmlinge wie die Berner Twingherren von Bedeutung sein. Thüring tradiert mit der Gründungslegende ein adelig-genealogisches
Legitimationsmuster von Herrschaft, das den komplizierten sozialen und ökonomischen Verhältnissen des 15. Jahrhunderts in Bern
nicht mehr entspricht. Doch zeigt gerade seine Rezeption in der
Öffnung auf allgemeinere Textmuster die Faszinationspotentiale
der Melusinengeschichte in besonderer Weise.[9]

Die für alle drei Texte entscheidende Frage nach dem Ursprung
eines adligen Geschlechts und, noch allgemeiner gefasst, nach dem
Ursprung von sozialen Gemeinschaften überhaupt, soll im Folgenden nun an Thürings Version der Melusinengeschichte erörtert
werden. Der Fokus der Überlegungen liegt dabei auf dem Entwurf
der Melusinenfigur, welche in ihrer mythischen Stellung zwischen
Mensch und Tier, zwischen Mensch und Dämon, zwischen Transzendenz und Immanenz die Aporien des Ursprungs – so meine
These vorab – *in nuce* zum Ausdruck bringt. Bevor ich auf Thürings
Text eingehe, möchte ich daher einige systematische Anmerkungen
zum Problem des Ursprungs vorausschicken.

SZENARIEN UND APORIEN DES URSPRUNGS

Entscheidend ist zunächst, dass das Problem des Ursprungs einer
Gemeinschaft oder Ordnung sich – vormodern gedacht – nicht in
einem rationalen Sinne erklären lässt: Jener soll und muss gerade
verdeckt werden. Das in Narrationen vom Ursprung nicht selten
zu findende Tabu legt den Finger auf eben diese Stelle, wie z. B.
das Sichttabu des Melusinenmythos oder das Frageverbot der
Lohengrin- und Schwanrittergeschichten. Wenn in den Mythen
der verschiedensten Kulturen und Völker häufig und besonders
ausführlich von ihrem Ursprung erzählt wird, so richtet sich dieses Erzählen gegen kausallogische Ableitungen und Erklärungen.
Erzählt wird das, was sich rational nicht auflösen lässt, so könnte
man folgern: die Aporien und Paradoxien des Ursprungs. Die
Leistung jenes Erzählens vom Ursprung könnte man gerade darin
sehen, auszusprechen, was eigentlich unaussprechlich ist, sichtbar

zu machen, was eigentlich unsichtbar ist. Insofern enthüllt das
Erzählen vom Ursprung, zumindest einen ‚Spalt' weit[10] jene Vor-
gänge, welche die Bedingung der Möglichkeit darstellen für die
Konstituierung der neuen Ordnung im Ursprung. So eröffnet dieses
Erzählen einen Blick auf das, was durch den Ursprung mit aller
Macht abgeblendet werden soll, mithin eröffnet es einen Blick auf
den Zustand vor der Konstituierung der neuen Ordnung, der häufig
durch Chaos, Differenzlosigkeit und Gewalt gekennzeichnet ist.[11]

Fragen wir nun danach, welche Strategien und Argumenta-
tionsmuster in vormodernen Texten entwickelt werden, um die
Aporien des Ursprungs von Ordnungen und Gemeinschaften zu
bewältigen und damit Herkunft zu legitimieren.[12] Mit Blick auf
die zu behandelnden Melusinengeschichten möchte ich diese
Problemstellung auf die Frage nach dem Ursprung von adligen
Genealogien zuspitzen.

Zu denken ist zunächst an jene Versuche, welche den Ursprung
gewissermaßen verlagern, indem sie genealogische Ordnungen
über ihren ‚eigentlichen Beginn' hinaus verlängern und den
Ursprung damit in einem Kontinuitätsmodell aufzuheben versuchen. Ein im Mittelalter häufig zu findendes Konstrukt ist hier die
Ansippung einer Dynastie an ein besonders privilegiertes, älteres
Geschlecht. Solche Entwürfe, welche es unternahmen, mittelalterliche Geschlechter bis in ferne, mitunter ahistorische Zeittiefen
zurückzuführen, entschärften das Problem des Ursprungs einer
Genealogie, doch sie handelten sich damit zugleich die *crux* einer
Entdifferenzierung der in Frage stehenden genealogischen Ordnung ein. Wenn diese *in extremis* in die biblische Urgeschichte
mündete, ging sie auf in der allgemeinen Geschichte des Menschengeschlechts und insofern stand die gesamte Konstruktion
in der Gefahr, den Anspruch, auf den sie eigentlich zielt, nämlich
die Legitimierung eines Geschlechts als eines besonderen, eines
herausragenden, gerade wieder einzubüßen.

Durchschlagender als diese Strategien, das Problem des
Beginns einer Genealogie im Entwurf von Kontinuitäten aufzuheben, erscheint es daher, am Ursprung eine Zäsur zu setzen,
welche die entstehende genealogische Ordnung aus der größeren Gemeinschaft des Menschengeschlechts ausgrenzt und ihr

Unverwechselbarkeit verleiht. Daher muss mit dem ‚Spitzenahn‘ gewissermaßen gegen die Logik genealogischer Sukzession ein Neubeginn inszeniert werden, indem er zu einem Gründer stilisiert wird, der besonderes Legitimationspotential mit- und einbringen kann. Eine ebenso wirkungsvolle wie dementsprechend auch kulturgeschichtlich verbreitete Denk- und Argumentationsfigur war die Bindung der Gründergestalten an den Raum der Transzendenz. Strukturell betrachtet lässt sich hier ein breites Spektrum von Möglichkeiten erkennen: Der ‚Spitzenahn‘ konnte ein Halbgott, ein Heros (wie etwa der Heros eponymos der *origo gentis*-Geschichten), ein Heiliger (z. B. Karl der Große oder der heilige Arnulf), auch ein Gralsgesandter (Lohengrin) oder ein Dämon respektive eine Fee (Melusine) sein. Indem die Gründerfigur aus den bloß horizontalen genealogischen Verbindungen der Menschenwelt gelöst und gewissermaßen vertikal in die Nähe des Göttlichen gerückt war, wurde sie mit besonderem mythischem Heil ausgestattet, von dem – durch die Übertragungen im Geblüt – auch ihre Nachkommen zehren konnten. In den mittelalterlichen (Selbst)Darstellungen des Adels ist es daher gerade die Berufung auf einen solchen ‚Spitzenahn‘, welche zusammen mit einer möglichst langen und möglichst lückenlosen Kette der genealogischen Glieder vom Ursprung her die dynastischen Ansprüche auf Macht, Herrschaft und Ansehen begründen und insofern legitimieren sollte.

Kulturgeschichtlich lassen sich die mittelalterlichen Formen der Bindung solcher Gründerfiguren an die Transzendenz vor der Folie polytheistisch strukturierter Weltdeutungsmuster noch schärfer profilieren und dabei folgendermaßen differenzieren: Unter den Bedingungen etwa des griechisch-römischen oder des germanischen Polytheismus konnte die Exklusivität bestimmter Sippen genealogisch problemlos durch die Behauptung ihrer Abkunft von einer Gottheit begründet werden. So hatte sich, um ein bekanntes Muster in Erinnerung zu rufen, der Vater des griechischen Götterhimmels, Zeus, immer wieder mit irdischen Frauen verbunden, z. B. mit Leda in der Gestalt des Schwans, mit Danae in der Form eines Goldregens oder mit Europa als Stier. Dass dieses Muster der unmittelbaren genealogischen Herleitung der Geschlechter aus der göttlichen Transzendenz im christlichen Mittelalter nicht

ohne weiteres funktionieren konnte, versteht sich schon aus den
veränderten religionsgeschichtlichen Bedingungen des jüdisch-
christlichen Monotheismus. Dennoch werden gewissermaßen
gegenläufig zur monotheistischen Ausrichtung des Christentums
mythische Herkunftsmodelle tradiert, die strukturelle Analogien
zum vorchristlichen Polytheismus aufweisen oder aus jenem
entlehnt zu sein scheinen. Gerade hier zeigen sich exemplarisch
Prozesse der Mythenbildung in christlicher Zeit. Sie laufen gewissermaßen parallel zur Abwertung altererbter ‚heidnischer‘ Figuren
und mythischer Geschichten.

Das Schema der ‚gestörten Mahrtenehe‘, das den Melusinenge-
schichten zugrunde liegt, gehört in eben jenen skizzierten Kontext:
Es versucht den Ursprung privilegierter Geschlechter in einer dem
Polytheismus analogen Weise zu erklären, denn im Zentrum der
Erzählstruktur steht die sexuelle, oft eheliche Verbindung eines
irdischen und eines überirdischen, mythisch geprägten Partners.

THÜRING VON RINGOLTINGENS
ENTWURF DER MELUSINENFIGUR

Betrachten wir nun Thüring von Ringoltingens Version des Mythos
und fragen zunächst danach, wie die Melusinenfigur in seinen
Text eingeführt wird. Im Unterschied zu Jean d'Arras, der Melusines Vorgeschichte an den Anfang seines Romans stellt, führen
Couldrette und ihm folgend Ringoltingen Melusine zunächst als
eine Fee ohne Vorfahren ein. Indem sie ihre Genealogie erst gegen
Ende des Romans nachtragen, verschärfen sie das Problem des
Ursprungs: Die Herkunft Melusines bleibt nicht nur für Reymund,
ihren auserwählten Geliebten und späteren Ehemann, seine Verwandten und Freunde nebulös und daher im Wortsinn ‚fragwürdig‘, sie wird auch für die Leser nicht erklärt. Melusine erscheint
gewissermaßen aus dem Nichts heraus, verbindet sich mit dem
von ihr auserwählten adligen, aber armen Reymund und bringt
ihre Feengaben in die Ehe ein. Als mythischer Überschuss aus der
‚Anderwelt‘ konkretisieren sich diese sowohl physisch in enormer
Fruchtbarkeit, der Nachkommenschaft von zehn Söhnen, wie auch

kulturell in der korrespondierenden Bautätigkeit. Genealogie und Ökonomie werden im Verlauf des Romans durchgängig paralleli- siert. Der durch Melusine gegebene materielle und genealogische Reichtum, der zügige Aufbau einer feudalen Herrschaft mit den typischen adeligen Repräsentationsformen wie Burgen, Schlössern, Kirchenstiftungen sowie die Melusine von Anfang an zu Gebote stehende Schar von Untergebenen lassen die Frage nach dem Ursprung zunächst nicht aufkommen, da sie das Paar im Rahmen gewöhnlicher adeliger Herrschaftsausübung zeigen. In der Ehe mit dem adligen Reymund tritt die überirdische Natur Melusines zunächst nur in ihren gleichsam positiven domestizierten Formen hervor.[13]

Die bei Jean d'Arras zu Beginn, bei Couldrette und Thüring erst nachträglich mitgeteilte Genealogie Melusines zeigt nachgerade, wie der Text das Phänomen des Ursprungs der Dynastie zu bearbei- ten versucht. Das Problem wird durch die Vorgeschichte allerdings nur in die vorausliegende Generation verlagert, aber nicht in seinen Aporien bewältigt.[14] Deutlich gemacht werden in der Erzählung von Melusines Vergangenheit ihre Herkunft von einer Fee, die sich ihrerseits mit einem Sterblichen verband, sowie die schuldhaften Verstrickungen innerhalb ihrer Familie, die im Tabubruch des Vaters, in seiner Tötung durch Melusine und ihre Schwestern und in der Verfluchung der Töchter durch die Mutter kulminieren. Die Familie Melusines erscheint als ein Ort der Gewalt, welche sich über die Generationen hin verkettet. Und auch Reymund, Melusines auserwählter Geliebter, hat sich – ohne es zu wollen – mit Schuld beladen, indem er, der Sohn des kinderreichen, aber armen Grafen vom Forst, seinen Ziehvater und Gönner, den vornehmen, reichen und gelehrten Grafen Emerich von Poitiers im Zuge eines Jagdun- falls – während einer Eberjagd – versehentlich getötet hat, wie Couldrette und Thüring schon zu Beginn ihrer Romane ausführen.

Melusine und Reymund begegnen sich kurz nach diesem Vor- fall, und sie ist es, die jenem rät, die Gewalttat zu verheimlichen und von Emerichs Nachfolger Bertram das ihm für seine treuen Dienste zustehende Lehen durch eine List zu fordern. Reymund gelingt der Aufbau einer eigenen Herrschaft, doch ist er – dies wird bei Couldrette und ihm folgend bei Thüring nachdrücklich

herausgestellt – kein legitimer Nachfolger in Poitou. Blickt man
auf die skizzierte Ereignisreihe zurück, so beruht die Gründung
letztlich auf Gewalt und List. Nur über diese Mittel kann sich die
neue Ordnung innerhalb der alten etablieren. Die mythisch dämonische Natur Melusines, ihr Vergehen am Vater, ihre Verfluchung
durch die Mutter sowie die Tötung des Ziehvaters durch Reymund
und die List beim Herrschaftserwerb korrespondieren miteinander und verweisen auf das Außergewöhnliche, zugleich aber auch
auf das Verbrecherische des Gründungsvorgangs. Der Text legt
diese Aspekte der Illegitimität offen, zeigt jedoch zugleich in den
Ratschlägen der Fee, wie sie zu verdecken und in Legitimität und
Normalität zu überführen sind.

Melusines mythisches Wesen, das man gewissermaßen als
die Signatur des Ursprungs der Lusignan bezeichnen könnte,
verschwindet zunächst in der Heimlichkeit ihres Gemachs, in
dem sie sich jeden Samstag einschließt, um sich in eine Meerfee
zurückzuverwandeln. Reymund und der Hof sind von dieser zeit-
weiligen Veränderung ihres Körpers in eine Schlangenfrau, ein
Wesen, das halb Mensch, halb Tier zu sein scheint, ausgeschlossen. Melusine hatte dies zur Bedingung ihrer Eheschließung mit
Reymund gemacht. Letztlich ist es die Frage nach dem Ursprung
Melusines, die in jenem Sichtverbot tabuisiert ist. Eben diese Frage
nach ihrem Ursprung muss in der Ehe der mythischen Fee mit
dem sterblichen, dem menschlichen Partner tabuisiert werden,
um der Gemeinschaft derer von Lusignan Bestand in der Welt zu
verschaffen und ihre Herrschaft zu legitimieren.

DER TABUBRUCH

Nach vielen Jahren übertritt Reymund dann doch das Verbot und
dringt in Melusines Geheimnis, in ihr innerstes Wesen, ein. Der
Tabubruch, der im forschenden Blick auf den Ursprung einer
Gemeinschaft eine Schlüsselszene darstellt und dementsprechend
auch in der Erzählung zentral ist, wird bei Thüring ebenso wie in
den spätmittelalterlichen französischen Romanversionen in zwei
Phasen dargestellt. Motiviert wird der Tabubruch zunächst durch

die Verdächtigungen von Reymunds Bruder, des Grafen vom Forst,
Melusine betreibe Ehebruch oder Zauberei. Damit ist Reymund in
seiner Ehre getroffen und es bleibt ihm keine andere Wahl, als den
Sachverhalt zu prüfen: Rasend vor Zorn spürt er seiner Frau nach,
bohrt mit seinem Schwert ein Loch in die Eisentür, hinter der sie
sich verbirgt, – um schließlich das Entsetzliche zu erblicken: eine
Schlangenfrau – halb Mensch, halb Tier.

Reymund sieht die Ambivalenz von Melusines Gestalt, ihr
Geheimnis öffnet sich gewissermaßen einen Spalt breit, doch ihre
Gestalt bleibt ihm entzogen. Durch die Eisentür ist eine Grenze
zum Raum ihrer Heimlichkeit gesetzt. Reymund durchbricht sie
nicht. Er überschreitet die Schwelle nicht, um seine Frau nicht zu
berühren. Im Gegenteil: Wie um seinen Vorstoß ungeschehen zu
machen, verstopft und versiegelt er sein Guckloch wieder. Was er
gesehen hat, darf kein anderer erblicken.

Die Spannung, unter der die Szene steht, wird auch im Arran-
gement der Bilder in den Handschriften und Drucken zum Ausdruck gebracht. Als Schlüsselszene fehlt der Tabubruch in keinem
Illustrationszyklus. Von besonderem Interesse ist hier die Darstellung in der Nürnberger Handschrift[15] der Bearbeitung Thürings
(s. S. 156). Sie zeigt exakt den Moment des Tabubruchs. Reymund
blickt, das riesige Schwert in der linken Hand haltend, durch das
von ihm gebohrte Loch in der Türe auf die in einer hölzernen
Wanne badende nackte Melusine, deren Schlangenschwanz aus
der Wanne hängt. Das Paar ist, wie der Text es beschreibt, schon
durch den Blick Reymunds einander zugeordnet und doch durch
die Tür des abgeschlossenen Baderaums voneinander getrennt:
Schwanz und Schwert entsprechen sich als Attribute des Paares
auch in ihren sexuellen Konnotationen. Die Spannung zwischen
der Intimität des Paares und seiner Trennung ist im Bild einge-
fangen.

Das Bild fokussiert wie der Text die Aporie der Frage nach dem
adelig-genealogischen Ursprung: Reymund sieht, aber er kann
nicht begreifen, er sieht, was verborgen bleiben muss. Die Mutter
seiner Kinder ist ihrer wahren Natur nach ein mythisches Wesen:
Dämonin, Tiermensch, Schlange. Da sich in und mit ihr die Genealogie gewissermaßen verliert, ist die Legitimität ihrer Herrschaft

und ihrer Nachkommen radikal in Frage gestellt. Deshalb muss Reymund sein Wissen oder besser seine Ahnung vom Ursprung verbergen. So verteidigt er seine Frau gegen den verleumderischen Bruder und jagt ihn im Zorn davon. Und in der Tat: Obwohl Melusine selbst sein Vergehen kennt, scheint es zunächst folgenlos zu bleiben. Im Unterschied zur Struktur in den älteren Texten muss sie nicht sofort – magischem Zwang folgend – davon, ja sie vermag den unglücklichen Reymund sogar im ehelichen Bett zu trösten.

Zur endgültigen Trennung des Paares führt der Tabubruch erst, als der Schlossherr sein Geheimnis – im Zorn über die Gewalttaten seines Sohnes Geffroy – aus der Intimität des Herrscherpaares entlässt und der Öffentlichkeit preisgibt, indem er Melusine vor dem Hof als Ungeheuer beschimpft. Er verscherzt damit nicht nur sein eheliches Glück, sondern legt selbst – öffentlich – den Finger auf den wunden Punkt seiner Genealogie und Herrschaftslegitimierung. Die Zweiteiligkeit des Tabubruchs akzentuiert damit bei Thüring wie in den französischen Romanen einen öffentlichen Raum und einen Raum der Intimität des Paares. Gegenüber den älteren klerikalen Texten, in denen die Dämonin nicht selten aus dem Kirchenraum heraus vertrieben wurde, hat sich der institutionelle Rahmen verschoben. Als Herrscherin und Begründerin eines adligen Geschlechts hat Melusine ihre Herkunft und ihr Wesen vor dem Hof zu verantworten. Der Abschied erfolgt dementsprechend auch nicht wie in den älteren Texten als momenthaft magisches Entschwinden, sondern wird bei Thüring und in den französischen Romanen in einer breiten höfischen Szene als genealogisches Vermächtnis arrangiert. Aus dem Tabubruch leitet sich folgerichtig Melusines Prophezeiung des Niedergangs der Lusignan ab. Diese bleibt in sich ambivalent und wird von positiven Weissagungen, die vor allem das Schicksal der Söhne Reymund und Dietrich betreffen, unterlaufen. Auch im weiteren Handlungsgang nach Melusines Abschied erfüllt sich der Abstieg der Lusignan nicht – Relativierungen, die im französischen Kontext sicherlich mit der Bindung der Schreibsituation an ein noch blühendes Geschlecht zusammenhängen. Und dennoch tritt im Konnex von Tabubruch und Deszendenzvision das über weite Strecken der Texte verdeckte Problem der Herkunft Melusines aus der mythischen Anderwelt und damit verbunden das prekäre Problem der Legitimierung der Herrschaft derer von Lusignan – mit aller Macht – zutage.

DIE NACHKOMMEN DER FEE: GENEALOGISCHE KONTINUITÄT

Genealogisch bleibt die mythische Herkunft Melusines auch nach ihrem Verschwinden aus der Menschenwelt in ihren Söhnen manifest. Bis auf die beiden zuletzt geborenen weisen alle Kinder physische Abnormitäten auf. So hat der Erstgeborene, Uriens, ein verschobenes Gesicht mit einem roten und einem grünen Auge, der zweite Sohn Gedes ist durch auffallende Gesichtsröte gezeichnet, beim dritten, Gyot, liegt ein Auge höher als das andere, der vierte, Anthoni, trägt ein Löwenmal auf der Wange, der fünfte, Reynhart, verfügt wie ein Zyklop nur über ein Auge, dem sechsten, Geffroy, ragt ein großer Zahn aus dem Mund, dem siebten, Freymund, wächst ein Fleck wie von Wolfshaar auf der Nase und der achte mit dem sprechenden Namen Horibel kommt mit drei Augen zur Welt. Es handelt sich zunächst und vor allem um Missbildungen, die nur schwer mit dem besonders in der mittelalterlich volkssprachlichen Literatur forcierten adligen Schönheitsideal vereinbar sind. Allerdings lassen sich jene auch als quasi heraldische Auszeichnungen deuten, und in diese Richtung werden sie in der Tat im Text selbst, von Melusines Sohn Anthoni expliziert.

Doch trotz solch positiver Umwertungen bleiben, so meine These, die Körperzeichen in ihrem entstellenden Charakter, in ihrer Monstrosität, ambivalente Signaturen dämonisch mythischer Herkunft oder anders formuliert: In den Nachkommen der Fee scheint die Grenze zwischen Mensch und Dämon, zwischen Mensch und Tier verwischt. Die Spur der dämonischen Schlangenfrau zeichnet sich in den Körpern der Söhne ab, in ihnen wird das manifest, was es theologisch und anthropologisch eigentlich nicht geben darf, eben jene Vermischung von Menschen mit Dämonen oder Tieren. Besonders signifikant sind in diesem Zusammenhang die Tierzeichen: das Wolfshaar, der Eberzahn und die Löwentatze. Dass all diese Signaturen in den Romanen, positiv gewendet, als adlige Auszeich-

nungen verstanden werden können, ist wohl dem Freiraum geschul-
det, den gerade die Redeordnung der Literatur zu eröffnen vermag.

Die Geschichten der Söhne, in denen der eigentliche Aufstieg der
Lusignan, ihre durch Heirat geknüpften weitgespannten genealogischen Verbindungen und die vielen bedeutenden Herrschafts-
gründungen erzählt werden, nehmen breiten Raum in allen drei
mittelalterlichen Melusinenromanen ein. Die historisch deutlich
langsamere Entwicklung des Geschlechts der Lusignan, die zudem
in entscheidenden Schritten über weibliche Familienangehörige
erfolgte, erscheint im Roman idealtypisch schematisiert, beschleu-
nigt und auf eine Generation verdichtet. Die den Romanversionen
nach über männliche Blutverwandte laufende Expansion der Herrschaft steht zunächst ganz im Zeichen von Legalität und Normalität.
Die dämonische Herkunft der Nachkommen scheint bis auf die Körperzeichen, die überall Erstaunen erregen, keine Rolle mehr zu spielen, denn die Geschichte der Söhne folgt zumindest bei Couldrette
und Thüring gänzlich den Mustern ritterlicher Bewährung.

Die Ambivalenz zwischen ritterlicher Tüchtigkeit und ererbter
dämonischer Gewalt kommt dann jedoch in besonderem Maße im
Geschick von Geffroy *mit dem zan* zum Ausdruck. Dessen Stärke
kann im Muster ritterlicher *âventiure* zum Heil eines Landes sowie
letztlich der eigenen Dynastie eingesetzt werden; seine archaische
Körperkraft vermag jedoch auch in Zerstörung, in berserkerhafte
Wut, umzuschlagen: Geffroy verbrennt das Kloster Maillezais, er
tötet den Abt, die Mönche und damit den eigenen Bruder Freymund; später tötet er mit dem Grafen vom Forst den Bruder seines
Vaters. Beide Gewalttaten, in denen Geffroy zum Mörder wird,
sind auf den Tabubruch und damit auf den Glückswechsel der
Lusignan bezogen. Zugleich weisen diese Taten auf den Verwand-
tenmord seines Vaters während der Eberjagd zurück.

Relikt und Zeichen dieses untergründigen, sich über die
Generationen hinweg vererbenden und zugleich potenzierenden
Schuldgefüges ist Geffroys körperliche Besonderheit, der abnorm
vergrößerte Zahn, der an die unselige Eberjagd, bei der sein Vater
einst den Grafen Emerich von Poitiers getötet hatte, erinnert und
von Thüring daher auch explizit als Eberzahn bezeichnet wird.
An Geffroy und seiner Verstrickung in den Tabubruch wird dem-

nach der unauflösbare Konnex von Schuld innerhalb der Familie ebenso vor Augen geführt wie die Ambivalenzen der mythischen Herkunft. An ihm wird in besonderem Maße vergegenwärtigt, wie sich die mythisch dämonische Genealogie auch über die Generationengrenzen hinweg durchsetzen und auswirken kann.

Indem Reymund seinen Sohn Horibel, dessen Bosheit und Gewalttätigkeit sich bereits in seinem Namen manifestiert, nach Melusines Verschwinden und auf deren Rat hin wie einen Sündenbock beseitigen lässt, versucht er weitere Gefahren für die Familie und das Land zu verhindern. Mit der Tötung Horibels wird im Text gewissermaßen der Versuch inszeniert, die Familie rituell zu reinigen. Diese archaische Form der Entsühnung steht wiederum in Spannung zu den im Roman ebenfalls entwickelten christlichen Formen der Reue und Buße.[16] Gewalt, Schuld und Sühne sind in archaischen sowie christlichen Interpretationsmustern in die Geschichte der Gründung und Genealogie der Lusignan verflochten.

MELUSINE ALS CHIFFRE DER UNERGRÜNDLICHKEIT DES URSPRUNGS

Thürings Melusinenroman, das hoffe ich deutlich gemacht zu haben, reflektiert die Problemkonstellationen am Ursprung von adeligen Gemeinschaften auf komplexe Weise. Das Schema der gestörten Mahrtenehe, das dem deutschen wie den französischen Melusinenromanen zugrunde liegt, versucht den Ursprung privilegierter Geschlechter letztlich aus der mythischen Vermischung von irdischer und überirdischer Sphäre zu erklären. Durch die Bindung an die Transzendenz wird Legitimitätspotential gewissermaßen eingespeist. Indem die überirdische, mythische, zugleich aber nichtgöttliche Sphäre als dämonisch verstanden wird, erklären sich die Ambivalenzen in der Bewertung der Mahrtenehen, der Melusinenfigur und ihrer Nachkommen. Das Mythische und Dämonische lässt sich nicht aus der Genealogie tilgen: Es ist den Körpern eingeschrieben, es zeigt sich in Melusines Schlangenleib ebenso wie am Löwenmal, dem Wolfsfell oder dem Eberzahn ihrer

Söhne und es manifestiert sich in den Gewalttaten der Familienmitglieder. Melusines Schlangenleib ist grässlich, entstellend sind
auch die Körperzeichen ihrer Söhne. Gerade das Geschick Geffroys
zeigt, wie die mythisch dämonische Kraft in ihrer Triebhaftigkeit
durchschlagen und sich negativ entladen kann.

Andererseits stellt das Wunderbare, das mit der Fee und ihren
Kindern gegeben ist, eine Auszeichnung dar, welche das Geschlecht
der Lusignan prägt und seine historische Machtposition fundieren
soll. In den drei Melusinenromanen wird es weithin positiv besetzt
und äußert sich in genealogischem wie ökonomischem Reichtum.
Gegenüber den zeitlich vorausgehenden lateinischen Texten wird
die Melusinenfigur in den volkssprachigen Romanen Jean d'Arras,
Couldrettes und Thürings mithin erheblich aufgewertet. Nahelie-
gend ist die Hypothese, dass ein ursprünglicher Funktionsbereich
der Feen mit fortschreitender Mythenbildung wieder aktualisiert
wird. In den lateinischen, theologisch bestimmten Texten wurde
gerade diese positive Semantik nachgerade abgewehrt und als
Fehleinschätzung deklariert. Bei Jean d'Arras, Couldrette und Thüring liegt der Akzent selbst nach Melusines Entlarvung dagegen
deutlicher auf ihrer Funktion als Gaben- und Glücksspenderin: Das
Geschlecht der Lusignan verdankt ihr seine Prosperität. Das Mythische und Dämonische der Melusinenfigur wird in den Romanen in
seiner Ambivalenz zwischen Menschlichkeit und Göttlichkeit, zwischen Menschlichkeit und Tierhaftigkeit, zwischen Heiligkeit und
Fluch zur Chiffre der Unergründlichkeit des Ursprungs überhaupt.

ANMERKUNGEN

1 Vgl. Thompson 1955–1958, B 29, C 30, C 31, C 932, F 302, G 245.
2 Vgl. etwa Le Goff und Le Roy Ladurie 1971, 587–622; Lecouteux 1979, 73–84.
3 Das Folgende überschneidet sich mit den Ausführungen bei Kellner 2004,
   414–471 (mit ausführlicher Dokumentation der Forschung).
4 Müller 1977, 48.
5 Jean d'Arras, Mélusine, zitiert nach der Ausgabe von Stouff.
6 Vgl. etwa Paré 1594.
7 Couldrette, Mélusine, zitiert nach der Ausgabe von Roach.
8 Vgl. Müller 1990, Kommentar, 1042: *Omnes homines natura scire desiderant.*
9 Thüring von Ringoltingen, Melusine, zitiert nach der Ausgabe von Müller.
10 Vgl. dazu mit Blick auf den Melusinenmythos S. 167 f. dieses Beitrags: Der
   Tabubruch.

11 Fundamentale Einsichten in den Zusammenhang von Gründung und Gewalt, von Gemeinschaftsbildung und Gewalt und schließlich – damit zusammenhängend – von Heiligkeit und Gewalt sind in der Kulturtheorie René Girards entwickelt. Vgl. u. a. Girard 1992, Das Heilige und die Gewalt; ders. 1992, Ausstoßung und Verfolgung.

12 Umfassender zu dieser Problematik Kellner 2004.

13 Auf die Körperzeichen der Söhne ist näher eingegangen auf S. 169 dieses Beitrags.

14 Vgl. die ausführliche Analyse der Vorgeschichte bei Kellner 2004, 434–439.

15 Nürnberg, Germanisches Nationalmuseum, Hs. 4028, fol. 50^r, Abb. 1. Vgl. S. 156 dieses Beitrags.

16 Siehe dazu Reymunds und Geffroys Beichten beim Papst, Reymunds geistliches Einsiedlerdasein am Lebensende und Geffroys Wiederaufbau des Klosters. Thüring, S. 149 f., 152–156.

QUELLEN

Coudrette: Le Roman de Mélusine ou Histoire de Lusignan, hg.v. Eleanor Roach, Paris 1982.

Goffredo di Auxerre: Super Apocalypsim, hg.v. Ferruccio Gastaldelli (Temi e Testi 17), Roma 1970.

Gervasius von Tilbury: Otia imperialia, hg.v. Gottfried Wilhelm Leibniz (Scriptores rerum Brunsvicensium 1), Hannover 1707.

Giraldus Cambrensis: Opera, 8 Bde., Bd. 8: De principis instructione liber, hg.v. George F. Warner (Rerum Britannicarum medii ævi scriptores 21,8), London 1891.

Jean d'Arras: Mélusine. Roman du XIVe siècle, hg.v. Louis Stouff (Publications de l'Université de Dijon 5), Dijon/Paris 1932.

Thüring von Ringoltingen: Melusine, in: Romane des 15. und 16. Jahrhunderts. Nach den Erstdrucken mit sämtlichen Holzschnitten hg.v. Jan-Dirk Müller (Bibliothek deutscher Klassiker 54. Bibliothek der Frühen Neuzeit 1), Frankfurt a. M. 1990, S. 9–176, Kommentar, S. 1012–1087.

Paré, Ambroise: *De monstris et prodigiis*, in: *Opera chirurgica*, Frankfurt a. M. 1594.

Vincentius Bellovacensis: Speculum Quadruplex, 4 Bde., Bd. 4: Speculum naturale, Reprint der Ausgabe Douai 1624, Graz 1965.

Walter Map: De nugis curialium, revised by Christopher N. L. Brooke and Roger A. B. Mynors, hg.v. Montagne R. James (Oxford Medieval Texts), Oxford 1983.

LITERATURHINWEISE

Girard, René 1992: Das Heilige und die Gewalt, Frankfurt a. M. [französisch zuerst 1972].

Ders., 1992: Ausstoßung und Verfolgung. Eine historische Theorie des Sündenbocks, Frankfurt a. M. [französisch zuerst 1982].

Lecouteux, Claude 1979: Zur Entstehung der Melusinensage, in: Zeitschrift für deutsche Philologie 98, S. 73–84.

Le Goff, Jacques, u. Le Roy Ladurie, Emmanuel 1971: Mélusine maternelle et défricheuse, in: Annales ESC 26, S. 587–622.

Kellner, Beate 2004: Ursprung und Kontinuität. Studien zum genealogischen Wissen im Mittelalter, München.

Kiening, Christian 2005: Zeitenraum und *mise en abyme*. Zum ‚Kern‘ der Melusinengeschichte, in: Deutsche Vierteljahrsschrift für Literaturwissenschaft und Geistesgeschichte 79, S. 3–28.

Müller, Jan-Dirk 1977: Melusine in Bern. Zum Problem der „Verbürgerlichung" höfischer Epik im 15. Jahrhundert, in: Literatur – Publikum – historischer Kontext, hg. v. Gert Kaiser (Beiträge zur Älteren Deutschen Literaturgeschichte 1), Bern/Frankfurt a. M./ Las Vegas, S. 29–77.

Quast, Bruno 2004: *Diß kommt von gelückes zuoualle*. Entzauberung und Remythisierung in der *Melusine* des Thüring von Ringoltingen, in: Präsenz des Mythos. Konfigurationen einer Denkform in Mittelalter und Früher Neuzeit, hg. v. Udo Friedrich u. Bruno Quast (Trends in Medieval Philology 2), Berlin/ New York.

Thompson, Stith 1955–1958: Motif-Index of Folk-Literature, 6 Bde., Kopenhagen.

DEMETRIUS, DER FALSCHE ZAR

Jan Kusber

Als Ivan IV. 1584 starb, hinterließ er, der erste gekrönte Moskauer Zar, ein Reich, das sich in einem Zustand wirtschaftlicher Zerrüttung befand. Kriege mit Schweden sowie der polnisch-litauischen Adelsrepublik hatten wirtschaftliche Kraft gekostet, letztlich auch den Zugang zur Ostsee. Die Terrorherrschaft Ivan Groznyjs, des Dräuenden oder Gestrengen, war für seine russischen Untertanen

Der „falsche" Demetrius;
nach einem Stich von
Lukas Kilian

bedrückend und uneinschätzbar zugleich gewesen. Aus ihr speiste
sich jedoch eine reiche Mythenbildung über diesen gegen Ende
seines Lebens wohl zunehmend geistig kranken Autokraten, der
seinen ältesten Sohn und Thronfolger im Affekt zu Tode gebracht
hatte, über dessen Gelehrsamkeit unter Zeitgenossen jedoch kein
Zweifel bestand. Zugleich hinterließ er ein Machtvakuum an der
Spitze des Moskauer Reiches, das der schillernden Person des
Demetrius schnellen Aufstieg, jähen Fall und Tod brachte. Ivan
IV., dessen Beiname zumeist unscharf als „der Schreckliche"
übersetzt wird, steht also in mehrfacher Hinsicht am Beginn einer
Betrachtung des Stellenwerts des „falschen" Demetrius für die
europäische Geschichte am Beginn des 17. Jahrhunderts. Er bietet
den genealogischen Bezugspunkt, in seiner Herrschaftszeit verfestigte sich das Prinzip der zarischen Autokratie und zugleich
intensivierten sich Kulturkontakt und Beziehungen mit Mittel-
und Westeuropa.

WAHRNEHMUNGEN DES MOSKAUER REICHES
UND DER SELBSTHERRSCHAFT DER REGENTEN

Über Ivan IV. entstand in Mittel- und Westeuropa eine Vielzahl
von Traktaten; Flugschriften heizten die Imagination an. Zuvor
war vor allem der große Reisebericht des kaiserlichen Gesandten
Sigismund von Herberstein aus der ersten Hälfte des 16. Jahrhunderts Informationsgrundlage mittel- und westeuropäischer Diplomaten gewesen. Herberstein hatte 1549 in seinem Schlüsselwerk
der Russlandkunde das System der Autokratie geschildert: „[Der
Moskauer Herrscher] übertrifft alle Könige und Fürsten mit der
Gewalt, die er über die Seinen hat und gebraucht … Es ist unklar,
ob ein solch wildes Volk eine so tyrannische Herrschaft haben
muß, oder ob die tyrannische Herrschaft es so wild und grausam
gemacht hat."[1] Nun trat eine populäre Literatur hinzu, die das
Herbersteinsche Diktum über die Autokratie variierte und die sich
wie folgt zusammenfassen lässt: Die unumschränkte Machtfülle
erhielt ihre Begründung aus der Orthodoxie und den von Gott
verliehenen und nur durch ihn wieder zu entziehenden Herr-

schaftsrechten; sie speiste sich ferner aus dem Herkommen, der *starina*, und der Tradition des Rjurikidenhauses. Dies prägte nicht nur das Selbstverständnis Ivans IV. im 16. Jahrhundert, sondern auch das seiner Nachfolger im frühen 17. Jahrhundert. Die Vorstellung einer solchen Herrschaft als Idee, losgelöst von der Person, die sie innehatte, blieb wirkungsmächtig, auch als das Moskauer Reich nach 1584 in eine Epoche stürzte, die schon von Zeitgenossen als *Smutnoe vremja*, „Zeit der Wirren" bezeichnet worden ist. Letztlich war es diese Idee, die es auch Herrschern nicht eben vornehmster Herkunft ermöglichte, den Thron mit dem Anspruch, als Selbstherrscher zu wirken, zu besteigen. Beispiele sind hier Boris Godunov oder, am Ende der Zeit der Wirren, das Haus Romanov. Es waren der Glaube an die Idee der Selbstherrschaft und das Fehlen alternativer Herrschaftsvorstellungen, die es auch dem „falschen" Prätendenten erlaubten, nach dem Zarenthron im Kreml zu greifen. Für solch ein einzigartiges Beispiel stehen die Vorgänge um Demetrius, den falschen Zaren im beginnenden 17. Jahrhundert.

Seit Sigismund von Herberstein, seit der intensiven Kontakte Ivans des Schrecklichen mit dem Heiligen Römischen Reich und dem englischen Hof, rückte das Moskauer Reich zunehmend in die mittel- und westeuropäische Wahrnehmung. Ivan IV. selbst disputierte mit Jesuiten und böhmischen Brüdern über religiös-konfessionelle Fragen. Ausländische Experten für Militär, Medizin und Architektur beförderten – wenn sie heimkehren konnten – das Wissen und die Imagination über das Moskauer Reich und seine Herrscher. Sie erlebten den Moskauer Hof im Kreml mit seinem Zeremoniell und seinen diplomatischen Gewohnheiten, aber auch Adel, Stadt- und Landbewohner als Erfahrung von Unterschieden. Für die Gesandtschaften des Moskauer Außenamtes am Hof des polnischen Königs in Krakau oder auf den Reichstagen ist ähnliches anzunehmen, obwohl hierzu weniger Quellenmaterial überliefert ist. Wechselseitige Wahrnehmungen und die konkrete Erfahrung des Umgangs jedoch führten zu lang anhaltenden Stereotypen. Diese gipfelten in der Schilderung von faszinierenden Personen, die als Ausdruck all dieser Differenzerfahrungen mit dem System der Moskauer Autokratie besonders imaginationskräftig erschienen. Das gilt sicher für Ivan den Schrecklichen, es gilt aber ebenso für eine der Schlüsselfiguren in der Zeit der Wirren: für Demetrius, den falschen Zaren.

Eine Ursache der Differenzerfahrungen sei einleitend noch erwähnt. Galt die Moskauer Autokratie als Verkörperung eines staatlichen, herrschaftlichen, auf den Inhaber des Throns zentrierten Machtanspruchs, verkörperte die polnisch-litauische Adelsrepublik als mächtiger und in der Fläche bedeutender Nachbar gleichsam das Gegenprinzip. Das Königreich Polen und Großfürstentum Litauen wählte sich auf Wahlreichstagen seinen König und Großfürsten, dessen Rechte durch Wahlkapitulationen und die verbriefte Mitsprache des Adels auf den Reichs- und regionalen Landtagen keinen Vergleich mit dem Moskauer Zaren aushielten. Beide osteuropäischen Großreiche konkurrierten um das Erbe der Kiever Rus', jener ersten ostslawischen Herrschaftsbildung des Mittelalters, und beide Reiche waren in ihrem Verhältnis durch einen weitgehenden konfessionellen Gegensatz – Orthodoxie versus Katholizismus – geprägt, der gegenseitige Wahrnehmungen und Konfliktpunkte im allgemeinen, wie auch im konkreten Umgang vorstrukturierte. Die Unterschiede waren am glanzvollen Renaissance-Hof der Wasa-Könige in Krakau und dem Kreml in Moskau, der ja auch eine spezifisch adaptierte Umgestaltung durch italienische Renaissance-Architekten erfahren hatte, für die zeitgenössische Betrachter unmittelbar zu greifen; sie wurden zumindest immer wieder thematisiert.

Der Gegensatz zwischen katholisch geprägter, polnisch-litauischer Adelsrepublik und orthodoxem Moskauer Zartum in der Mächtekonkurrenz um die ostslawisch besiedelten Gebiete, die kulturellen Gegensätze und Wechselwirkungen sowie das beschriebene Machtvakuum bildeten die Faktoren, die es einem Thronprätendenten, der von sich behauptete, er sei Demetrius oder – auf Russisch – Dmitrij, der Sohn Ivans des Schrecklichen, ermöglichten, den Zarenthron zu besteigen.

Quellen und Überlieferung

Schon bei seinem Auftauchen im moskauisch-polnisch-litauischen Grenzraum war die Faszination, die von seiner Person ausging, stark. Abenteurer und Söldner, die sich Dmitrij angeschlossen hatten, kolportierten ihre Sicht der Ereignisse, die einen der Höhepunkte der Zeit der Wirren darstellten. Die Propaganda und schließlich die offiziöse Chronistik der Nachfolger versuchte sich – letztlich vergeblich – an einer *damnatio memoriae*.

Insbesondere die Dynastie der Romanovs, die seit 1613 die Herrscher stellte, arbeitete in den ersten 20 Jahren ihrer Herrschaft an derartigen Verfahren. Abhandlungen wie das Textbuch des Fürsten Katyrev-Rostovskij, die so genannte Katyrev-Rostovskij-Chronik, oder auch die Piskarev-Chronik versuchten, den falschen Demetrius als einen zu entlarven, der allzeit bereit gewesen sei, das Moskauer Reich dem Katholizismus, insbesondere den Jesuiten und dem feindlichen Nachbarn Polen auszuliefern. Diese publizistische Strategie wird man, auf das Zarenreich bezogen, als leidlich gelungen bezeichnen können.

Der Dichter Aleksandr Sumarokov war mit seinem Drama über den falschen Demetrius (1760) im 18. Jahrhundert erfolgreicher, als der ebenfalls in Russland weilende August von Kotzebue mit seinem Werk (1782) über den „echten Dmitrij". Für den russischen Kontext hat das 1831 publizierte Drama *Boris Godunov* von Aleksandr Puškin sicherlich die nachhaltigste Prägekraft entfaltet, insbesondere wenn man dessen Verarbeitung in Modest Mussorgskijs Oper *Boris Godunov* hinzunimmt. Beide machten den tragischen, sterbenden Boris Godunov und den Gauner und entlaufenen Mönch Griška Otrepev, der sich als Dmitrij ausgibt, zu Antipoden. Ihre künstlerische Verarbeitung verfestigte die beiden als personalisierte Gedächtnisorte auf der Basis der zeitgenössischen Propaganda gegen den falschen Demetrius und der offiziellen Chronistik nach 1613.

In Polen-Litauen, aber auch im Heiligen Römischen Reich und im übrigen Europa gelang diese nachhaltige *damnatio memoriae* keineswegs, so dass sich in Mittel- oder Westeuropa und innerhalb Russlands zeitgenössisch wie in der zeitlichen Fernwirkung ein

durchaus unterschiedliches Fortleben konstatieren lässt. So ist
das Historiendrama des spanischen Dramatikers Lope de Vega
nicht nur deshalb so interessant, weil es die Rückkehr des echten
Zarewitsch feierte, sondern auch, weil es womöglich noch zu Lebzeiten des falschen Demetrius entstand – also in den Jahren 1604
und 1605. Lope de Vega interessierte wohl das Unwahrscheinliche
der Geschehnisse, und er ging von der Echtheit des Prätendenten
aus. Friedrich Schiller ließ die Frage in seinem Demetrius-Fragment
etwa zweihundert Jahre später offen, auch wenn er in den Szenen,
die Demetrius an der Macht zeigen, offensichtliche Charakterparal-
lelen zu Dmitrijs vermeintlichem Vater Ivan IV. herzustellen schien,
während Friedrich Hebbel in seinem Demetrius-Drama von 1863
den Prätendenten für echt hielt.

Nun sind die zahlreichen literarischen und dramatischen Ver-
arbeitungen des Stoffes und der beteiligten Personen, die im 20.
Jahrhundert fortwirkten, nicht Gegenstand dieses Beitrages. Sie
zeigen aber, dass sich eine gewisse Form der Mythenbildung schon
aus divergierenden Beschreibungen um die Person des Prätendenten bildete, die in der literarischen Produktion und historisch-
historiographischen Fernwirkung zu polarisieren vermochte.

Im Folgenden soll der falsche Demetrius – und er war nach
allem, was bekannt ist, ein falscher[2] – in seinen zeitlichen Kontext
gestellt werden, um aus der Epoche heraus zu erklären, was die
Mitlebenden und Nachgeborenen so faszinierend an ihm gefunden
haben mochten. Dabei müssen auch die unterschiedlichen Lesarten
des Geschehens Erwähnung finden, die die Zeitgenossen derart
faszinierten, dass eine literarische Verarbeitung dessen, was vor
sich zu gehen schien, binnen Jahresfrist auf der Tausende von
Kilometern von Moskau entfernten iberischen Halbinsel vorliegen
konnte – das Drama Lope de Vegas.

DIE LETZTEN RJURIKIDEN UND DER
AUFSTIEG BORIS GODUNOVS

Als Ivan IV. im Jahre 1584 starb, hinterließ er zwei Söhne aus seinen insgesamt sechs Ehen von denen freilich nach orthodoxem Kirchenrecht nur die ersten beiden kanonisch waren. Aus der ersten Ehe mit Anastassja Romanova lebte Fedor Ivanovič, bereits erwachsen, und aus der Ehe mit Maria Nagaja, lebte der erst wenige Monate alte Sohn Dmitrij. Wer sollte das Reich nun regieren? Die Primogenitur, das Recht des Erstgeborenen, hatte sich im Moskauer Staat allmählich durchgesetzt, galt jedoch nicht zwingend. Dennoch hatte Ivan eine Nachfolge seines älteren Sohnes Fedor vorgesehen. Über diesen Zaren, der bis 1598 auf dem Thron saß, also immerhin 14 Jahre, sagt die Katyrev-Rostovskij-Chronik folgendes:

> *Zar Fedor jedoch war klein von Wuchs, sein Antlitz trug er meist gesenkt, er war friedlich von Gemüt, hatte große Ehrfurcht vor allen geistlichen Dingen, war eifrig im Gebet und freigiebig im Almosenspenden. Für weltliche Dinge jedoch hatte er wenig Verständnis, denn er war immer nur auf die Rettung seiner Seele bedacht. Von Kindheit bis zu seinem Tode blieb er so, dafür schenkte Gott auch seiner Herrschaft Frieden, besänftigte seine Feinde und gewährte dem Zarenreich eine ruhige und segensreiche Zeit. Das war Zar Fedor.*[3]

Verschiedentlich wurde aus solchen und ähnlichen Charakteristiken geschlossen, Fedor sei schwachsinnig gewesen. Immerhin zeigte er sich regelmäßig in der Öffentlichkeit, nahm an Lustbarkeiten wie Faustkämpfen und Bärenhatzen teil, war darüber hinaus aber ein überaus frommer Mann, der offensichtlich zu selbstständigem Regieren nicht fähig war. Der Gegensatz zu seinem Vater, Ivan Groznyj, hätte nicht größer sein können. Seinem Ansehen in der Moskauer Bevölkerung tat dies keinen Abbruch. Ähnlich wie bei den Narren in Christo galt Geistesschwäche bei gleichzeitig praktizierter Religiosität als Ausweis einer größeren Nähe zu Gott, die Respekt und Verehrung gebot. Die zitierte Chronikpassage ist davon geprägt und diese Haltung war nicht ungewöhnlich gegenüber Geistesschwachen, aber auch gegenüber Epileptikern

bis in die späte Neuzeit hinein. Für das russische Beispiel mag
hier der Hinweis auf den Schriftsteller Fedor Dostojewski und
seinen Romanhelden in *Der Idiot* gelten. Zar Fedor jedenfalls war
respektiert und unantastbar.

Hinter diesem Repräsentanten der autokratischen Idee verbarg
sich die Frage, wer denn das Moskauer Reich tatsächlich regierte?
Noch Ivan IV. hatte einen Regentschaftsrat gebildet, dem unter
anderem Mitglieder der Familie der Romanovs, der Familie seiner ersten Frau angehörten, sowie Familienmitglieder aus dem
Geschlecht der Šujskij, die aus einer Nebenlinie des Rjurikidenhauses stammten. Mitglied war auch noch ein Bojar namens Boris
Godunov, der unter den engsten Gefolgsleuten Ivans IV. gewesen
war, sich dort aber bei der Ausübung von Terrorakten so zurückge-
halten hatte, dass er nicht als völlig diskreditiert galt. Godunov, erst
wenige Jahre vor Ivans Tod überhaupt zum Bojaren erhoben und
ursprünglich aus einer weniger bedeutenden Dienstadelsfamilie
stammend, war es gelungen, seine Schwester mit dem Zarewitsch
Fedor zu verheiraten. Damit war seine Position für den Fall des
Ablebens Ivans gesichert. Dass er jedoch innerhalb weniger Jahre
alle anderen Mitglieder der Regentschaftsrates beiseite zu drängen
vermochte, spricht für eine gewisse Durchsetzungskraft, aber auch
dafür, dass er bestimmte Interessengruppen aus der Verwaltung
des Reiches und des Dienstadels hinter sich wusste. Schon bald
sprach sich auch im Ausland herum, dass Boris Godunov das Land
beherrschte, und so wandten sich die Gesandten an den „Guber-
nator, des großen Herrschers Schwager und Regent", wie er sich
nun nennen ließ, um zu verhandeln.

Auch außenpolitisch hatte er durchaus Erfolg. In einer zweiten
Welle wurde die Expansion in Sibirien vorangetrieben. In der
Steppe wurde eine ganze Reihe von Wehrsiedlungen errichtet
und damit die Grenze zu den Krimtataren sicherer. Ein 25-jähri-
ger Krieg gegen Schweden wurde mit Gebietsgewinnen in Kare-
lien beendet und die Kontakte ins Osmanische Reich und zum
Habsburger Kaiser wurden intensiviert. Godunov schickte sich
an, in gemäßigter Form das einzuleiten, was man zur Zeit Peters
des Großen etwa hundert Jahre später Verwestlichung nennen
sollte. So bemühte er sich um Wissenschaftsimport, schickte selbst

achtzehn Moskowiter ins Ausland, von denen freilich keiner ins Zarenreich zurückkehrte. 1589 gelang die Erhöhung des Moskauer Metropoliten zum Patriarchen. Insgesamt war seine Regentschaft derart erfolgreich, dass sich niemand Godunovs Krönung 1598 nach dem Tode Fedors widersetzen konnte. Das Rurikidenhaus schien in der Linie Ivans IV. ausgestorben.

DER TOD IN UGLIČ

Über dem eigentlich erfolgreichen Zarentum von Boris Godunov lag der Schatten des Todes von Ivans IV. jüngstem Sohn. Es seien die für den Mythos des „falschen" Demetrius so wichtigen Ereignisse des Jahres 1591 in Erinnerung gerufen. Der kleine Dmitrij, das zweite noch lebende Kind Ivans, war mit seiner Mutter Marfa Nagaja nach der Krönung seines Halbbruders Fedor aus Moskau in die Provinz nach Uglič verbannt worden. Dort, in Uglič, starb dieser Dmitrij zehnjährig unter ungeklärten Umständen am 15. Mai 1591. Gerüchte schienen sich in Windeseile zwischen dem Apanagefürstentum und der Hauptstadt des Reiches hin- und herzubewegen. Darf man einer zeitlich allerdings späteren Überlieferung glauben, kam schon damals das Gerücht auf, Boris Godunov, der Regent und spätere Zar, habe den kleinen Dmitrij ermorden lassen oder Spione am kleinen Hof Dmitrijs hätten Godunovs Willen zuvorkommen wollen. Die Gerüchte wurden mit dem Motiv verbunden, es sei ein Umsturz der Familie Nagoj, der letzten Witwe Ivans IV., geplant gewesen und die Uglitscher Bevölkerung habe sich gleich mit verschworen. Oder hatte es sich um einen Unfall gehandelt? Immerhin war der Tote der letzte lebende Rjurikide aus der Moskauer Linie Ivans IV. außer dem nur bedingt regierungsfähigen Fedor.

Dem Regenten Boris Godunov schien es geboten, die Vorgänge zu überprüfen. Höchst eilig trafen am 18./19. Mai 1591 der erwähnte Bojar, Fürst Vasilij I. Šujskij, und der Metropolit Gelasij von Kruticy an der Spitze einer Untersuchungskommission in Uglič ein. 300 Zeugen wurden in 140 Verhören befragt. Augenzeugen des Vorfalls, dies räumt auch die offiziöse Chronistik ein, gab es kaum. Ertrunken beim Spielen, Mord – widersprüchliche Aussagen, die unterschiedlichen Interessenlagen entsprangen und in ihrem Gehalt nicht mehr zu klären sind. Den Zeitgenossen wurde am 2. Juni 1591 auf einem Geheiligten Sobor, einer Kirchensynode, mitgeteilt, es sei ein Unfall gewesen. Die Vorsitzenden der Kommission, Fürst Vasilij I. Šujskij und der Metropolit Gelasij von Kruticy, überzeugten die Synode. Der Untersuchungsbericht selbst ist freilich nicht erhalten; es existieren lediglich spätere Abschriften, bei denen der Verdacht der Schönung nahe liegt, sich jedoch nicht beweisen lässt.[4]

Boris Godunov jedenfalls hatte, so schien es, keinen heranwachsenden Konkurrenten zu fürchten. Da selbst sein Rivale Vasilij Šujskij – von höherer Geburt als Godunov – schwor, dass beim Tod des kleinen Dmitrij alles mit rechten Dingen zugegangen sei, konnte sich Godunov bei Zar Fedors Tod unangefochten glauben. Ein Sobor, eine Landesversammlung, akklamierte ihn 1596 denn auch umgehend. Als der Patriarch ihm die Zarenkrone antrug, glaubte er zögern zu können, eigene Unwürdigkeit bekennen zu müssen, bevor er die Monarchsmütze, die pelzbesetzte Zarenkrone, doch ergriff, sich dem auf dem Vorplatz der Kremlkathedralen versammelten Volk zeigte und damit dem eingeführten Krönungszeremoniell genügte.

Nun auch offiziell Selbstherrscher, setzte Godunov seine erfolgreiche Außenpolitik fort, und auch die wirtschaftliche Gesundung des Landes, eine langsame Sanierung der Staatsfinanzen schien sich abzuzeichnen. Doch die Akzeptanz des Zaren Boris Godunov war an den unmittelbaren Erfolg geknüpft. Anders als die Rjurikiden konnte er aus sich heraus keine gewachsene Autorität beanspruchen.[5]

Dies zeigte sich schon im Jahre 1601. Ob Erfolge in der Außenpolitik oder nicht – als es in diesem Jahr zu schweren Missernten kam, wuchs der Unmut unter den Bauern und in den städtischen Unterschichten spürbar. Es kam zu Hungersnöten, Getreidepreise stiegen, selbst das Saatgetreide wurde aufgezehrt. Godunov ordnete die Ausgabe staatlicher Getreidevorräte in Moskau und in den Provinzstädten an, aber der beabsichtigte Effekt blieb aus. Stattdessen nahm die Landflucht zu, nun in die Städte, wo man auf staatliches Getreide hoffte. Preiskontrollen ließen sich nicht durchsetzen. Spekulation, an der sich nota bene auch die Klöster beteiligten, hielt Einzug. Neben den Hunger traten Seuchen. Zeitgenossen schätzten die Zahl der Toten in die Hunderttausende, manche sprachen von Millionen. Um den Unmut der Bauern zu besänftigen, gewährte Boris Godunov den weitgehend schollengebundenen Bauern für dieses Jahr ein Abzugsrecht vom grundherrlichen Land. Als die Missernten sich in den Jahren 1602 und 1603 wiederholten, schrieb der Zar diese Regelung fort, ohne den Bauern damit eine Linderung ihrer Not verschaffen zu können. Allerdings brachte Godunov mit dieser Regelung den Dienstadel gegen sich auf, der seine Bauern auf dem Land halten wollte. Konsequenterweise schwand die Dienstbereitschaft derjenigen Gruppe, auf die Godunov seine Herrschaft wesentlich stützte – eben der Dienstadel – rapide. Die Bojaren, die er, wie die Šujskijs, als Voevoden in die Provinz schickte oder, wie die Vertreter aus der Familie der ersten Frau Ivan Groznyjs, einfach ins Kloster zwang, diese Bojarenfamilien hatten Godunov ohnehin immer kritisch gegenübergestanden. In dieser schwierigen Situation verstärkte sich ein Phänomen, das auch andernorts Kennzeichen des 16. und frühen 17. Jahrhunderts war: Räuberbanden bildeten sich, untergruben die Autorität des Staates und übten aus der wirtschaftlichen Not heraus eine spezifische Form des Widerstandes aus. Im Sommer 1603 etwa gab ein in der populären Überlieferung bekannter Knecht namens Cholopko den russischen Robin Hood und verunsicherte mit mehreren hundert Mann die Handelsstraßen in unmittelbarer Umgebung von Moskau.[6]

In dieser Phase allgemeiner wirtschaftlicher Not und daraus resultierender Unruhe stellte sich für die Bevölkerung die Frage nach dem Schuldigen. In den Chroniken fand sich für solche Situationen, seien es wirtschaftliche Nöte, Tatareneinfälle oder andere Fälle apokalyptisch scheinender Ereignisse, die Formulierung: „Um unserer Sünden willen" – der eigene Lebenswandel war schuld. Nun aber bot sich ein anderes Erklärungsmuster an: Der Zar, welcher eigentlich ein Usurpator war, war der Schuldige. In Vergessenheit geriet, dass ein Sobor, eine Landesversammlung, Boris Godunov in einem legalen Vorgehen zum Zaren erhoben, man sich also diesen Selbstherrscher selbst gewählt hatte. Auch fehlte das Bewusstsein, dass man, da man ihn gewählt hatte, ja frei war, ihn zu stürzen und sich einen neuen Zaren zu wählen. Statt-dessen begannen Gerüchte zu kursieren, die schon um 1591/92 aufgekommen, dann aber wieder abgeflaut waren: Vielleicht stimmte es ja doch, dass Boris Godunov in Uglič den Zarensohn Dmitrij hatte erschlagen lassen? Wenn man dem Zarewitsch-Mör-der als gottlosem Zaren weiter gehorche, sei man schon deshalb schuldig und die wirtschaftliche Misere von daher begründet. Was heute als Begründungszusammenhang fremd anmutet, musste es damals für die Bauern nicht sein. Die Verknüpfung von Natur-ereignissen, politischem Handeln und der eigenen Lebenswelt entsprach dem Erfahrungshorizont der Bauern und Stadtbewoh-ner, und das Setzen auf einen möglichen Prätendenten und Retter entsprach nicht nur einem schlichten Volksmonarchismus, den die sowjetische Forschung immer stark betonte, sondern auch dem Nutzen von Chancen, um das eigene soziale Los zu verbessern. Die russische, bäuerlich geprägte Gesellschaft um 1600 macht da keine Ausnahme. Sicher ist aber auch, dass verschiedene Gruppie-rungen bei Hofe diese Gedankengänge durch gezielte Propaganda verstärkten.

Demetrius' Kampf um den Thron

Zugleich tauchte ein anderes Gerücht auf, das dem deus-ex-machina-Prinzip zu entsprechen schien: Vielleicht war der junge Dmitrij in Uglič ja gar nicht erschlagen worden, sondern entkom-men und schickte sich nun an, das Moskauer Reich zu retten? Vielleicht war ein anderer an seiner statt erschlagen worden? Schon habe man gehört, dass dieser Zar in Polen aufgetaucht sei und nun nach Moskau ziehen wolle. Die letzte Frau Ivan Groznyjs und Mutter dieses Dmitrij, die 1591 zur Nonne geschorene Marfa Nagaja, weigerte sich in Verhören zu bekennen, dass ihr Sohn damals umgekommen sei. Für Boris Godunov wurde nun nicht der tote Dmitrij, sondern der lebende zur Bedrohung. Umsonst ließ er eine aktive Gegenpropaganda entfalten, ließ er seine Emissäre im

Moskauer Reich und im polnisch-litauischen Grenzbereich ermitteln, ob ein solcher Prätendent aufgetaucht sei und wie man seiner habhaft werden könne. In den Kirchen ließ er verkünden, alle die da behaupteten, sie seien ein Sohn Ivan Groznyjs mit Namen Dmitrij, seien Lügner. Dem notleidenden Volk hingegen konnte es um seiner selbst willen gut dünken, dem wirklichen Selbstherrscher, sollte er denn auftauchen, zum Thron zu verhelfen.

Derjenige, der nun aus Polen kommend sich als Dmitrij ausgab, sich als „Samosvanec", als „Selbsternannter", hervortat – von solchen sollte die russische Geschichte in der folgenden Zeit nicht wenige erleben –, war letztlich ungeklärter Herkunft. Boris Godunov begann alsbald eine Propagandaoffensive, in der er streuen ließ, der „Samosvanec" sei ein entlaufener Mönch, dem keinesfalls Unterstützung gewährt werden dürfe. Wie ernst er aber im Jahre 1604 die Bedrohung seiner Herrschaft nahm, lässt sich daraus ersehen, dass er auch die ausländischen Gesandten an seinem Hofe ausdrücklich darüber in Kenntnis setzte und eigens eine Gesandtschaft an den Hof König Zygmunts nach Krakau sandte. Bei Conrad Bussow, einem Söldner aus dem Lüneburgischen, liest sich der Vorgang in seinem, freilich etwa 15 Jahre später entstandenen Buch wie folgt:

> *Nun drang das Gerücht von dem jungen Zaren überallhin und wurde auch dem regierenden Zaren in Moskau, Boris Fjodorowitsch, der den echten Dimitri als dieser noch ein Kind war, hatte umbringen lassen, zu Ohren gebracht. Dieser erschrak heftig über die Neuigkeit und bedachte sogleich, daß ihm daraus bei den Polen, seinen Feinden, wenig Ruhe und Frieden erwachsen würden. Er sandte darum in großer Heimlichkeit eine Botschaft[…], in der er ihm etliche moskowitische Burgen und Städte an der Grenze als Erblehen, dazu eine große Summe Geld anbot, falls er ihm den Betrüger auslieferte.[7]*

Die Erklärung für die Herkunft dieses falschen Dmitrij oder auch Pseudo-Demetrius, die Boris Godunov in diesem Zusammenhang im Moskauer Reich und in Polen verbreiten ließ, fand denn auch Eingang in die zeitnahe russische Chronistik, etwa in die Piskarev-Chronik:

Im Jahr 1602 stand mit Gottes Zulassung und durch Einflüsterung des Teufels und um unserer Sünden willen ein Jüngling namens Griška auf. Er stammte aus dem Geschlecht der Bojarensöhne aus der Stadt Galyč und kam in das Dreifaltigkeitskloster im Bezirk Kostroma. In diesem Kloster wurde er zum Mönch geschoren und verblieb hier drei Jahre. Von dort ging er nach Moskau in das Kloster der Wunder. Hier verbrachte er, ohne von sich reden zu machen, zwei Jahre und wurde zum Diakon geweiht. Alsdann begann er zu trinken und ein sündiges Leben zu führen. Seines argen Betragens wegen wurde er aus dem Kloster verstoßen [...].[8]

Schon Zeitgenossen waren von dieser Version der Herkunft nicht zwingend überzeugt. Es gab durchaus einige, die annahmen, es handele sich um den echten Demetrius. Sie schöpften, wie der französische Söldner und Abenteurer Jacques Margret, der ein aufschlussreiches Werk über seinen Aufenthalt in der Entourage des falschen Demetrius hinterlassen hat, ihre Auffassung aus der persönlichen Begegnung und der Schlüssigkeit der Erzählung, die der persönlich wohl gewinnende Dmitrij bei seinem Auftauchen auf polnischem Gebiet anbot.

In der Tat war die Godunovsche Propaganda nicht ohne Widersprüche. Wenn Demetrius jener Griška Otrepev aus dem Moskauer Kloster der Wunder – im Kreml gelegen und eines der bedeutendsten geistlichen Zentren – entwichen war, handelte es sich nicht um einen bis dato unbekannten Mönch, sondern einen engen geistlichen Berater des Patriarchen, und mutmaßlich war er auch nicht so jung wie jener Dmitrij, der in Polen auftauchte. Zeitgenössische polnische Quellen aus diesem Raum berichten davon, dass die polnischen Adligen, bei denen Dmitrij antichambrierte, diesen sehr wohl für einen Hochstapler hielten. Auch habe er in seiner Gesellschaft einen entlaufenen Mönch namens Griška Otrepev gehabt. Wie dem auch sei: Letztlich ließ und lässt sich seine Herkunft nicht mehr klären. Die von Boris Godunov und den Nachfolgern des falschen Demetrius beeinflusste Publizistik erhob die Version, wie sie etwa die Piskarev-Chronik darbot, jedoch zur kanonischen Lesart im Moskauer Reich. Auch in ihr ist jedoch unstrittig, dass der Prätendent eine hohe persönliche Faszination ausgeübt haben muss; mitunter wurde schon von Zeitgenossen angenommen, er selbst sei davon überzeugt gewesen, dass er tatsächlich der 1583 geborene Dmitrij gewesen sei.

Immerhin gelang es ihm in den Jahren 1603 und 1604, zunächst einen der bedeutenden Magnaten des polnisch-litauischen Grenzlandes zu Moskau, den Fürsten Adam Wieś'nowiecki, sodann aber Jerzy Mniszech, den einflussreichen Voevoden von Sandomierz, wenn schon nicht von seiner Person, so doch von seiner Sache zu überzeugen. Der polnische König und Großfürst von Litauen, Zygmunt, hielt sich offiziell mit einer Unterstützung des Prätendenten freilich zurück, gewährte aber Mniszech und anderen freie Hand, Dmitrij gleichsam privatim zu unterstützen. Was Mniszech und andere polnische Magnaten letztlich zur Unterstützung dieses Abenteuers bewegte, war vor allem die Verheißung von Land und Geld; die sich anschließenden katholischen Geistlichen, darunter auch Jesuiten, hofften bei einem Sieg des Prätendenten das Moskauer Reich dauerhaft für die katholische Kirche zu gewinnen. Jerzy Mniszech riskierte sein ganzes Vermögen und seine Familie. Er stellte 2000 Reiter in Aussicht und verheiratete gar seine Tochter mit dem Prätendenten, der vorher angeblich – als Voraussetzung – heimlich zum Katholizismus konvertiert war.[9]

So ausgestattet überschritt Demetrius im Herbst 1604 die Grenze zu Russland, begleitet von zunächst 400 polnischen Reitern. Schon in der Grenzregion zwischen Moskauer Reich und polnisch-litauischer Adelsmonarchie wurde er mit messianischer Begeisterung aufgenommen.[10] Dmitrij sandte als geschickter Propagandist seiner selbst Flugblätter voraus, die den Zulauf verstärkten und in denen er Boris Godunov den Krieg erklärte. Ein solcher Aufruf des Pseudo-Demetrius zum Krieg gegen Boris Godunov sei zitiert:

Dmitrij Ivanovič, Carevič und Großfürst von ganz Russland, an die Voevoden, Schreiber und alle im Staatsdienst stehenden Leute, an die Großkaufleute und Händler und an das gemeine Volk.

Dank Gottes Ratschluß und seinem allmächtigen Schutz ist der verbrecherische Vorsatz unseres Verräters Boris Godunow, der uns einem schlimmen Tod überantworten wollte, nicht in Erfüllung gegangen. Gott hat mich, euren angeborenen Herrscher, mit unsichtbarer Hand

geschirmt und in seiner Obhut gehabt. Nun aber bin ich, Dmitrij Iwa-
nowitsch, Zarewitsch und Großfürst, volljährig geworden, und mit
Gottes Hilfe ziehe ich, um den Thron meiner Vorfahren zu besteigen,
gegen das Moskowiterreich, gegen das ganze russische Zarenreich. Und
ihr, unsere angeborenen Untertanen, sollt eingedenk sein des Eides, den
ihr durch das Küssen des Kreuzes geschworen habt, unserem Vater und
uns, seinen Nachkommen, daß ihr in allem guten Willens sein werdet.
Und deshalb solltet ihr euch jetzt von unserem Verräter, Boris Godu-
now, lossagen und zu uns übertreten. Und in Zukunft sollt ihr schon
uns, eurem angeborenen Herrscher, in grader Gesinnung dienen und
guten Willens sein, wie unserem Vater Iwan Wassiljewitsch seligen
Angedenkens, dem Zaren und Großfürsten von ganz Rußland. Und
ich werde euch Gnaden erweisen nach barmherzigem Zarenbrauch und
werde euch überaus hoch in Ehren halten. Und ich werde dafür Sorge
tragen, die ganze rechtgläubige Christenheit zu lehren, wie sie in Ruhe
und Wohlfahrt leben kann.[11]

Bis in die Formulierungen, die die Rhetorik zarischer Befehle vari-
ierten, beherrschte der Prätendent sein Geschäft und nährte so
erfolgreich die Vorstellung, er sei der Sohn Ivans des Schrecklichen.
Unzufriedene Bauernmassen liefen ihm zu. Auch kosakische Rei-
terei, immer ein Unruheherd in den Grenzräumen des Moskauer
wie des polnisch-litauischen Reiches, schloss sich ihm an. Boris
Godunov, dem es gelang, sich in Moskau zu behaupten, schickte
ihm Militär entgegen, das ihn zumindest aufhalten konnte. Schließlich spielte ein Ereignis dem Pseudo-Demetrius in die Hände, das
sein Vorgehen in den Augen der Massen erst recht gerechtfertigt
erscheinen lassen musste. Am 13. April 1605 starb Boris Godunov.
Manche behaupteten, er sei vergiftet worden, andere, er habe sich
vergiftet, dritte berichteten von längerer Krankheit.

Sofort lief jedoch sein Heer zum Prätendenten über, der nun
freien Marsch auf Moskau hatte, um den eilig gekrönten Sohn Boris
Godunovs, Fedor, zu stürzen. Und so kam es, wie wiederum die
Piskarev-Chronik beschreibt:

Von nun an gingen immer mehr Städte zu Griška über – Griška der
Geschorene aber sandte zwei Adlige […] nach Moskau. Die beiden

*kamen nach Moskau, begaben sich auf den Roten Platz und verlasen
ein Schreiben des Geschorenen, in dem dieser den Moskauer Bojaren,
adligen dienstverpflichteten Leuten, den Kaufleuten und Händlern
sowie allen Moskauern seinen Gruß entbot und ihnen kundgab, dass
er der echte Carevič sei und brachte auch sonst noch viel Lügen vor,
damit man ihn nach Moskau lasse [...]. Darauf drang das Volk, das
Hofgesinde und allerlei Leute in das Gemach der Zarin Marija und des
Carevič Fedor ein, brachten sie in den alten Palast des Boris Godunov
und setzen sie hier gefangen. Daraufhin bemächtigte man sich aller
Mitglieder des Geschlechts Godunov und setzte sie in Haft [...].*[12]

Ohne nennenswerten Widerstand zog Griška unter dem Jubel
der Stadtbevölkerung und unter Respektsbekundungen des ihm
entgegen ziehenden Adels mit seinem Gefolge in Moskau ein. In
der Chronik heißt es weiter:

*Die Tochter des Zaren Boris – die Prinzessin Ksenija, aber schändete
er, er ließ sie zur Nonne scheren und nach Beloozero, in das Auferste-
hungskloster verschicken. Alle Mitglieder des Geschlechts Godunov,
deren Verwandte und Freunde aber verbannte er nach fernen Städten.*[13]

Dmitrijs Herrschaft schien zusätzliche Legitimation zu bekom-
men, als er zwei Kronzeugen für seine Abstammung erhielt. Fürst
Vasilij Šujskij, der 1591 die Untersuchungskommission geleitet
hatte, bekannte nun, er habe sich geirrt: Der kleine Dmitrij sei, wie
man sehen könne, nicht umgekommen, sondern als wahrer Zar
nach Moskau zurückgekehrt. Und auch die ehemalige Zarin und
Nonne Marfa bekannte, der Prätendent sei ihr Sohn. Wiederum
die Chronik:

*Dank einer unerklärlichen Einflüsterung des bösen Geistes gelang es
ihm, die Zarin zu betören und ihr seinen betrügerischen Plan glaubhaft
zu machen. Sie schenkte ihm das goldene mit Edelsteinen geschmückte
Reliquienkreuz ihres Sohnes, des frommen Carevič Dmitrij Ivanovič
von Uglič [...].*[14]

Fall und Ende des Prätendenten

Dmitrij ließ sich alsbald krönen, um an Akzeptanz zu gewinnen, denn so einfach es scheinbar gewesen war, den Thron zu erobern, so schwierig war es, ihn zu behaupten. Wiederum die Chronik lakonisch:

> *Doch Griškas Regierung dauerte kaum ein Jahr lang: am Tag des Heiligen Petrus war er nach Moskau gekommen, die Hochzeit fand im Frühjahr des nächsten Jahres statt und vor Pfingsten wurde er erschlagen. Dann wurde der Geschorene bestattet, nachdem man sein Herz mit einem Stahl durchbohrt hatte. Später holte man ihn aus dem Grab hervor und verbrannte seinen Leichnam.*[15]

Was führte zu derart kurzer Regierung des wohl wirklich „falschen" Dmitrij, den die Zarenwitwe, Vasilij Šujskij und andere unterstützt hatten? Keineswegs hatte sich Dmitrij so verhalten, wie es die verschiedenen Gruppen, die ihn bei dem Griff nach dem Thron unterstützt hatten, erwarteten. Die mitziehenden Bauern und Kosaken hatten Getreidezuwendungen, freies Land zur Bearbeitung und Geldentlohnungen erwartet. Diese Versprechen wurden nicht erfüllt. Die mitgeführten polnischen Reiter hatten ebenfalls auf eine reiche Entlohnung gesetzt, auch diese blieb aus. Die Bojaren hatten gehofft, eine Marionette auf dem Thron zu haben, die sie nach Belieben lenken könnten. Auch dies erwies sich als Trugschluss. Vor allem aber verhielt er sich nicht so, wie es sich das Volk von einem Selbstherrscher erwartet hatte. Die Überhöhung der Person des Autokrators hatte Dmitrij den Zulauf überhaupt erst beschert. Nun kleidete er sich in polnischer Tracht, ging kaum bewacht auf den Straßen Moskaus umher und sprach die Menschen an. Dass er bei Hofe die polnischen Adligen und vor allem auch deren Geistliche bevorzugte, wurde ihm ex post von seinen Gegnern vorgeworfen, lässt sich aber nicht nachweisen. Er war keineswegs bereit, den polnischen König Zygmunt bei seinen Kriegsplänen gegen Schweden zu unterstützen.[16] Obwohl Dmitrij sich ausdrücklich zur Orthodoxie bekannte, wurden seine Bereitschaft und seine entsprechende Botschaft an den Papst, sich einem Feldzug gegen die Osmanen als gemeinsamen Feinden aller Christen anzuschließen, durch negative, antilateinische Gerüchte verzerrt. Man unterstellte ihm, den orthodoxen Fastenkalender zu missachten, etwa Mittwochs und Freitags Kalbsfleisch und andere unreine Dinge zu essen und des Sonntags statt der Kirche lieber die Banja, das Bad, aufzusuchen. Schließlich aber hob er in einem Ukaz das von Boris Godunov wieder in Kraft gesetzte Abzugsrecht der Bauern auf. Die Bindung des Bauern an die Scholle, an das Land des Grundbesitzers, unabhängig davon, ob dieser ein Adliger, der Zar selbst oder ein reiches Kloster war, wurde wieder fester. Man wird Dmitrijs Handeln als Herrscher nicht als irrational bezeichnen können. Die jüngste Historiographie hat sich gar die Revision des Negativbildes vom falschen Demetrius als einem, der das Moskauer Reich wenn schon nicht dem Katholizismus und Polen ausgeliefert, so doch durch ein erratisches Regieren zerrüttet hätte, auf die Fahnen geschrieben. Dabei ist gar die Auffassung vertreten worden, Dmitrij habe sich in seiner elfmonatigen Herrschaft von rationalen Prinzipien leiten lassen, die man als frühaufklärerisch bezeichnen könne.[17] Unabhängig von der widersprüchlichen Überlieferung und der divergierenden Forschung lässt sich jedoch festhalten, dass seine Macht erodierte.

Der Kulminationspunkt war erreicht, als das passierte, worauf die zitierte Piskarev-Chronik anspielt: Im April 1606 heiratete Dmitrij seine Frau Maryna Mniszech in Moskau ein weiteres Mal – nach katholischem Ritus, wie seine Gegner später unterstellen sollten. Jenseits des Wahrheitsgehalts konnten die Gegner des Demetrius mit diesem Umstand Propaganda treiben. Saß nun nicht schon wieder der Antichrist im Kreml'? Unter der Führung des bereits bekannten Vasilij Šujskij begann sich eine Konspiration unter den Bojaren zu bilden, die auf eine Unterstützung durch die Moskauer Stadtbevölkerung hoffte. Am 17. Mai 1606 wurde Dmitrij im Kreml während eines Banketts im Kreise seines Hofstaates festgenommen und ermordet, seine Leiche auf dem Roten Platz ausgestellt, die junge Zarin Maryna verhaftet. In Moskau tobte eine Hatz auf die Ausländer, unterschiedliche Quellen sprechen von etwa 2000 ausländischen Opfern.

DER TOD DES „FALSCHEN DEMETRIUS" UND DIE AMBIVALENZ DES MYTHOS

Mit dem Tod des Pseudo-Demetrius waren die „verwirrten Zeiten", über die Conrad Bussow schrieb, keineswegs vorüber. Der neue Zar Vasilij Šujskij galt von Beginn seiner Herrschaft an als Bojarenzar und war noch weniger unumstritten als sein Vorgänger. Stattdessen war der Mythos eines Zarensohnes, der zur Rettung herbeieilen könnte, in vielfacher Weise lebendig. Gerüchte kamen auf, es existiere noch ein Sohn des Zaren Fedor, ein Zarewitsch Petr, der tatsächlich auch im Wolgagebiet auftauchte und eine gewisse Anhängerschaft um sich sammelte. Man hörte, der wirkliche Dmitrij würde alsbald im Zarenreich auftauchen, um Moskau die Selbstherrschaft mit der alten gerechten Ordnung, der Starina, wieder zu bringen. So konnte ein begabter Kosakenführer namens Ivan Bolotnikov unter dem Vorwand, er würde im Namen gleich zweier Zarewitsche handeln, sozialen Protest von Bauern, Kosaken und städtischen Unterschichten bündeln und den wohl größten Volksaufstand losbrechen, den die Geschichte des Moskauer Reiches bis zu diesem Zeitpunkt gesehen hatte. Phasenweise wurde unter Verwendung des sich verzweigenden Mythos ein Gebiet erobert, welches das Einflussgebiet der Aufständischen bis kurz vor Moskau reichen ließ.

Der Heerführer Bolotnikov verlor jedoch alsbald an Zulauf, vor allem durch eine zu große Unterschiedlichkeit der Ziele der Aufständischen, aber wohl auch, weil er nur beanspruchte, für die Careviči zu handeln, nicht aber unter Beweis stellen konnte, selbst ein solcher zu sein. Sein eigenes Charisma reichte nicht hin. So musste sich Bolotnikov im Oktober 1607 in die Gefangenschaft des Zaren Vasilij Šujskij begeben. Conrad Bussow, erwähnter Abenteurer aus dem Lüneburgischen, schildert die Aufgabe Bolotnikovs wie folgt:

Bolotnikow ritt durch das Tor hinaus, wo das Wasser nicht so tief war, vor das Zelt Schuiskis, zog seinen Säbel, hielt ihn an den Hals, fiel auf sein Angesicht nieder und sprach: „Ich habe zu meinem Eid gestanden, den ich in Polen demjenigen, der sich Dmitri nannte, geschworen habe. Ob er es ist oder nicht, kann ich nicht wissen, denn ich habe ihn zuvor nicht gesehen. Ich habe ihm in Treue gedient, er aber hat mich verlassen.

Nun bin ich hier in deiner Hand und Gewalt. Willst du mich töten, so ist mein eigener Säbel dazu bereit. Willst du mich jedoch nach deinem Kreuzeskuß und deiner Zusage begnadigen, so will ich dir so treu dienen, wie ich bisher dem gedient habe, von dem ich verlassen worden bin."[18]

Bolotnikov wurde hingerichtet, doch noch immer versuchten im Wolgagebiet mehrere selbsternannte Zarewitsche Anhängerschaft zu sammeln. Ende 1607 überschritt ein neuer angeblicher Zar Dmitrij die polnisch-litauische Grenze Richtung Moskau. Die Ereignisse des Jahres 1604/1605 schienen sich zu wiederholen: Der Prätendent erhielt Zulauf, je mehr Zulauf er erhielt, desto mehr polnische Abenteurer schlossen sich ihm an. Sogar die „Zarin" Maryna Mniszech, die Frau des ersten Pseudo-Demetrius, begab sich in sein Lager und glaubte ihren auf wundersame Weise geretteten Gatten wiederzuerkennen. Moskau jedoch direkt anzugreifen, scheute sich der zweite Pseudo-Demetrius. In Tušino, einige Kilometer nordwestlich von Moskau, schlug er sein Lager auf und etablierte dort innerhalb kurzer Zeit eine quasistaatliche Struktur. Sowohl der Prätendent Dmitrij als auch Zar Vasilij Šujskij suchten, um sich durchzusetzen und der Anarchie im Land Herr zu werden, in dieser Situation Zuflucht zu einer Internationalisierung des Konflikts. Schwedische und vor allem polnische Interventionstruppen machten sowohl der Herrschaft des zweiten Pseudo-Demetrius als auch der Vasilijs ein Ende. Ersterer wurde von seinen eigenen Anhängern umgebracht, letzterer wurde gefangen genommen und starb 1612 im polnischen Exil. An seiner statt saß alsbald eine polnische Garnison im Kreml, während die schwedischen Truppen vor allem im Novgoroder Gebiet und generell im russischen Nordosten operierten. Während die polnischen Truppen den nun vorgetragenen Anspruch und teils auch angetragenen Wunsch des polnischen Königs oder zumindest seines Sohnes auf den Zarenthron in Moskau durchsetzen sollten, existierten in Novgorod Pläne der Abspaltung und der Unterstellung unter die schwedische Krone. Zur Anarchie trat das Interregnum, das durch das Fehlen einer einheitlichen Exekutive gekennzeichnet war. Allein dem Moskauer Patriarchen als geistlichem Oberhaupt der Orthodoxie kam nun eine gewisse Identifikationsfunktion zu, die durch das Fehlen des Autokrators und die geringe Ausstrahlungskraft der Prätendenten nur unvollkommen ausgefüllt werden konnte. Kurzum, mit einer polnischen Besatzung im Kreml war die Smuta, die Zeit der Wirren, auf ihrem Höhepunkt.

Für das russisch-polnische Verhältnis und das erwachende Nationalbewusstsein der Russen, das sich in der Chronistik in einer vormodernen Form mit Händen greifen lässt, ist diese Episode noch immer von Bedeutung als eine erfahrene Erniedrigung.[19] Immerhin war gewissermaßen aus Eigenverschulden, Uneinigkeit und Unfähigkeit zur politischen Konsensbildung der Kreml in Moskau, das sichtbare Symbol selbstherrschaftlichter Größe, eingenommen worden. Unterdessen setzte sich im Land die Anarchie fort. Mehr als ein Dutzend „Samosvanzen", selbst ernannte Careviči, streiften umher. Eine geregelte Felderbestellung erwies sich als schwierig; immer wieder kam es zu Übergriffen der Bauern gegenüber den Gutsherren, Kosaken streiften marodierend durchs Land. Zweieinhalb Jahre nach der Besetzung des Kreml durch die Polen beherrschten diese wenig mehr als die steinerne Festung.

In dieser Situation verfing der Mythos eines falschen Demetrius nicht mehr, er war gleichsam zeitweise außer Kraft gesetzt. Es waren Kaufleute und Adlige der Provinzstädte, die schlicht mit der Parole, Ordnung wiederherstellen zu wollen, aus den Regionen heraus ein so genanntes Landesaufgebot stellten. Diese Truppen stürmten im Oktober 1612 das Moskauer Stadtzentrum. Die polnische Garnison im Kreml kapitulierte am 4. 11. 1612. Dieses Datum ist im Übrigen der neue russische Nationalfeiertag, der seit dem Jahr 2005 anstatt des Jahrestages der Oktoberrevolution begangen wird. Zu Beginn des Jahres 1613 wurde der erst 16 Jahre alte Michail Fedorovič Romanov gewählt – ein Kompromisskandidat, scheinbar ohne Lobby und nicht aus altem Bojarenadel, dafür aber mit einem genealogischen Anschluss an die alte Dynastie der Rjurikiden: über die erste Gattin Ivan Groznyjs, Anastassja Romanova.

Der Mythos eines überlebenden, unbekannten, dann wieder auftauchenden Zarensohnes war im Moskauer Reich damit noch nicht ganz verschwunden. Während des ganzen so genannten aufrührerischen 17. Jahrhunderts tauchten falsche Dmitrijs, deren Söhne oder andere „Samosvanzen" auf. Der erste falsche Demetrius beflügelte weiterhin die Imagination, auch in Zeiten, die viel weniger

„verwirrt" waren als gegen Ende der Herrschaft Boris Godunovs. Die Zeitgenossen, die in den Strudel der Ereignisse gerissen wurden, waren von dem ersten Demetrius, dem falschen Zaren, fasziniert – ob positiv oder negativ. Es sprach sich in Europa herum, dass Dmitrij geäußert habe, er wolle Akademien gründen und ein Medizinstudium zulassen, er wolle die Wissenschaften beflügeln und suche das Gespräch mit anderen Konfessionen. Jesuiten und päpstliche Legaten taten das ihre dazu. Es sprach sich herum, dass dieser neue Zar, ob echt oder nicht, den ausländischen Kaufleuten umfangreiche Privilegien gewähren wollte, so dass auch etwa Heidelberger Stadtchroniken aus dieser Zeit voller Wohlwollen über ihn berichten.[20] Und aus eben diesen Gründen stand das Negativurteil der publizistischen Gegenseite, der durch Boris Godunov, Vasilij Šujskij oder den ersten Romanovzaren beeinflussten Propaganda, fest.

Freilich, die Zahl der Nachahmer und der noch größere Zulauf, den diese in der Zeit der Wirren fanden, zeugen von den Qualitäten, die einen personenbezogenen Mythos ausmachen können. Die Übertreibungen und Ausmalungen, in den ausländischen Werken über die Smuta ebenso wie in den Moskauischen, sind nur ein Argument dafür. Und weil der falsche Demetrius solcherart Projektionsfläche für Hoffnungen, Erwartungen und weitergehende Imaginationen in der Zeit war, hat er sicher zu Recht Eingang in den Kanon jener Figuren der Geschichte gefunden, denen eine mythenbildende Qualität innewohnt.

ANMERKUNGEN

1 Herberstein 1985, 52, 54.
2 Hierzu: Dunning 2004, 82 f.; Kämpfer 1980,25; Adelung 1846, 64 f.
3 Katyrev Rostovskij-Chronik, zitiert nach Böss 1986, 96.
4 Neubauer 1989, 1004–1006.
5 Leitsch 1960, 27 f.
6 Krispin 2006, 40 f.
7 Bussow 1991, 53.
8 Piskarev-Chronik, zitiert nach Böss 1986, 98.
9 Bericht eines anonymen Engländers, in: Howe 1916, 200, 203.
10 Perrie 1995, 66.
11 Abgedruckt in: Gitermann 1987, 453.
12 Piskarev-Chronik, zitiert nach Böss 1986, 99 f.
13 Piskarev-Chronik, zitiert nach Böss 1986, 100.

14 Piskarev-Chronik, zitiert nach Böss 1986, 98.
15 Piskarev-Chronik, zitiert nach Böss 1986, 101.
16 Leitsch 1960, 36–43.
17 Für diese Tendenz stehen vor allem die beiden Werke von Chester Dunning 2001, 2004.
18 Bussow 1991, 146.
19 So auch schon bei Platonov 1983, 123–154.
20 Kämpfer 1985, 163.

QUELLEN

Böss, Otto (Hrsg.) 1986: Russland-Chronik. 2. Aufl. Salzburg.

Adelung, Friedrich von 1846: Kritisch-literärische Übersicht der Reisenden in Russland bis 1700, deren Berichte bekannt sind. Band. II. Sankt Petersburg (Reprint Amsterdam 1960).

Bussow, Conrad 1991: Zeit der Wirren. Moskowitische Chronik. Der Jahre 1584 bis 1613. Hrsg. von Jutta Herney und Gottfried Sturm. Leipzig.

Herberstein, Sigmund von 1985: Das alte Rußland. Übertragen von Wolfram von den Steinen. Mit einem Nachwort von Walter Leitsch. 2. Aufl. Zürich.

Howe, Sonia E. (Ed.) 1916: The False Dimitri. A Russian Romance and Tragedy described by British Eye-Witnesses, 1604–1612. London.

Margeret, Jacques 1983: The Russian Empire and the Grand Duchy of Muscovy. Transl. and ed. by Chester S. L. Dunning. Pittsburgh 1983.

Massa, Isaac 1982: A Short History of the Beginnings and Present Origins of these Present Wars in Moscow under the Reign of various Sovereigns down to the year 1610. Transl. and ed. by Edward Orchard. Toronto.

Petreius, Petrus 1976: Relacija Petra Petreia o Rossii. Übers. von Jurij A. Limonov und Viktor I. Buganov. Moskau.

LITERATURHINWEISE

Barbour, Philip L. 1967: Dmitrij. Abenteurer auf dem Zarenthron. Stuttgart usw. 1967.

Čistov, K. V. 1998: Der gute Zar und das ferne Land. Russische sozial-utopische Volkslegenden des 17.–19. Jahrhunderts. Münster 1998 (russ. Originalausgabe Moskau 1967).

Contius, W.-G. 1973: Profane Kausalität oder göttliches Handeln in der Geschichte. Zum Geschichtsbild der erzählenden Quellen in der Smuta, in: Forschungen zur Osteuropäischen Geschichte 18, S. 169–198.

Dunning, Chester S. L. 2004: A Short History of Russia's First Civil War. The Times of Troubles and the Founding of the Romanov Dynasty. University Park.

Dunning, Chester S. L. 2001: Russia's First Civil War. The Times of Troubles and the Founding of the Romanov Dynasty. University Park.

Dunning, Chester S. L. 1983: The Use an abuse of the first printed French account of Russia, in: Russian History 10, S. 357–380.

Gitermann, Valentin 1987: Geschichte Russlands, Band 1. 2. Aufl. Hamburg.

Kämpfer, Frank 1980: Deutsche Augenzeugenberichte über die „Zeit der Wirren", in: Friedhelm B. Kaiser, Bernhard Stasiewski (Hrsg.), Reiseberichte von Deutschen über Russland und von Russen über Deutschland. Köln (= Studien zum Deutschtum im Osten), S. 24– 42.

Kämpfer, Frank 1985: Pseudo-Demetrius im „Thesaurus Pictuarum". Ein Bild und ein Text zur „Zeit der Wirren" aus einer Heidelberger Stadtchronik, in: Jahrbücher für Geschichte Osteuropas NF 23, S. 161–174.

Keep, John L. H. 1959/1960: The Régime of Filaret (1619–1633), in: SEER 38, S. 334–360.

Khodarkovsky, Michael 2002: Russia's Steppe Frontier. The Making of a Colonial Empire. Bloomington.

Krispin, Martin 2006: Der Bolotnikov-Aufstand, in: Heinz-Dietrich Löwe (Hrsg.), Volksaufstände in Russland. Von der Zeit der Wirren bis zur „Grünen Revolution" gegen die Sowjetherrschaft. Wiesbaden (= Forschungen zur Osteuropäischen Geschichte, 65), S. 27– 68.

Leitsch, Walther 1960: Moskau und die Politik des Kaiserhofes im XVII. Jahrhundert. 1. Teil: 1604–1654. Graz, Köln.

Neubauer, Helmut 1989: Vom letzten Rjurikden zum ersten Romanov, in: Manfred Hellmann (Hrsg.), Handbuch der Geschichte Russlands. Bd. 1.2.: Bis 1613. Stuttgart, S. 961– 1071.

Pantenius, Theodor Hermann 1904: Der falsche Demetrius. Bielefeld, Leipzig (= Monographien zur Weltgeschichte, 21).

Platonov, Sergei F. 1983: The Times of Troubles. A Historical Study of the Internal Crisis and Social Struggle in Sixteenth- and Seventeenth Century Muscovy. Translated by John T. Alexander. 5. Aufl. Lawrence Kansas.

Perrie, Maureen 1995: Pretenders and Popular Monarchism in Early modern Russia. The False Tsars in the Times of Troubles. Cambridge.

Poe, Marshall T. 2000: A People born to Slavery. Russia in Early Modern Ethnography. Ithaca, London.

Puškin, Aleksandr S. 1969: Boris Godunow. Die Komödie vom Zaren Boris und Grischa Otrepjew. Übertragen von Henry von Heiseler. Stuttgart.

Scheidegger, Gabriele 1993: Perverses Abendland, barbarisches Russland. Begegnungen des 16. und 17. Jahrhunderts im Schatten kultureller Missverständnisse. Zürich.

Schiller, Friedrich 2005: Demetrius. Stuttgart.

Skrynnikov, Ruslan G. 1988: The Times of Troubels. Russia in Crisis 1604–1618. Gulf Breeze.

Skrynnikow, Ruslan G. 1992: Iwan der Schreckliche und seine Zeit. München 1992.

Torke, Hans-Joachim (Hrsg.) 1985: Die russischen Zaren, 1547–1917. München.

Uspenskij, Boris A. 1991: Semiotik der Geschichte. Wien (= Österreichische Akademie der Wissenschaften, Phil.hist. Klasse, Sitzungsberichte, 579).

Holzschnitt von Albrecht Dürer zur Titelblatt-Rückseite der
Originalausgabe von Sebastian Brant *Das Narrenschiff*, Basel 1494

DER NARR – SCHLÜSSELFIGUR EINER EPOCHENWENDE

von Werner Mezger

KONJUNKTUR DER NARRENIDEE AM VORABEND DER NEUZEIT

Als im Lauf des 15. Jahrhunderts die Ordnungen und Sinnsysteme des Mittelalters brüchig wurden, als Entdeckungsreisen tradierte Horizonte sprengten, der Buchdruck mit beweglichen Lettern den Umschlag neuer Ideen vervielfachte, kritische Stimmen gegenüber der Kirche die Reformation vorausahnen ließen, als sozioökonomische Krisen den späteren Bauernkrieg ankündigten und Zeichen weiterer epochaler Umwälzungen sich mehrten, führte das in der Gelehrtenwelt zu ängstlicher Unruhe. Da die Komplexität der lawinenartig losgebrochenen, einander vielschichtig bedingenden und wechselseitig durchdringenden Transformationsprozesse mit zeitgenössischen Augen kaum zu überblicken war, spitzten die Bildungseliten ihre Beurteilung der Lage in stark reduktionistischen Modellen zu. Die weitaus größte Reichweite und Popularität unter den angebotenen Interpretationsmustern erlangte dabei die pessimistische Vorstellung, dass sämtliche aktuell zu beobachtenden Veränderungen der Welt die unmittelbare Folge menschlicher Überheblichkeit und rapide um sich greifender Ignoranz gegenüber Gott seien. Und zum Inbegriff dieser beiden Grundübel, des törichten Hochmuts ebenso wie der dreisten Gottesverachtung, wurde eine Erscheinung, der zuvor nur wenig Beachtung geschenkt worden war, die nun aber allenthalben monströse Formen anzunehmen schien: das Problem der Narrheit.

Nach einigen Vorläufern im Bereich der Einblattdrucke, die bis in die 1470er Jahre zurückreichten, überschwemmte den noch jungen Buchmarkt um die Wende vom 15. zum 16. Jahrhundert in Deutschland, aber auch in Frankreich und den Niederlanden eine

wahre Flut einschlägiger Werke. Es entstand, wie Barbara Könneker formulierte, „eine förmliche Narrenliteratur, die sich mit
dem Phänomen der Narrheit als einem Signum der Epoche geistig
auseinandersetzte und somit von Anfang an nichts Geringeres sein
und geben wollte als eine Deutung und Klärung der Zeitsituation
unter sittlich-religiösem Aspekt."[1] Den spektakulären Auftakt bildete Sebastian Brant mit seinem 1494 erschienenen *Narrenschiff*, das
binnen kurzem zum Bestseller neben der Bibel avancierte. Bis zu
Brants Tod 1521 in nicht weniger als 50 Ausgaben nachgedruckt[2],
ging das Buch von dem düsteren Bild aus, dass die ganze närrisch
gewordene Menschheit betrunken in einem steuerlosen Schiff, dem
negativen Gegenstück zur rettenden Arche Noah, auf dem Meer
der Welt ihrem Untergang entgegen treibe. Kapitel für Kapitel
handelte Brant in gebundener Sprache mit einfachen Paarreimen
verschiedenste Torheiten ab, die allesamt durch eindrückliche
Holzschnitte – die meisten von der Hand des jungen Albrecht
Dürer – illustriert wurden (s. S. 196 u. 203).

Brants wichtigster Multiplikator im kirchlichen Umfeld war der
Kleriker Johann Geiler von Kaysersberg, der vom Fastnachtssonn-
tag 1498 bis nach Ostern 1499 in einem breit angelegten Zyklus von
146 Kanzelansprachen in Straßburg über das *Narrenschiff* predigte.[3]
Natürlich wurden seine Auslegungen ebenfalls in Buchform ediert,
und zwar zunächst auf lateinisch, dann auf deutsch.[4] Als dritter
bedeutender Vertreter der Narrenthematik neben Brant und Geiler
fungierte der streitbare Franziskanermönch Thomas Murner. Er
griff 1512 mit der Herausgabe der *Narrenbeschwörung* in die große
Diskussion seiner Zeit ein, indem er die menschliche Torheit
wesentlich kompromissloser anklagte als Brant und sich beim Sin-
nen auf Abhilfe der Metaphorik regelrechter Teufelsaustreibungs-
rituale bediente. Auf die *Narrenbeschwörung* erhielt Murner ein
solches Echo, dass er noch im selben Jahr als zweite narrenthema-
tische Schrift die *Schelmenzunft* nachschob. 1515 erschien dann die
Mühle von Schwindelsheim und Gredt Müllerins Jahrzeit, 1519 folgte
die *Geuchmat*. Den Gipfelpunkt seines literarischen Operierens mit
dem Motiv der Torheit markierte schließlich 1522 das umfangreiche
Pamphlet *Von dem großen Lutherischen Narren*.[5] Hier führte Murner
als vehementer Verfechter der Position der römischen Kirche und

des Papsttums den Narrenbegriff in die Reformationspolemik ein, wobei er Luthers Lehre und ihren gesamten Umkreis kurzerhand als großen, feisten Narren personifizierte, den es seiner Meinung nach durch allerlei Exorzismen zur Vernunft zu bringen galt. Mit dieser letzten Radikalisierung hatte die Entwicklung der Narrenidee ihr brisantestes Stadium erreicht.

Eine bemerkenswerte Sonderstellung nimmt innerhalb der Hochkonjunktur der Narrenphilosophie Erasmus von Rotterdam ein, dessen 1509 mit leichter Feder in Latein verfasste und durch griechische Marginalien angereicherte Satire *Stultitiae Laus – Das Lob der Torheit* 1511 im Druck vorlag.[6] Sowohl wegen ihres Verharrens in der Gelehrtensprache als auch wegen ihrer inhaltlichen Exklusivität blieb Erasmus' pfiffige Fingerübung einem relativ kleinen Leserkreis vorbehalten und reichte nicht im Entferntesten an die Breitenwirkung der Werke Brants und Murners heran. Erasmus war jedoch – obgleich zunächst nur von wenigen wahrgenommen – der erste, der das Motiv der Narrheit weniger pessimistisch belehrend als vielmehr spielerisch unterhaltend einsetzte und ihm durch geschickte ironische Brechung seine bedrohliche Dimension nahm. Damit war er seiner Zeit weit voraus. Bis man über die Narreteien der Welt eher lachen konnte als beunruhigt zu sein, sollte es noch fast ein volles Jahrhundert dauern.

QUINTESSENZ DER NARRHEIT: NON EST DEUS – ES GIBT KEINEN GOTT

Der Begriff der Narrheit war, als er die Imaginationskraft der Gelehrten beflügelte und als ihn die moralsatirisch-didaktische Literatur am Vorabend der Neuzeit zu einer zentralen Chiffre für den Zustand der Welt machte, keineswegs etwa beliebig interpretierbar, sondern er hatte einen scharf umrissenen Bedeutungsgehalt, der in theologischen Überlegungen wurzelte: Narrheit, lateinisch „stultitia", galt seit dem hohen Mittelalter als die Abwesenheit von „sapientia", von Weisheit im Sinne des Wissens um die eigenen, menschlichen Grenzen und der Demut vor dem Herrn. Dieses christliche „sapientia"-Konzept hatte seinen Ursprung in den Sprüchen Salomons, und zwar in dem von den Kirchenlehrern, nicht zuletzt vom heiligen Augustinus, immer wieder zitierten Kernsatz (Spr. 1,7): „Timor Domini principium sapientiae – die Furcht vor dem Herrn ist der Anfang aller Weisheit". Im Umkehrschluss dazu konnte der Ausgangspunkt der Narrheit nichts anderes sein als das schroffe Gegenteil von Gottesfurcht, nämlich *contemptus Domini* – Verachtung des Herrn und Ignoranz gegenüber Gott. Damit rückte „stultitia" nach der Systematik mittelalterlicher Lasterkataloge zugleich in unmittelbare Nähe der ersten und schlimmsten der Sieben Hauptsünden: der „superbia", des dreisten Hochmuts, der sich um Gott und seinen Heilsplan nicht schert.[7]

Diese traditionelle Semantik des Narrenbegriffs war den frühneuzeitlichen Literaten, die sich seiner gesellschaftskritisch bedienten, zweifellos bekannt, zumal aus genau dem gleichen, primär theologischen Kontext auch die Figur des Narren selbst stammte. Sie tauchte nämlich, noch lange bevor sie in der Literatur eine Rolle spielte oder gar in komischen oder karnevalesken Zusammenhang trat, zuallererst in der Sakralkunst auf, und zwar konkret in Psalmenhandschriften. Dort stand sie am Anfang des Psalms 52[8], der mit den Worten beginnt: „Dixit insipiens in corde suo: non est Deus – der Narr sprach in seinem Herzen: es gibt keinen Gott." Seit dem 13. Jahrhundert wurden diese Anfangsworte mit einer Initialminiatur versehen, die obligatorisch den „stultus" oder „insipiens", wörtlich übersetzt: den „Unweisen", im Bild zeigte. So lässt sich heute anhand der betreffenden Stelle in illuminierten Psalterhandschriften die äußerliche Standardisierung der Narrenfigur von einer zunächst nur durch wenige Kennzeichen ausgewiesenen Gestalt zu einem fixen Typus mit einer Reihe sinnträchtiger Merkmale und Attribute Schritt für Schritt nachvollziehen. Dank der großen Zahl erhaltener Psalterien des hohen und späten Mittelalters verfügen wir hier über breites Quellenmaterial mit hervorragenden Vergleichsmöglichkeiten.

Der Verfasser hat an anderem Ort den methodischen Ansatz entwickelt, die optische Genese der Narrenfigur, ja sogar wesentliche Teile der Narrenidee überhaupt, aus Bildquellen zu erschließen.[9] Hier müssen wenige Bildbeschreibungen genügen. Betrachten wir den ikonographischen Wandel der – übrigens in ganz Europa ähn-

lichen – Illustration des Psalms
52 zwischen 1200 und 1500, so
ergibt sich aus der vergleichenden
diachronen Gesamtschau der
Initialminiaturen Folgendes: Das
älteste Kennzeichen des Toren, der
behauptet „Non est Deus – es gibt
keinen Gott", ist eine Keule in der
rechten Hand, in den frühen Darstellungen oft noch ergänzt durch
einen aus einer weiteren Textstelle

Narr mit Keule und Brot;
Initial zu Psalm 52, 13. Jh.

des Psalms 52 begründeten run-
den Brotlaib. Während das oft noch mit einem Kreuz bezeichnete
Brot sich später verliert, bleibt der hölzerne Kolben erhalten. Er bildet
das negative Gegenstück zum Szepter des weisen Königs David, mit
dem der gottlose „insipiens" im Initial des Psalms häufig konfrontiert
wird. In der mit der Zeit immer genauer ausgestalteten Antithetik
zwischen dem gottesfürchtigen Herrscher einerseits und dem törichten Narren andererseits, wie sie in den Psalterillustrationen zum
Topos wurde, deuten sich übrigens die Anfänge der Hofnarrenidee
an: Dem König mit seiner ihm „Dei gratia – durch Gottes Gnade"
verliehenen Machtvollkommenheit tritt in der Gestalt des Narren das
Bild menschlicher Unzulänglichkeit entgegen, das dem Herrscher
stets die eigene Hinfälligkeit vor Gott vor Augen führt.[10]

Ebenfalls noch während des 13. Jahrhunderts erscheint der Narr
im Initial zum Psalm 52 vereinzelt nackt: ein erster Hinweis auf
seine Sündhaftigkeit nach Gen 3, 7. Als dort nämlich Adam und
Eva erkennen, dass sie gesündigt haben, erwacht ihr Schamgefühl
und es wird ihnen bewusst, dass sie nackt sind.[11] Die Nacktheit
des Psalternarren verschwindet nach einigen Jahrzehnten wieder.
Dafür verfeinert sich an der Schwelle zum 14. Jahrhundert seine
Keule zur menschenköpfigen „Marotte", die er wie eine Stabpuppe
vor sich herträgt. In der Marotte, verwandt mit dem französischen
„marionette – kleines Püppchen", erkennt er sein eigenes Ich,
wodurch seine egozentrische Selbstverliebtheit und Unfähigkeit
zu christlicher Nächstenliebe manifest werden. Wem die Liebe zu
Gott (amor Dei) abgeht, der kennt nur die Liebe zu sich selbst

234

Narr und König David; Initial zu Psalm 52, spätes 15. Jh.

(amor sui). Somit ist es folgerichtig, wenn später aus der Marotte, dem sinnfälligen Zeichen des närrischen Narzissmus, das bedeutungsgleiche Attribut des Spiegels hervorgeht.[12]

Ab Mitte des 14. Jahrhunderts visualisiert schließlich die als „Gugel" bezeichnete, charakteristische Kappe mit den Eselsohren die Torheit des Narren.[13] Vom frühen 15. Jahrhundert an kommen die Schellen hinzu, die vorzugsweise an den Zipfeln der Kappe

Der Narr als Gotteslästerer; Holzschnitt von Albrecht Dürer
zu Kapitel 87 („Von gottes lestern") in *Das Narrenschiff*, Basel 1494

und an den übrigen Gewandzaddeln hängen. Sie wurden von den Theologen gerne im Sinne des Paulus-Wortes 1 Kor 13,1 interpretiert: „Wenn ich mit Menschen- und Engelszungen redete, hätte aber die Nächstenliebe nicht, wäre ich wie ein klingendes Erz und eine tönende Schelle." Ein erneuter Verweis also auf die mangelnde Mitmenschlichkeit und die fehlende aufopferungsbereite Liebesfä-

higkeit des Narren.[14] Da diesem „amor carnalis – fleischliche Liebe"
wichtiger ist als die selbstlose „caritas" und er, augustinisch ausgedrückt, vorzugsweise „secundum carnem – nach dem Fleisch" statt
„secundum spiritum – nach dem Geist" lebt, führt er im späten 15.
Jahrhundert anstelle der Marotte manchmal auch eine Schweinsblase[15] oder eine Wurst als Phallussymbol[16] mit sich. Als weiteres
Sinnbild seiner sexuellen Begierde und gottlosen Triebhaftigkeit
dient endlich die Bekrönung der Kappe mit den Federn, dem
Kamm oder dem Kopf eines Hahns.[17] Selbst die Farbgebung des
Narrenkleides ist zeichenhaft: Sie reicht vom eintönigen Eselsgrau
bis zum grell leuchtenden doppelfarbig geteilten Gewand, dem
so genannten Mi-parti, in dem ordinäres Gelb und Rot, zwei im
Unterschied zu feierlichem Gold und Purpur wenig geschätzte
„Schandfarben", am häufigsten sind.[18] Während also in den Psalterhandschriften um 1200 der „insipiens" oder „stultus" im Initial
des Psalms 52 an seinen zunächst sparsamen Attributen noch
kaum als solcher erkennbar ist, formt sich die Gestalt des Narren
im Verlauf von etwas mehr als drei Jahrhunderten zu einer bis ins
kleinste Detail festgelegten Standardfigur, die spätestens seit etwa
1480 als unverwechselbarer Typus auftritt (s. S. 201).[19]

GOTTES WERK UND TEUFELS WIRKEN: DER NARR ALS UNHEILVOLLE GESTALT

Mit der ungeheueren Botschaft „Non est Deus – es gibt keinen
Gott", dem Konstituens der Torheit schlechthin, war der Narr seinem ursprünglichen Sinne nach nicht im Mindesten eine komische
Figur, sondern der Inbegriff des Frevlers vor dem Herrn und damit
ein Angst verbreitendes Wesen. So verwundert es auch nicht, wenn
die Gestalt des Narren in der bildenden Kunst der frühen Neuzeit
immer wieder in Darstellungen der Passion Christi auftaucht. Einer
der eindrücklichsten Holzschnitte zum *Narrenschiff* des Sebastian
Brant, der das mit der Überschrift „Von gottes lestern" versehene
87. Kapitel illustriert, zeigt beispielsweise einen Narren als Folter-
knecht unter dem Kreuz Christi: Mit einer dreispitzigen Lanze
greift er den Gekreuzigten an und verschärft dadurch das Leiden

des Erlösers für die Menschheit (s. S. 203). Die Erklärung solchen Verhaltens fasst Sebastian Brant an der besagten Stelle in der lapidaren Formulierung zusammen, dass Narren „des tüfels kynd" seien. Der beschriebene Holzschnitt ist keine Einzelerscheinung. Was der jugendliche Albrecht Dürer hier 1494 sehr wahrscheinlich nach den persönlichen Vorgaben des Narrenschiff-Autors ins Bild gesetzt hatte, war schon vor ihm kein unbekanntes Motiv und entwickelte sich in den folgenden Jahrzehnten zu einem weit verbreiteten Topos der christlichen Ikonographie. Groteskfiguren mit einzelnen närrischen Attributen oder auch voll ausgeprägte Standardnarren sind in der Blütezeit der Narrenidee ein häufiger Bestandteil von Passionsszenen.

So verspottet etwa in einem 1489 entstandenen Kreuztragungs-Tafelgemälde, das sich im österreichischen Stift Sankt Florian befindet und Dürers Lehrer Michael Wolgemut zugeschrieben wird, ein gelb gewandeter Narr die trauernde Maria, die von Johannes betreut wird.[20] Die Präsenz des Motivs nicht nur im süddeutsch-österreichischen Raum, sondern auch in Skandinavien belegt ein Kreuztragungs-Fresko eines unbekannten Meisters in der Bellinger-Kirche in Fynn in Dänemark aus dem späten 15. Jahrhundert, in dem ein Trompete spielender Narr den Zug nach Golgotha anführt.[21] Ein fast motivgleiches Pendant dazu bildet der linke Flügel eines ebenfalls noch vor 1500 vollendeten Schnitzaltars aus der Kirche von Törnevalla in Ostgotland in Schweden, der sich heute im Nationalmuseum Stockholm befindet: Hier drängt sich ein gelb-roter Narr mit hoch aufragender Eselsohrenkappe in die vorderste Reihe der Figuren der Kreuztragungsgruppe.[22] Eine besonders exponierte Rolle spielt der Narr in einem der großen niederdeutschen Schnitzaltäre, nämlich im Mittelschrein des in die Zeit um 1510 zu datierenden Hochaltars der Pfarrkirche St. Marien in Salzwedel in der Altmark: In einer vielfigurigen Kreuzigungsgruppe drückt er sich dort am Stamm des Kreuzes Christi herum und produziert sich über den Kopf der knienden Maria Magdalena hinweg durch eine verächtliche Grimasse mit weit herausgestreckter Zunge.[23]

Auch in druckgraphischer Form fand das Motiv Verbreitung. Ein 1521 entstandener Kupferstich der Dornenkrönung von Lucas van Leyden zeigt einen Narren, der dem dornengekrönten Christus

einen Pflanzenstängel überreicht. Dies ist die exakte Umsetzung
der Schilderung des Matthäus-Evangeliums (Mt 27, 28 f.): „Sie
zogen ihn aus und legten ihm einen scharlachroten Mantel um,
flochten ihm einen Kranz aus Dornen, setzten ihn auf sein Haupt
und gaben ihm ein Rohr in die Hand." Seine eigentliche Brisanz
erhielt die Darstellung für die Zeitgenossen eben dadurch, dass
das Rohr aus Narrenhand als eine Art Marotte ausgewiesen war
und Christus damit zum Narrenkönig degradierte.[24] Eine weitere
Bildvariante liefert die flüchtige Federzeichnung einer Geißelung
Christi von Urs Graf, ebenfalls aus den 1520er Jahren, die sich im
Kupferstichkabinett des Basler Kunstmuseums befindet: Sieben
Schergen – die Zahl ist kaum zufällig – haben den am Fuß der
Martersäule zusammengebrochenen Christus malträtiert und lassen ihre Geißeln sinken; der einzige, der immer noch auf ihn einschlägt, ist ein Narr mit lang von seiner Kappe herunterhängenden
Eselsohren.[25] Und selbst noch nach der Mitte des 16. Jahrhunderts
hat die Gestalt des Narren in Szenen der Passion ihre Aktualität
nicht eingebüßt: In der figurenreichen Kreuztragungstafel des
Niederländers Pieter Bruegel d.Ä., die von 1564 stammt und sich
im Kunsthistorischen Museum in Wien befindet, ist es wiederum
ein Narr mit bräunlicher Eselsohrenkappe und einer diagonal
über der Brust getragenen Ordenskette, der mit seiner Hand den
Querbalken des Kreuzes noch weiter niederzudrücken versucht,
unter dem der gestürzte Christus am Boden liegt.[26]

Nicht selten wurden Narren, die Ignoranten Gottes und Stören-
friede der Heilsgeschichte, von den Künstlern der frühen Neuzeit
auch mit körperlichen Defekten dargestellt: physiognomisch defor-
miert, verstümmelt, verwachsen, verkrüppelt. Nach der Logik der
Zeit war dies durchaus konsequent: Als Trabanten des Teufels,
wie Brant und Murner sie charakterisierten, entsprachen sie nicht
dem idealen Menschen im Sinne von Gen 1,29, den Gott nach seinem Bilde geschaffen hatte, sondern mussten notwendigerweise
eher dem Leibhaftigen ähneln, dessen Ikonographie als Zerrbild
der Schöpfung, fratzenhaft, bocksfüßig, gehörnt und hinkend,
seit dem hohen Mittelalter festlag. So verwundert es auch kaum,
wenn neben geistig Verwirrten zugleich körperlich Behinderte als
Narren identifiziert wurden. Mit welcher Selbstverständlichkeit

dies sogar noch bis ins späte 17. Jahrhundert hinein geschah, belegt eine niederländische Quelle. Als Pieter Wouters 1673 ein damals schon gut hundert Jahre altes, heute im Louvre in Paris befindliches kleinformatiges Tafelbild von Pieter Bruegel d. Ä. mit fünf von der Lepra verstümmelten Krüppeln in einem Inventar erfasste, beschrieb er den Bildinhalt mit den Worten: „Eeninge sottekens op crucken loopende, von den ouden Bruegel – einige Narren auf Krücken laufend, vom alten Bruegel"[27].

Krüppel waren demnach für ihn nichts anderes als eben „sottekens – Narren". Eine bemerkenswerte Bestätigung für diese Gleichsetzung liefert übrigens bis heute der deutsche Sprachgebrauch, denn das Wort „Narr" bezeichnet hier nicht nur eine Person mit bestimmten Eigenschaften, sondern auch eine missratene Baum- oder Feldfrucht, etwas Verwachsenes, Hohles, Verkrüppeltes also.[28] In der Fachsprache des Obst- und Gartenbaus wird der Terminus „Narr" nach wie vor in diesem Sinne verwendet. Solche philologischen Überlegungen noch etwas weiter zu führen, ist lohnend, weil die für das Deutsche geltende Semantik des Narrenbegriffs sich verblüffenderweise über Sprachgrenzen hinweg fortsetzt. Genau dieselbe Vorstellung vom Narren als Frucht ohne Kern, als Hülle ohne Inhalt steckt nämlich in der Grundbedeutung der französischen und englischen Bezeichnungen für Narr: „fou" und „fool". Beide sind etymologisch aus der romanischen Wurzel „fol" entstanden, die ihrerseits vom lateinischen „follis" herrührt, was zunächst soviel wie „Sack", „leere Hülle" oder „Blasebalg" hieß. Bei den Kirchenschriftstellern wurde „follis" dann in speziellerem Zusammenhang gerne auf den menschlichen Körper übertragen und als Benennung für die „Hülle des Leibes" gebraucht; und das in verschiedenen Glossen belegte „vacuus follis" schließlich meinte den „Leib, in dem keine Seele ist"[29]. Der ursprüngliche Sinn der Begriffe „fou" und „fool" richtete sich also – genau wie das deutsche Wort „Narr" – auf die geistige Verkrüppelung und innere Leere des Bezeichneten.

Unter diesem Gesichtspunkt gewinnt nicht zuletzt auch das Narrenattribut der Schweinsblase eine ganz unerwartete Bedeutungstiefe: Bereits vom „insipiens" des Psalms 52 gelegentlich anstelle der Marotte oder des Spiegels in der Hand geführt und bei vielen Fastnachtsnarren bis heute als Neckinstrument beliebt, ist sie genauso wie die beiden genannten Narrenzeichen nicht mehr und nicht weniger als das Abbild ihres Trägers selbst: eine leere Hülle, ein aufgeblasener Sack – eben „follis"[30].

TORHEIT, TOD UND UNTERGANG: DER NARR ALS APOKALYPTISCHES WESEN

Mit der immer breiteren Entfaltung der Narrenidee und der Stilisierung der „stultitia" zum allgegenwärtigen, sämtliche Ordnungen der Welt bedrohenden Phänomen wuchs der Narrheit mehr und mehr die Funktion eines universalen Erklärungsmodells menschlicher Existenz zu. Sie stand für jegliche Art von innerer und äußerer Unvollkommenheit, für Willensschwäche und Sündhaftigkeit, ja sie wurde sogar zu einem Zeichen für die Erbsünde schlechthin. In einer ganzen Reihe von Bildquellen erscheint denn auch jene Frau, die nach Aussage der Bibel die Ahnherrin aller Sünder ist, Eva, als Narrenmutter.[31] So wurde etwa, um nur ein Beispiel zu nennen, ziemlich genau um 1500 in Paris ein an Brant angelehntes Büchlein des flämischen Humanisten Josse Bade mit dem Titel *La grant nef des folles – das große Narrenschiff* gedruckt, das gleich als erste Illustration „La nef des folles de Eve – das Schiff der Narren Evas" zeigt: In einem von zwei gehörnten Teufeln mit Narrenkappen geruderten Narrenschiff, dessen Mast der Baum der Erkenntnis ist, empfängt Eva von der Schlange den Apfel, um ihn an Adam weiterzureichen. Der Text zu diesem Sündenfall-Bild in ungewöhnlichem Ambiente erläutert, dass „Eve, notre premier mère – Eva, unsere Urmutter" die Mutter aller Narrheit sei.

Eben hieraus ergibt sich für das Verständnis der Narrenidee eine letzte, entscheidende Dimension. Konsequent exegetisch gesehen, hat nämlich die Menschheit durch den Ungehorsam Evas, der am Anfang jeglicher Narrheit steht, nicht nur das Paradies verloren, sondern vor allem ihre Unsterblichkeit verwirkt. Die Erbsünde birgt in sich bereits den Untergang. Demzufolge rückt die Narrheit, da sie mit der Erbsünde praktisch gleichgesetzt wurde, in die unmittelbare Nähe des Todes. Zugespitzt gesagt, einzig und

Eva im Narrenschiff, Holzschnitt zu Josse Bade: La grant nef des folles ..., Paris um 1500

allein in ihr liegt die Antwort auf die Frage nach der Endlichkeit des Menschen. Diese Überzeugung wirkte sich auf die Symbolik der Narrenfigur so aus, dass der Narr keineswegs nur menschliche Torheit und Sündhaftigkeit verkörperte, sondern dass er gleichzeitig zum Inbegriff irdischer Hinfälligkeit und Vergänglichkeit wurde. Narr und Tod standen nunmehr in engster Nachbarschaft zueinander.[32]

Wiederum ist es die Bildtradition, die das in vielfältigen Imaginationsvarianten belegt. Im berühmten, um die Mitte des 15. Jahrhunderts entstandenen Baseler Totentanz, von dem leider nur Kopien erhalten sind, wurde zum Beispiel die Begegnung zwischen Narr und Tod so dargestellt, dass der skelettierte Tod, der den Narren abholt, selbst ein Narrengewand trägt.[33] Während man hierin freilich noch eine bloße Parodie des Narren durch den närrisch verkleideten Tod vermuten könnte, gehen spätere Darstellungen einen entscheidenden Schritt weiter, indem sie die Figuren Narr und Tod austauschbar machen. So schuf, als der Basler Totentanz schon ein gutes Jahrhundert alt war, Hans Sebald Beham in Nürnberg im

Jahr 1540 eine Radierung mit dem Motiv *Der Narr und das Mädchen*.
So, als wolle er sie überraschen, nähert sich der Narr der jungen
Dame von hinten, um ihr ein paar Blumen zu reichen. Während
eine Deutung dieses Bildes allein als Allegorie der Vergänglichkeit
noch gewagt erscheinen mag, schafft ein zweites Blatt Gewissheit.
Ein Jahr später, 1541, griff Hans Sebald Beham nämlich dasselbe
Motiv nochmals auf und brachte es als Kupferstich heraus. Die
beiden Drucke gleichen sich bis ins Detail – nur die Gestalt des
Narren hat sich verändert: Statt des Torengesichts der Radierung
grinst nun ein Totenschädel unter der Eselsohrenkappe hervor,
und statt der Blumen bekommt das Mädchen ein Stundenglas
überreicht. Die dem zweiten Druck beigefügte lateinische Inschrift
schafft letzte Gewissheit: „Omnem in homine venustatem mors
abolet – alle Schönheit des Menschen macht der Tod vergehen".
Spätestens durch das Bilderpaar von Beham wird klar, dass es in
der Tat nicht genügt, lediglich von einer großen Nähe zwischen
den Figuren Narr und Tod zu sprechen. Was hier gezeigt wird,
ist mehr: Wenn der Narr im zweiten Bild als Skelett erscheint, so
bedeutet dies nicht etwa nur eine Metamorphose, sondern kommt
einer Demaskierung gleich. Er selber ist bereits der personifizierte
Untergang. Narr und Tod waren also reversible Symbolgestalten
und standen gleichbedeutend für ein und dasselbe: vanitas.

  In diesem Zusammenhang verdient ein ideengeschichtlicher
Komplementärprozess Beachtung, auf den Michel Foucault hingewiesen hat. Danach flaute die Bild- und Literaturtradition der
Totentänze, die nach der großen Pest von 1348 aufgekommen war
und die Mentalitätengeschichte des 15. Jahrhunderts maßgeblich
geprägt hatte, ziemlich genau in den Jahrzehnten ab, in denen die
Narrenthematik ihren großen Aufschwung erlebte. Analog zu
unseren ikonographischen Befunden sieht auch Foucault diese
Entwicklung weniger als Zäsur denn als Fortsetzung einer Kontinuität mit anderen Mitteln. Daher sein Resümee: „Das Ersetzen
des Todesthemas durch das der Narrheit bedeutet keinen Bruch,
sondern eher eine Torsion innerhalb der gleichen ängstlichen
Unruhe. Noch immer geht es um die Frage der Nichtigkeit der
Existenz [...]. Und während einst die Torheit der Menschen darin
bestanden hat, dass sie nicht sahen, dass der Zeitpunkt des Todes

Narr und Mädchen;
Radierung von Hans-Sebald
Beham, Nürnberg 1540

Tod im Narrengewand
und Mädchen,
Kupferstich von Hans-Sebald
Beham, Nürnberg 1541

sich näherte, während man sie durch das Schauspiel des Todes an die Weisheit hat erinnern müssen, besteht jetzt die Weisheit darin, die Narrheit überall aufzuzeigen, die Menschen zu lehren, dass sie bereits nichts als Tote seien und dass, wenn das Ende nahe […], die Narrheit durch ihre Ausbreitung über die ganze Welt nur noch ein und dieselbe Sache wie der Tod selbst sei"[34].

Der Narr als lebender Hinweis auf Vergänglichkeit und Tod war in der ersten Hälfte des 16. Jahrhunderts ein häufiges und in zahlreichen Variationen wiederkehrendes Motiv. Das Spektrum der Bildwerke, in denen die Figuren Narr und Tod miteinander korrespondierten, erstreckte sich von Blättern der Druckgraphik, wie sie auf Märkten gehandelt wurden, über öffentlich zugängliche Fresken in Profan- und Sakralbauten bis hin zu verborgenen Misericordien-Schnitzereien an Chorgestühlen und kunstvoll gemeißelten Konsolplastiken spätgotischer Gewölbe.[35] Aber auch ohne das sichtbare Korrelat eines Totenschädels oder Sensenmannes wurde die Gestalt des Narren in einschlägigen Kontexten offenbar von jedermann sofort als Vanitas-Bote verstanden. So genügte es etwa, um auf die Zerbrechlichkeit irdischer Macht hinzuweisen, in einer 1525 gefertigten Wappenscheibe aus dem schweizerischen Wattenwyl einen Narren abzubilden, der mit einem Stundenglas in der Hand über ein Schriftband an den Betrachter die Worte richtete: „Ich wartt der zitt"[36]. Die Konfiguration der Symbole machte weitere Erklärungen überflüssig.

Wo und wann immer an das unaufhaltsame Dahineilen der dem Menschen gegebenen Zeit erinnert werden sollte, war die Gestalt des Narren nicht weit. Eine besonders bevorzugte Bühne hierfür boten die Spielwerke der großen kommunalen Uhrtürme, wie sie nach italienischen Vorbildern des 14. und 15. Jahrhunderts schließlich auch nördlich der Alpen entstanden. Als Caspar Brunner 1530 am berühmten Zytgloggeturm in Bern eine mächtige astronomische Uhr mit mechanischen Figuren anbrachte, war es daher bestimmt kein Zufall, dass er die Viertelstundenschläge, die kleinsten durch Glockenschlag signalisierten Zeiteinheiten überhaupt, von einem Narren ausführen ließ, den er oberhalb Gott Chronos platzierte. Schon 1534 hat der in Bern arbeitende Ulmer Handwerksgeselle Sebastian Fischer die Uhrenkonstruktion mit ihrem Figurenschmuck genau beschrieben und dem Narren dabei besondere Aufmerksamkeit gewidmet. In seiner Schilderung, die zunächst zwei heute nicht mehr vorhandene Turmbläser erwähnt, heißt es: „Wan sy nun haben aussgeblasen, so sytzt ain narr oben uff dem dechle, der schlecht all fiertel stund, das erst fiertayl ain strach, das ander fiertayl zwen strach, das dryt fiertayl drey strach, und wan die drumeter aussgeblausen hannd fier strach"[37]. Wenn also, wie übrigens bis heute, von allen Spielfiguren des Zytgloggeturms am häufigsten der Narr in Aktion trat, um das Verrinnen der Zeit zu verkünden, so dürfte den Bernern des 16. Jahrhunderts gerade durch ihn, die Inkarnation der Vergänglichkeit, sehr wohl und nachhaltig bewusst geworden sein, „was es geschlagen hatte".

Als eine der am meisten beeindruckenden Schöpfungen der bildenden Kunst, die mit der Gestalt des Narren auf die Fragilität alles Irdischen hinweisen wollten, sei abschließend noch die von unbekannter Hand geschaffene Brunnenfigur des 1549 aufgestellten Narrenbrunnens im badischen Ettlingen erwähnt: Die Original-plastik, ein in roten Sandstein gehauener Narr mit seinem Kind, ist mittlerweile zum Schutz vor Witterungseinflüssen ins Markgräfliche Schloss gebracht worden. Über drei Jahrhunderte stand sie jedoch als Warnung und Mahnung in der Marktstraße, im Brennpunkt des Geschäftslebens also, wo Händler und Käufer um mehr oder weniger hochwertige Waren feilschten. Der Narr blickt starr ins Leere, das halbnackte Kind, ebenfalls schon mit Eselsohrenkappe und Schellen, kauert zu seinen Füßen und weint. Gleichzeitig hält es eine Schrifttafel, wo die an Paulus 1 Kor 3,19 angelehnten Worte eingemeißelt sind: „Las mich vnferac(h)t / bedenck der welt wys-heyt vnd bracht / ist vor got ein dorhe(y)t geacht."[38]

Dass die Ettlinger Brunnenfigur zudem keine bloße Phantasie-gestalt ist, sondern mit großer Wahrscheinlichkeit als ein Porträt des badischen Hofnarren Hans von Singen identifiziert werden kann, wirft zugleich noch einmal ein interessantes Licht auf die Rolle der Narren im Umfeld der Mächtigen.[39] Die Tafel des Kindes bestätigt: Auch bei Hofe hatten die Narren, wie bereits an anderer Stelle bemerkt, zumindest idealtypisch die Primärfunktion, ihre jeweiligen Potentaten zur Besinnung zu rufen und allenfalls in zweiter Linie die Aufgabe, zu deren Amüsement beizutragen.[40]

Vielschichtige Figur zwischen den Epochen

Im ersten Drittel des 16. Jahrhunderts erreichte die Narrenidee einen geradezu unglaublichen Facettenreichtum. Dementsprechend schwierig ist es für die Forschung, die volle Bandbreite dessen, was der Narrenbegriff damals abdeckte, in eine befriedigende Systematik zu bringen. Vor allem die Figur des Narren selber entzieht sich dem analytischen Zugriff umso mehr, je intensiver man sich mit ihr beschäftigt und je präziser man sie zu fassen versucht. Narren existierten einerseits als fiktionale Wesen in den Köpfen der Zeitgenossen und waren damit Produkte kollektiver Imagination. Andererseits aber traten sie auch in der Realität auf, als mehr oder weniger aus dem Rahmen fallende Akteure des sozialen Alltags. Auf beiden Ebenen, der fiktionalen wie der realen, hatten die Narren wiederum eine Fülle unterschiedlichster Rollen und Funktionen. Im Bereich der Fiktion erhielten sie Profil durch literarische Schöpfungen von der Moralsatire über die Schwankdichtung bis zum Fastnachtspiel ebenso wie durch Produkte der bildenden Kunst von Illustrationen vorgegebener Texte bis hin zu textunabhängigen Werken, die sich einer autonomen Bildsprache bedienten. Nicht minder komplex waren auf der realen Ebene die diversen Aktionsräume, in denen sich die Narren leibhaftig bewegten. Sie konnten als Ausgestoßene am unteren Rand der Gesellschaft ein klägliches Dasein fristen, als skurrile Sonderlinge bei Hofe ein glänzendes Auskommen haben, verkleidet in Torentracht die Fastnacht bevölkern oder als professionelle Komiker in reisenden Schauspielertruppen mitwirken. Und endlich gab es bei den realen Narren, wo immer sie auftraten, noch ein weiteres Einteilungsprinzip, das für die Bewertung ihres Handelns große Bedeutung hatte. Man unterschied nämlich zwischen „natürlichen Narren" und „künstlichen Narren", jenen also, die von Natur aus durch geistige oder körperliche Defekte oder durch beides lebenslang zum Narrendasein verurteilt waren, und solchen, die in Wirklichkeit über eine ganz normale, oft sogar überdurchschnittliche Intelligenz verfügten und die ihre Narrenrolle nur für begrenzte Zeit spielten.

Diese immense Vielschichtigkeit der Narrenfigur macht es schier unmöglich, sie mit dem hier vorgegebenen thematischen Rahmen in Einklang zu bringen. Von einer Gestalt der Imagination soll dieser Beitrag handeln. Imaginiert, also lediglich ein Produkt der Vorstellungswelt, aber war der Narr eben nur bis zu einem gewissen Grad, daneben bildete er sehr wohl auch eine soziale Realität. Und das eine vom andern zu trennen, würde seinem Wesen nicht im Mindesten gerecht. Noch größere Schwierigkeiten bereitet es, der Epochenzuordnung des vorliegenden Bandes Genüge zu tun. Ein eindeutiges Kind der Renaissance ist der Narr nämlich nicht. Seine Tradition reicht weiter zurück: Der Narr hat von beidem etwas, vom Mittelalter wie von der Renaissance. Er ist – und genau das charakterisiert ihn – ein Grenzgänger zwischen den Epochen, Symbolfigur einer Welt des Umbruchs. Weder hierhin noch dorthin zu gehören, sondern dazwischen zu stehen, bedeutet kein Defizit. Im Gegenteil, gerade dieses „Dazwischen sein" – lateinisch „inter esse" – macht den Narren für uns in des Wortes ursprünglichster Bedeutung erst recht „interessant".

Was an der Narrenidee bzw. der Figur des Narren ragt nun zurück ins Mittelalter und was weist voraus auf die Renaissance? Ihrer klassischen Definition nach als „stultitia" im Sinne von „aversio a deo – Abkehr von Gott" und dadurch als Sünde schlechthin, war die Narrheit an sich ohne Zweifel eine zutiefst mittelalterliche Vorstellung. Gleiches gilt auch für den Narren als solchen mit seiner seit dem 12. Jahrhundert klaren theologischen Festlegung auf die Maxime „non est Deus – es gibt keinen Gott". Selbst die großen Narrenliteraten Brant und Murner, obwohl zu den Humanisten gerechnet, schöpften noch überwiegend aus dieser Vorstellungswelt. Nach wie vor den mittelalterlichen Denkformen von Typologie und anagogischer Deutung verpflichtet waren die Metaphern und Allegorien, die sie verwendeten.[41] Viele ihrer narrenthematischen Bilder hatten sie als bewusste Kontrafakturen zu christlichen Motiven angelegt, wodurch sich ihnen letztlich die gesamte Narrenidee als eine Art Gegenmodell zur Heilslehre offenbarte. Da stand das Narrenschiff gegen das Schiff des Heils[42], die Narrenmutter gegen die Mutter Gottes[43], der Narrenbaum gegen den Lebensbaum[44], der Narrenbrunnen gegen den Lebensbrunnen[45], die Narrenmühle gegen die Hostienmühle[46], das Bild vom Narren in der Torkel gegen das Motiv Christi in der Kelter[47] und endlich das Narrenbrot gegen das Brot des Lebens[48]: Mittel-alter par excellence.

Neu an Brant und Murner allerdings war, dass sie eben diese mediävale Antithetik, mit der sie operierten, keineswegs mehr als verpflichtenden Rahmen sahen, an dem es konsequent fest-zuhalten galt, sondern dass sie eher kompilatorisch und beliebig damit umgingen. Der mittelalterliche Motivfundus diente ihnen viel weniger als Richtschnur, denn als Versatzstücklager. So verlor etwa Brant die hochgradig bedeutungsbefrachtete und traditions-reiche Schiffsmetapher, die seinem Werk immerhin den Namen gab, über weite Strecken völlig aus den Augen und kam nur spo-radisch darauf zurück. Das war allein schon formal ein Bruch mit den strengen Ordnungen des Mittelalters, ganz zu schweigen von den inhaltlichen Modifikationen der Narrenidee zum aktuellen Erklärungsmodell für die eigene Zeit, die sich teilweise doch beträchtlich von deren einstiger streng theologischer Auslegung entfernten. Weit über Brant und Murner hinaus ging schließlich Erasmus. Er überschritt mit seinem *Lob der Torheit* die Schwelle zur Renaissance endgültig, indem er die Figur des Narren von ihrer Apokalyptik befreite und sie in ein nachsichtiges Panoptikum ironisierender Selbstreflexionen integrierte.

Spätestens seit Murner machte sich in den narrenthematischen Schriften noch ein weiterer Prozess mit Indikatorenfunktion bemerkbar. Es entstand eine ganz eigene, reich ornamentierte Narrensprache, die nicht nur eine Flut blumiger Komposita wie „Narrenorden", „Narrenwerk", „Narrenbuch" etc. erzeugte[49], sondern die sich vor allem auch durch regelrechte Bilderballun-gen und Motivakkumulationen auszeichnete. Diese Entwicklung trug bereits deutlich manieristische Züge, wie sie für die Suche nach neuen Stilen und Ausdrucksformen in Phasen des Umbruchs typisch sind. Fast genau dieselben Beobachtungen lassen sich etwa ab dem dritten Jahrzehnt des 16. Jahrhunderts auch in der bilden-den Kunst machen.

Als vielleicht prominentestes Beispiel hierfür und als wahres Kabinettstück überreif gewordener Narrenikonographie darf ein mit einer Flut närrischer Motive bemalter hölzerner Zierteller von fast 80 cm Durchmesser gelten, der 1528 in Augsburg im

Zierteller mit Narrenszenen, Umfeld von Jörg Breu, Augsburg 1528

Umfeld von Jörg Breu entstand und einige Jahrzehnte später in die Kunstkammer Erzherzog Ferdinands II. auf Schloss Ambras bei Innsbruck gelangte, wo er sich noch heute befindet. Das Bilderuniversum des Schaustücks zeigt auf dem Tellerboden eine Narrenmutter mit ihren Kindern und dahinter eine makabre Mühle, in der offenbar tote Narren gemahlen werden. Es geht in dem kuriosen Objekt mit seinen filigranen Kreuz- und Querbezügen nur um eine einzige Frage, nämlich, wie die Narrheit in die Welt kommt und wie man sie wieder los wird. Letzteres visualisiert der Tellerrand, indem er sieben groteske Rituale der Narrenaustreibung vorstellt: das Narrenschneiden, -bohren, -hobeln, -ertränken, -ersticken, -erdrücken und -klistieren, die jedoch alle scheitern.

Mit der achten Randszene endlich schließt sich der circulus vitiosus: Ungeachtet aller Vernichtungsversuche wird die Narrheit erneut auf einem Acker ausgesät und sprießt dort in Form von roten Eselsohren, die samt Schellen aus den Furchen wachsen.[50] Als ernste Mahnung oder gar als Hinweis auf eine Bedrohung dürfte der Ambraser Narrenteller kaum noch gemeint gewesen sein. Er sollte vielmehr erheitern und zum Schmunzeln anregen: Das war die neue, eben die renaissancehafte Qualität der Narrenidee.

In der zweiten Hälfte des 16. Jahrhunderts nahm das Lachen über die Narrheit weiter zu, löste sich nach und nach der Alpdruck der Zukunftsängste, wie er ursprünglich mit der Narrenidee einhergegangen war. Gleichzeitig verblasste die didaktische Funktion des Narren zugunsten seines Unterhaltungswerts, was sich in der allmählichen Ablösung der moralsatirischen Literatur durch die nun immer beliebter werdenden Volksbücher und Schwanksammlungen zeigte. Steigender Nachfrage erfreuten sich auch Anekdotenkollektionen berühmter Hofnarren, wie die des Claus von Ranstädt und anderer.[51] Wichtigster Tummelplatz für die „künstlichen" Narren und größte Bühne für närrische Rollenspiele war inzwischen die Fastnacht geworden, deren anfangs vorwiegend aus Teufeln und Dämonen bestehendes Figurenrepertoire seit Sebastian Brant zunehmend der Narr bevölkerte, bis er sich schließlich zur dominierenden Erscheinung des gesamten Brauchkomplexes profiliert hatte. Die genauen Zusammenhänge zwischen Narrenidee und Fastnachtsbrauch sind vom Verfasser an anderer Stelle untersucht worden.[52]

Von der apokalyptischen Figur, als die er seinen Aufstieg begonnen hatte, war der Narr im Verlauf von gut hundert Jahren zu einem beliebig verfügbaren, jederzeit spielerisch einzusetzenden Konzept geworden. Aus der Zeit kurz vor 1600 stammt ein kolorierter Kupferstich, der die ganze Welt als Narrenkopf zeigt.[53] Über dem aus einer Karte mit den damals bekannten Erdteilen gebildeten Gesicht wölbt sich eine riesige Narrenkappe, auf deren schellenbehangenen, langen Ohren zu lesen steht: „Auriculas asini, quis not habet – Eselsohren, wer hat sie nicht?" Unter dem imaginären Kinn erscheint der Spruch Salomons: „Stultorum infinitus est numerus – unermesslich ist die Zahl der Toren"[54]. Und als Motto der gesamten Allegorie dient die sokratische Aufforderung an den Betrachter: „Nosce te ipsum – erkenne dich selbst". Eben diese letzte Sentenz ist es, auf die sich der Erfolg der Narrenidee bis heute gründet: Vom 17. Jahrhundert an begann der Narr, seinen Spiegel, in dem er einst nur sich selbst wahrgenommen hatte, ostentativ umzudrehen und ihn der Welt vorzuhalten, damit sie ihre Verkehrtheit darin erkenne. Jetzt war auch die Zeit reif für Shakespeares *King Lear* (1606), in dem sich der Narr als einziger Weiser einsam in einer Welt voller Toren wieder findet.

Mit der ihm eigenen subversiven Kraft, die das von der Gesellschaft für normal Gehaltene in vermeintlicher Naivität als närrisch entlarvt, ist der Typus des Narren in Kunst und Literatur unsterblich geworden. Seine modernen Ableger reichen vom Kretin Oskar Mazerat im Roman *Die Blechtrommel* von Günter Grass (1959) über den Ich-Erzähler Hans Schnier in Heinrich Bölls *Ansichten eines Clowns* (1963) bis zu den als Verrückte getarnten Wissenschaftlern in Friedrich Dürrenmatts *Die Physiker* (1962). Mögen die Namen der Figuren auch wechseln – hinter allen steht immer wieder der Narr, das klassisch gewordene Modell des unzulänglichen Menschen, der sich gerade dadurch als Medium zur Enttarnung der Unzulänglichkeiten anderer in besonderer Weise empfiehlt.

Anmerkungen

1 Könneker 1966, 1.
2 Brant: Das Narrenschiff, hg. v. M. Lemmer 2. Aufl. 1968; zur Editionsgeschichte s. Zarncke 1854, LXXX–CXVI.
3 Mezger 1991, 56 f.
4 Geiler von Kaysersberg: Navicula sive speculum fatuorum […] a Jacobo Othero collecta, Straßburg 1510; Geiler von Kaysersberg: Doctor Keiserspergs narenschiff vß dem latin gezogen ze tütsch durch […] Johann Pauli (= Narrenschiff-Predigten, deutsch), Straßburg 1520.
5 Murner: Die Narrenbeschwörung, hg. v. M. Spanier (= Th. Murners Deutsche Schriften [im folgenden MDS], hg. v. Fr. Schultz, Bd. 2), Berlin–Leipzig 1926; Die Schelmenzunft, hg. v. M. Spanier (= MDS, Bd. 3), 1925; Die Mühle von Schwindelsheim und Gredt Müllerins Jahrzeit, hg. v. G. Bebermeyer (= MDS, Bd. 4), 1923; Die Geuchmat, hg. v. W. Pfeiffer-Belli (= MDS, Bd. 6/I), 1927; Von dem großen Lutherischen Narren, hg. v. P. Merker (= MDS, Bd. 9), 1918.
6 Erasmus v. Rotterdam: Moriae Encomium sive Stultitiae Laus (= Opera Omnia, Tom. IV, Leiden 1703) bzw. Das Lob der Torheit, dt. v. A. Hartmann, hg. v. E. Major, Basel 1929.

7 Mezger 1991, 131.
8 Nach Zählung der Vulgata; nach deutscher Zählung Psalm 53.
9 Mezger 1991, 28 ff.
10 Mezger 1981, 15 ff.
11 Zur Nacktheit s. Mezger 1991, 224 ff.
12 Zu Marotte und Spiegel s. Mezger 1991, 183 ff.
13 Zur Eselsohrenkappe s. Mezger 1991, 237 ff.
14 Zu den Schellen s. Mezger 1991, 214 ff.
15 Zur Schweinsblase s. Mezger 1991, 281 ff.
16 Zur Wurst s. Mezger 1991, 204 ff.
17 Zum Hahnenkamm bzw. -kopf s. Mezger 1991, 268 ff.
18 Zu den Narrenfarben s. Mezger 1991, 472; zum Mi-parti s. Mertens 1984,
    161 ff. – Zusammenfassend s. Mezger 1993/1, 1023 ff.
19 Mezger 1991, 183 ff.
20 Reproduktion Mezger 1991, 86 (Gesamt), 86 (Detail).
21 Reproduktion Mezger 1991, 84.
22 Noch nirgends reproduziert.
23 Reproduktion Mezger 1991, 89 (Gesamt), 90 (Detail).
24 Reproduktion Mezger 1991, 82.
25 Basel, Kunstmuseum, Kupferstichkabinett, Inv. U.X.98; Reproduktion Mezger
    1991, 83.
26 Marijnissen 2003, 223 ff.; Reproduktion Mezger 1991, (Detail) 87.
27 Glück 1932, 62.
28 Grimm, Jacob u. Wilhelm: Deutsches Wörterbuch, Bd. 7. 364, s. v. „Narr".
29 Wartburg, Walther: Französisches etymologisches Wörterbuch, Bd. 3, 688 ff.,
    s. v. „follis".
30 Mezger 1991, 34 ff. u. 281 ff.
31 Mezger 1991, 324 ff.
32 Mezger 1991, 419 ff.
33 Kaiser 1982, 194 ff., hier: 256; Egger 1990, 20.
34 Foucault [1973], 34 f.; vgl. Utzinger, H. u. B. 1996, 15 ff.
35 Mezger 1991, 437 ff.
36 Mezger 1980, 61.
37 Gisiger/Bernhardt 1969, 33 f.
38 „Sapientia enim huius mundi stultitia apud Deum – Denn die Weisheit dieser
    Welt ist vor Gott eine Torheit".
39 Mezger 1981, 33 f.
40 Mezger 1981, 35 ff.
41 Vgl. Ohly 1977, 312 ff.
42 Mezger 1991, 309 ff.
43 Mezger 1991, 324 ff.
44 Mezger 1991, 339 ff.
45 Mezger 1991, 357 ff.
46 Mezger 1991, 386 ff.
47 Mezger 1991, 403 ff.
48 Mezger 1991, 411 ff.
49 Könneker 1966, 54 f.
50 Mezger 1984, 81 ff.
51 Mezger 1993/2, 1027 ff.

52 Mezger 1991, 9 ff.; Mezger 1999, 7 ff.
53 Nürnberg, Germanisches Nationalmuseum, Kupferstichkabinett, La 213.
54 Prediger 1, 15.

LITERATURHINWEISE

Egger, Franz 1990: Basler Totentanz. Basel.

Foucault, Michel 1973: Wahnsinn und Gesellschaft. Eine Geschichte des Wahns im Zeitalter der Vernunft, dt. v. Ulrich Köppen. Frankfurt/M.

Gisiger, Ulrich/Bernhardt, Jürg 1969: Zytglogge-Story. Die Memoiren des Hans von Thann. Wabern.

Glück, Gustav 1932: Bruegels Gemälde. Wien.

Kaiser, Gert 1982: Der tanzende Tod. Mittelalterliche Totentänze. Frankfurt/M.

Könneker, Barbara 1966: Wesen und Wandlung der Narrenidee im Zeitalter des Humanismus. Brant – Murner – Erasmus. Wiesbaden.

Marijnissen, Roger H.: 2003 Bruegel. Das vollständige Werk, dt. v. Rolf Erdorf. Antwerpen– Köln.

Mertens, Veronika 1984: Narrenmode zwischen Realität und Allegorie. Zur Kulturgeschichte des Standard-Narrenkleides, in: Mezger, Werner/Moser, Dietz-Rüdiger (Hrsg.): Narren, Schellen und Marotten. Elf Beiträge zur Narrenidee. Remscheid, S. 161–223.

Mezger, Werner 1980: Bemerkungen zum mittelalterlichen Narrentum, in: Narrenfreiheit. Beiträge zur Fastnachtsforschung (= Untersuchungen des Ludwig-Uhland-Instituts der Universität Tübingen, 51, hg. v. Hermann Bausinger u. a., Tübingen, S. 43–87.

Mezger, Werner 1981: Hofnarren im Mittelalter. Vom tieferen Sinn eines seltsamen Amts. Konstanz.

Mezger, Werner 1984: Ein Bildprogramm zur Narrenidee. Der Ambraser Zierteller von 1528, in: Fas(t)nacht in Geschichte, Kunst und Literatur, hg.v. Horst Sund. Konstanz, S. 81–113.

Mezger, Werner 1991: Narrenidee und Fastnachtsbrauch. Studien zum Fortleben des Mittelalters in der europäischen Festkultur (= Konstanzer Bibliothek, 15). Konstanz.

Mezger, Werner 1993: Narr, in: Lexikon des Mittelalters, hg. v. Robert-Henri Bautier u. a., Bd. VI, München–Zürich, 1023–1026 [1993/1].

Mezger, Werner 1993: Narrenliteratur, in: Lexikon des Mittelalters, hg. v. Robert-Henri Bautier, Bd. VI, München–Zürich, 1027–1028 [1993/2].

Mezger, Werner 1999: Das große Buch der schwäbisch-alemannischen Fasnet. Ursprünge, Entwicklungen und Erscheinungsformen organisierter Narretei in Südwestdeutschland. Stuttgart.

Ohly, Friedrich 1977: Synagoge und Ecclesia. Typologisches in mittelalterlicher Dichtung, in: Schriften zur mittelalterlichen Bedeutungsforschung. Darmstadt, 312–337.

Utzinger, Hélène u. Bertrand 1996: Itinéraires des danses macabres. Chartres.

ABBILDUNGSVERZEICHNIS

Autorinnen und Autoren

Prof. em. Dr. Wolfgang Brückner	Deutsche Philologie und Volkskunde, Universität Würzburg
Prof. Dr. Tobias Döring	Englische Philologie, Ludwig-Maximilians-Universität, München
Dr. Thomas Frangenberg	The Warburg and Courtauld Institute, University of London
Prof. Dr. Javier Gomez-Montero	Romanistik, Universität Kiel
Prof. Dr. Beate Kellner	Germanistik und Kulturwissenschaften, TU Dresden
Prof. Dr. Jan Kusber	Osteuropäische Geschichte, Johannes-Gutenberg-Universität Mainz
Prof. Dr. Werner Mezger	Europäische Ethnologie, Albert-Ludwigs-Universität Freiburg
Prof. Dr. Wolfgang Neuber	Deutsche und Niederländische Philologie, FU Berlin
Prof. Dr. Vera Nünning	Anglistik, Ruprechts-Karls-Universität Heidelberg
Prof. Dr. Volker Reinhardt	Allgemeine u. Schweizer Geschichte, Universität Fribourg
Dr. Christine Strobl	Amerikanistik, Kath. Universität Eichstätt-Ingolstadt
Prof em. Dr. Wolfgang Weiß	Englische Philologie der Frühen Neuzeit, Ludwig-Maximilians-Universität, München